DSCG 1

Gestion juridique, fiscale et sociale

2015/2016

L'essentiel en fiches

Véronique **ROY**
Agrégée d'économie et gestion
Professeur en DCG et DSCG

Hervé **JAHIER**
Agrégé d'économie et gestion
Professeur en DCG et DSCG

EDITIONS
FRANCIS LEFEBVRE

DUNOD

Collection « Express Expertise comptable »

DCG

- J.-F. Bocquillon, M. Mariage, *Introduction au droit*, DCG 1
- L. Siné, *Droit des sociétés* DCG 2
- V. Roy, *Droit social* DCG 3
- E. Disle, J. Saraf, *Droit fiscal* DCG 4
- J. Longatte, P. Vanhove, *Économie* DCG 5
- F. Delahaye-Duprat, J. Delahaye, *Finance d'entreprise* DCG 6
- J.-L. Charron, S. Sépari, F. Bertrand, *Management* DCG 7
- J. Sornet, *Systèmes d'information de gestion* DCG 8
- C. Disle, *Introduction à la comptabilité* DCG 9
- R. Maéso, *Comptabilité approfondie* DCG 10
- F. Cazenave, *Anglais* DCG 12

DSCG

- H. Jahier, V. Roy, *Gestion juridique, fiscale et sociale*, DSCG 1
- P. Barneto, G. Gregorio, *Finance* DSCG 2
- S. Sépari, G. Solle, L. Le Coeur, *Management et contrôle de gestion*, DSCG 3
- R. Obert, *Fusion Consolidation*, DSCG 4

5 rue Laromiguière, 75005 Paris
www.dunod.com

ISBN : 978-2-10-072449-9

Table des matières

La théorie générale des obligations

1

- **1** De la négociation à la conclusion du contrat
- **2** Les conditions de validité du contrat
- **3** La force obligatoire et l'effet relatif du contrat
- **4** Les sanctions de l'inexécution des contrats

PRINCIPES GÉNÉRAUX

« Le contrat est une convention par laquelle une ou plusieurs personnes s'obligent envers une ou plusieurs autres à donner, à faire ou à ne pas faire quelque chose » (article 1101 Code civil).

Le Code civil établit une classification : contrats synallagmatiques (obligations réciproques et interdépendantes) ou unilatéraux, contrats à titre onéreux ou à titre gratuit, contrats commutatifs (la valeur de l'engagement est connue) ou aléatoires, contrats consensuels (formés dès l'échange des consentements) ou solennels (formalisme obligatoire) ou réels (subordonnés à la remise d'une chose).

Les différentes obligations créées par le contrat

Obligation de donner, de faire ou de ne pas faire
L'obligation de donner consiste en l'obligation de transférer la propriété d'un bien. L'obligation de faire oblige le débiteur à un acte positif, autre que la dation. À l'inverse, l'obligation de ne pas faire oblige le débiteur à s'abstenir de certains exemple (exemple : obligation de non-concurrence). Ces deux dernières obligations ont pour caractéristique qu'elles ne peuvent pas, en principe, faire l'objet d'une exécution forcée et la non-exécution, fautive ou non, se traduit par l'attribution de dommages et intérêts.
Obligation pécuniaire et obligation en nature
L'obligation pécuniaire est l'obligation de transférer la propriété d'une quantité de monnaie, de ce fait elle est soumise aux variations monétaires. Cette obligation est celle dont l'exécution forcée est la plus simple (la saisie). L'obligation en nature est celle dont l'objet n'est pas une somme d'argent. La prestation due est déterminée (corps certain ou chose de genre). Son exécution forcée est possible quand elle traduit une obligation de donner.
Obligation de moyens et obligation de résultat
Dans certains contrats, le débiteur n'est tenu que d'employer tous les moyens possibles dont il dispose en vue d'obtenir un résultat, qu'il ne peut garantir : il doit agir avec diligence. Il n'est donc responsable que si le créancier démontre qu'il n'a pas mis en oeuvre tous les moyens dont il disposait. La faute doit être prouvée par le créancier. Dans d'autres contrats, le débiteur est tenu d'atteindre un résultat précis. Il est a priori responsable (présomption irréfragable) : le créancier n'a qu'à prouver l'absence de résultat et le débiteur ne pourra s'exonérer que s'il démontre un cas d'exonération de responsabilité. Les obligations de donner et de ne pas fairesont des obligations de résultat.

1 De la négociation à la conclusion du contrat

a. La négociation et les contrats préparatoires

Il existe un principe général de bonne foi lors de la négociation. Il faut donc négocier avec transparence, sincérité et sérieux.

Ainsi, tout manquement peut donner lieu à une action en responsabilité délictuelle et à des dommages-intérêts (réparation d'un préjudice direct et certain, moral comme l'atteinte à une réputation commerciale, le plus souvent le préjudice est matériel comme les études préalables, les frais de déplacement...).

Ces comportements de mauvaise foi peuvent être, par exemple :

- cacher des informations ou mentir pour que l'autre partie contracte ;
- l'abus dans la négociation : faire croire que l'on veut négocier uniquement pour obtenir des informations... ;
- l'abus dans les ruptures.

Par le biais de cette exigence de bonne foi, la jurisprudence a créé un principe général d'obligation précontractuelle de renseignement autonome dominant le droit des contrats et dont la violation engage la **responsabilité** civile de son auteur.

Souvent, avant le contrat définitif, il existe des contrats préparatoires, appelés aussi avant-contrats.

L'accord ou pacte de préférence
C'est le contrat par lequel une personne s'engage, dans le cas où elle souhaiterait passer un contrat, à le faire en priorité avec une personne précise : le contrat futur n'est encore, ni déterminé dans son contenu, ni même décidé dans son principe. Ce pacte confère un simple droit personnel et le bénéficiaire ne peut forcer à l'ouverture de négociation.
L'accord partiel
L'accord partiel est le contrat par lequel les parties s'accordent sur certains des éléments d'un contrat complexe dont la négociation est en cours.
La promesse de contrat
La promesse de contrat est le contrat en vertu duquel le promettant donne son consentement à un contrat futur et déterminé tandis que le bénéficiaire conserve la liberté de contracter ou non. La promesse synallagmatique est le contrat par lequel les parties donnent leur consentement à un contrat définitif (dont on a bien du mal à la distinguer) ; elle est fréquente lorsque les parties décident de subordonner le contrat définitif à une formalité particulière.

b. La conclusion du contrat : rencontre d'une offre et d'une acceptation

L'offre ou sollicitation	L'acceptation
L'offre est une déclaration unilatérale de volonté par laquelle une personne propose de conclure un contrat. Elle peut être expresse ou tacite, être faite à personne déterminée ou non. • Elle doit être complète et porter sur les éléments essentiels du contrat. • Elle doit être ferme et précise. L'auteur peut la retirer tant qu'elle n'a pas été acceptée. Elle est caduque dès la fin du délai fixé ou, en l'absence de délai, après un délai raisonnable. Le retrait brusque d'une offre causant préjudice entraîne l'attribution de dommages et intérêts.	Elle est une réponse pure et simple à l'offre. Elle peut être expresse ou tacite mais elle nécessite une manifestation extérieure de volonté adressée à l'offrant car le principe est que le silence ne vaut pas acceptation, sauf : – en cas de relations d'affaires antérieures et continues ; – en cas d'usages de certaines professions selon lesquels le silence vaut acceptation. Les parties doivent appartenir à la même profession ; – lorsque l'offre a été faite dans le seul intérêt de son destinataire.

Le moment de la rencontre des volontés
Lorsque les parties ne sont pas physiquement présentes lors de la formation du contrat, elles ont intérêt à préciser quand elles entendent que le contrat est formé ; à défaut, il est formé lors de l'émission l'envoi) de l'acceptation. Quant au contrat électronique, l'offre destinée à un consommateur doit contenir de nombreuses mentions telles que les moyens techniques permettant à l'utilisateur d'identifier et de corriger les erreurs commises dans la saisie des données ; l'identification du vendeur, les modalités de paiement, de livraison ou d'exécution ; l'existence ou l'absence d'un droit de rétractation (droit de rétractation de 7 jours pour un consommateur, sauf dans certains cas comme le contrat de transport, d'hôtellerie ou de tourisme) ; la durée de la validité de l'offre et du prix de celle-ci ; etc. Le destinataire « doit avoir eu la possibilité de vérifier en ligne le détail de la commande et son prix total et de corriger les éventuelles erreurs ». Le contrat est réputé conclu lorsque le destinataire de l'offre, après avoir passé commande et s'être vu accusé réception de celle-ci par l'auteur de l'offre, confirme son acceptation (théorie du « double clic »). Le cybercommerçant est responsable de plein droit à l'égard de l'acheteur de la bonne exécution des obligations résultant du contrat, que ces obligations soient à exécuter par lui-même ou par d'autres prestataires de services (sous-traitants, importateurs, transporteurs etc...). Cette obligation est une obligation de résultat.

2 Les conditions de validité du contrat

a. Un consentement libre et non vicié

Le consentement doit être libre, éclairé et exempt de vices, à savoir :

- **l'erreur** : sont uniquement prises en compte l'erreur obstacle (portant sur la nature du contrat), l'erreur sur la personne dans les contrats intuitu personae et l'erreur sur la substance de la chose ou ses qualités substantielles.
  Pour être cause de nullité, l'erreur doit être déterminante, excusable et commise au moment de la formation du contrat ;
- **le dol** est l'emploi de manoeuvres frauduleuses, de mensonges, d'abstentions ou de silences (réticences dolosives), dont use une personne pour tromper son cocontractant.
  Pour être cause de nullité, le dol doit émaner du co-contractant et être déterminant.

La personne trompée peut demander uniquement des dommages-intérêts ou une réduction du prix si elle ne veut pas revenir sur le contrat. Le dol permet de sanctionner tous les types d'erreur provoquée ;

- **la violence** est le fait de susciter ou d'exploiter un sentiment de crainte afin de contraindre une personne à donner son consentement. La violence peut émaner du co-contractant ou d'un tiers. Pour être cause de nullité, elle doit avoir un caractère déterminant, illégitime et injuste. La jurisprudence assimile à la violence l'état de nécessité (un des contractants profite des circonstances pour imposer des conditions abusivement favorables pour lui) et la contrainte économique (abus de la part du co-contractant en position de supériorité économique créant un déséquilibre important que n'aurait jamais accepté l'autre partie si elle avait été dans une autre position).

b. La capacité des parties

Les parties au contrat doivent être capables, sous peine de nullité. La capacité juridique est l'aptitude à jouir de droits (capacité de jouissance) et à les exercer (capacité d'exercice).

- En cas d'incapacité d'exercice, l'incapable est représenté. C'est le cas des mineurs ou des incapables majeurs (majeur sous curatelle pour certains actes ou majeur sous tutelle). Il est à noter que les cas d'incapacités des parties sont très rares dans la vie des affaires.
- Les incapacités de jouissance sont toujours des incapacités spéciales et le but du législateur est de protéger le co-contractant (interdiction pour un commissaire aux comptes de conclure un contrat de travail avec une entreprise qu'il a contrôlé récemment).

c. Un objet réel et licite

L'objet peut être une chose ou une prestation. Il doit exister au moment du contrat mais les contrats portant sur des choses futures sont possibles. L'objet doit être déterminé ou déterminable.

L'objet doit être licite c'est-à-dire conforme à **l'ordre public et aux bonnes moeurs**. En cas de déséquilibre du contrat, le législateur autorise, dans de très rares cas, l'action en rescision pour lésion aboutissant, soit à l'anéantissement du contrat, soit à la révision du prix. Selon l'article 1118 du Code civil, la lésion ne vicie les conventions qu'à l'égard de certaines personnes (les incapables) et que dans certains contrats (le partage d'immeuble, la vente d'immeuble, la vente d'engrais et de semences, la cession du droit d'exploitation d'une oeuvre littéraire et le contrat d'assistance maritime).

d. La cause

Les parties n'ont pas à indiquer leurs motifs dans leur contrat. La cause d'un contrat est présumée licite.

La cause de l'obligation est une cause objective commune à toutes les parties en fonction du contrat passé (dans une vente : payer le prix et avoir la chose). La cause du contrat est une cause subjective : sont alors pris en compte les mobiles déterminants des parties, entrés dans le champ contractuel. Ainsi :

- pour les contrats synallagmatiques, le juge décide qu'il y a absence de cause en cas d'absence de toute contrepartie réelle et ce sans qu'il y ait besoin de regarder les mobiles des co-contractants (du moment que cela ne touche pas la cause illicite ou immorale) ;
- pour les contrats à titre gratuit, c'est la cause du contrat qui prime.

e. La sanction du non-respect des conditions de validité : la nullité

■ *Distinction entre nullité relative et nullité absolue*

La nullité absolue qui joue en cas de violation d'un intérêt général comme l'illicéité de l'objet ou de la cause ou encore l'absence d'objet ; de ce fait toute personne y ayant un intérêt peut la demander. La prescription de l'action est de 5 ans.

La nullité relative qui joue en cas de violation d'un intérêt personnel. Elle est une nullité de protection et seul le co-contractant ou son représentant peut agir dans les 5 ans mais la confirmation (renoncer à la nullité et renouveler le consentement) est possible.

■ *L'exception de nullité et les effets de la nullité*

L'exception de nullité est le fait pour le défendeur d'opposer la nullité du contrat au demandeur réclamant l'exécution du contrat. On dit qu'elle est perpétuelle.

Ainsi, si le délai de prescription de l'action en nullité est dépassé, il est impossible de demander restitution ou, à l'inverse, il est impossible d'obtenir l'exécution du contrat.

La nullité entraîne l'effacement du contrat et donc chaque partie doit restituer les prestations. Lorsque la restitution en nature est impossible elle se fait en valeur, mais :

- dans des contrats à exécution successive, il n'y a pas d'effet rétroactif ;
- en cas de nullité pour incapacité d'un co-contractant, la restitution porte sur ce qui « a tourné à son profit », c'est-à-dire sur ce qu'il a encore en sa possession ;
- dans les contrats immoraux, l'action en restitution est paralysée par l'adage « nul ne peut se prévaloir de sa propre turpitude ». De plus, lorsque les deux parties ont des motifs immoraux, les torts vont à la plus immorale et si celle-ci est le demandeur, le défendeur lui opposera son immoralité pour refuser la restitution ;
- pour les meubles, intervient la règle « en fait de meubles, possession vaut titre », selon laquelle le sous-acquéreur de bonne foi ne peut pas se voir opposer la revendication du bien par son véritable propriétaire.

3 La force obligatoire et l'effet relatif du contrat

a. La force obligatoire

La force obligatoire et les parties

Le contrat est la loi des parties (article 1134 du Code civil) et elles doivent le respecter. Le contrat en principe est intangible. Une partie ne peut modifier seule le contrat, il lui faut l'accord de son co-contractant.

Le contrat n'est pas forcément immuable car les parties peuvent anticiper l'avenir par le biais de clauses contractuelles (clauses de renégociation, clause d'indexation...), mais, à défaut, elles doivent exécuter leurs obligations quoi qu'il leur en coûte (certains textes prévoient une révision régulière prenant en compte les fluctuations économiques, ce qui est le cas du bail commercial).

Le contrat est en principe irrévocable.

Le contrat conclu à durée déterminée est irrévocable sauf quand la loi l'autorise mais c'est exceptionnel (un salarié sous CDD peut rompre son contrat s'il justifie d'un CDI).

Le contrat ne peut être rompu que par consentement mutuel mais, dans les contrats à durée indéterminée, la résiliation unilatérale est possible sous conditions :

- un préavis suffisant doit être respecté (même si le contrat n'en prévoit pas) ;
- l'auteur de la rupture ne doit pas laisser croire à l'autre partie en la poursuite des relations ;
- on ne peut pas rompre après avoir imposé à son co-contractant la réalisation d'investissements importants, tant qu'ils ne sont pas amortis.

La force obligatoire et le juge

Lorsqu'il doit interpréter le contrat, en l'absence de clause ou en cas de clause imprécise, le juge doit rechercher la commune intention des parties. Si les parties ont employé des termes impropres, le juge se doit de rectifier la qualification du contrat. Dans le doute, le contrat s'interprète en faveur de celui qui a contracté l'obligation.

S'est posé le problème de savoir si, face à un contrat à exécution successive, équilibré au moment de sa formation mais qui par la suite se montre plus que défavorable à une des parties, le juge avait le pouvoir de le rééquilibrer pour imprévision. Depuis très longtemps, la Cour de cassation refuse la théorie de l'imprévision (arrêt de 1876 « Canal de Craponne ») pour ne pas créer d'insécurité juridique ; aux parties d'insérer dans leur contrat des clauses permettant d'anticiper l'avenir.

b. L'effet relatif du contrat

Le principe

Selon ce principe, le contrat n'a d'effet qu'entre les parties contractantes et il ne peut produire d'effet à l'égard des tiers.

Cependant, même **face aux tiers absolus**, le contrat crée une situation juridique qu'elles ne peuvent ignorer. De même, les parties peuvent leur opposer leur contrat pour, par exemple, engager leur responsabilité s'ils ont aidé à violer l'obligation contractuelle (exemple du débauchage) et ce à condition que les tiers aient eu connaissance du contrat. Enfin, un tiers peut se prévaloir du contrat si son exécution ou sa mauvaise exécution lui porte préjudice.

Ce principe interdit **aux créanciers** d'intervenir sur le contrat conclu par leur débiteur ; cependant, comme ils détiennent un droit de gage général sur les biens de ce dernier, ils peuvent exercer l'action paulienne afin d'attaquer un acte frauduleux de leur débiteur pour qu'il ne leur soit pas opposable.

Face aux **ayants cause à titre particulier**, ceux qui n'ont acquis de leur auteur qu'un ou plusieurs droits ou biens déterminés (exemple : un acheteur face au vendeur), l'application du principe se complique. Il existe pour eux un principe d'intransmissibilité des créances relatives au bien acquis, mais certaines n'ont d'intérêt que pour le propriétaire du bien... Face à ce problème, la jurisprudence admet la transmission des droits comme accessoires de la chose du moment qu'ils sont indissociables. Ainsi, le sous-acquéreur a une action directe en responsabilité contre le vendeur initial, ce droit s'est transmis avec la chose (exemple : action pour vices cachés).

Les dérogations à l'effet relatif

Dans le cas de **contrats économiquement liés**, les lois sur le crédit à la consommation ou le crédit immobilier subordonnent le contrat de crédit au contrat principal.

Ainsi, ce dernier ne prend effet qu'à la condition suspensive que le crédit soit autorisé.

De plus, le législateur a créé pour certaines personnes une action directe en paiement contre une personne qui n'est pas leur contractant (le sous-traitant agréé bénéficie d'une action directe en paiement à l'encontre du maître de l'ouvrage).

Le législateur a posé des cas de **transferts de contrats** sans qu'il y ait besoin de l'accord du contractant (par exemple, le décret de 1953 impose en cas de cession de fonds de commerce le transfert du bail commercial, ou l'article L1224-1 du Code du travail impose le transfert des contrats de travail en cas de modification juridique de l'employeur).

La **stipulation pour autrui** est un contrat qui confère un droit à une personne qui n'est ni partie ni représentée au contrat. Une personne, le stipulant, obtient du promettantun engagement envers le tiers bénéficiaire, déterminé ou déterminable (l'exemple type est l'assurance-vie). Ce droit ne devient définitif qu'à son acceptation. Le tiers peut agir directement contre le promettant pour réclamer l'exécution.

Avec **la promesse de porte-fort**, une personne promet à ce qu'une autre s'engage (elle se porte fort de la promesse d'autrui). Le refus de la ratification fait que le porte-fort est tenu à des dommages et intérêts. En cas de ratification, le porte-fort est libéré et le contrat prend effet de façon rétroactive à la date où il a été conclu avec le porte-fort.

4 Les sanctions de l'inexécution des contrats

a. L'exception d'inexécution et l'exécution forcée

■ *L'exception d'inexécution*

Dans les **contrats synallagmatiques**, par l'exception d'inexécution, le créancier refuse d'exécuter son obligation tant que son co-contractant défaillant ne s'exécute pas. Il s'agit d'un moyen de pression provisoire. Le créancier doit être de bonne foi (ne doit pas être responsable de l'inexécution) et l'inexécution doit être conséquente.

■ *L'exécution forcée*

Il s'agit pour le créancier, et lui seul, d'obtenir ce qui a été prévu au contrat et non un équivalent. Dès que l'exécution forcée est possible, le créancier dispose de toutes les voies d'exécution pour que le débiteur s'exécute.
En cas d'obligation de faire ou de ne pas faire, la sanction n'est pas la réparation en nature mais par équivalent (dommages et intérêts). Cela ne concerne en fait que les obligations particulières, comme par exemple un architecte engagé pour son style... ; quand ce n'est pas le cas, le débiteur peut être contraint de s'exécuter grâce à l'astreinte.

b. La résolution du contrat

■ *Résolution judiciaire et clause résolutoire*

Dans un contrat synallagmatique, si l'une des parties ne s'exécute pas, l'autre peut demander en justice la résolution du contrat. Le juge ne la prononce qu'en cas d'inexécution d'une obligation essentielle ce qui entraîne un anéantissement rétroactif du contrat (sauf bien pour les contrats à exécution successive où il y a résiliation). Le juge peut aussi accorder des dommages-intérêts en cas de préjudice du fait de l'anéantissement du contrat, sauf si la résolution est prononcée aux torts réciproques.
Les parties peuvent écarter le recours au juge en insérant au contrat une clause résolutoire ou « pacte commissoire ». La résolution sera alors automatique dès l'instant où l'obligation en question n'est pas remplie, mais la jurisprudence impose que la clause résolutoire soit mise en application de bonne foi.
Si, malgré une telle clause, le juge est saisi, il n'a pas le droit d'apprécier la proportionnalité entre l'obligation inexécutée et la résolution imposée ; il ne peut que regarder les conditions d'application de la clause entre les parties. Par contre, si la clause est imprécise ou équivoque, il peut l'écarter et, dans ce cas, il retrouve ses pouvoirs et tranche sur la résolution ou non du contrat.
Certaines lois interdisent la clause résolutoire (par exemple dans un contrat de travail).

■ *Résolution du contrat et théorie des risques*

Dans les contrats synallagmatiques, lorsqu'une partie ne peut plus s'exécuter pour cause de force majeure, la question qui se pose est de savoir si l'autre partie est alors libérée ou non de son obligation.

Pour savoir qui, du créancier ou du débiteur, supporte les risques, on doit appliquer la théorie des risques.

Principe : « *res perit debitori* »
Le principe est que les deux parties sont libérées puisque les obligations réciproques se servent de cause mutuelle. Les risques sont donc supportés par le débiteur de l'obligation impossible à exécuter. Le débiteur de la chose ne pourra pas réclamer la contrepartie prévue. Cette règle n'est pas d'ordre public, ce qui permet aux parties d'en décider autrement contractuellement.
Exceptions : « *res perit domino* »
Dans les contrats translatifs de propriété, les risques sont à la charge du propriétaire car ils sont transmis en même temps que la propriété dès la formation du contrat. Ainsi, si la chose vient à périr entre la signature du contrat et la livraison, l'acheteur reste tenu de payer le prix même si en contrepartie il ne reçoit pas le bien. Il existe une limite à cela : lorsque la personne qui n'est plus propriétaire est mise en demeure de livrer le bien et que ce dernier périt entre la date de la mise en demeure et la date de livraison, les risques sont alors pour la personne qui aurait dû livrer. Les parties peuvent aménager ce principe en dissociant au contrat le transfert de propriété du transfert des risques et peuvent aussi envisager les suites à donner au cas de force majeure.

■ *La résiliation unilatérale*

C'est lorsqu'un contractant décide seul de rompre le contrat à la suite du manquement de l'autre partie. En principe, cela n'est pas possible mais :

- lorsqu'il n'y a pas de clause résolutoire, certains textes reconnaissent cette faculté (cas du contrat de vente de denrées) ;
- la jurisprudence l'autorise en cas d'urgence ou en raison de la gravité du comportement d'une partie justifiant que l'autre mette fin au contrat unilatéralement et à ses risques et périls.

c. La responsabilité contractuelle

■ *Les principes*

La responsabilité est engagée en cas de fait générateur ou faute, à savoir l'inexécution ou la mauvaise exécution du contrat (la faute est présumée dans les obligations de résultat mais doit être prouvée dans les obligations de moyens) créant un préjudice (certain, légitime, personnel et direct. Il peut être matériel, corporel ou moral mais seul le dommage prévisible au moment de la conclusion du contrat est réparable sauf en cas de dol ou de faute lourde).

Enfin, la responsabilité contractuelle suppose un lien de causalité entre le fait dommageable et le préjudice.

Il existe trois cas d'exonération de responsabilité :

- **la force majeure ou le cas fortuit** : évènement imprévisible, irrésistible et insurmontable, extérieur à la volonté des parties rendre totalement impossible l'exécution du contrat ;

- **la faute du créancier** : lorsque le créancier participe à la réalisation de son propre dommage, cela peut être une cause d'exonération totale ou partielle du débiteur ;
- **la faute d'un tiers** : son fait pour être cause d'exonération totale doit remplir les caractères de la force majeure, sinon il n'est qu'un cas d'exonération partielle.

■ *L'aménagement contractuel de la responsabilité*

<table>
<tr><th>Types de clauses</th><th>Conditions de validité</th></tr>
<tr><td>Les clauses visant à faciliter la mise en cause de la responsabilité d'une des parties. Il s'agit par exemple des clauses par lesquelles les parties répondent de la non-exécution de leurs obligations même en cas de force majeure...</td><td>Elles ne posent aucun problème de validité.</td></tr>
<tr><td>Les clauses limitatives de responsabilité peuvent être employées par un débiteur qui ne souhaite pas réparer un dommage mais accepte d'en réparer d'autres.</td><td rowspan="2">Ces clauses sont valables si elles ne contredisent pas une obligation essentielle et elles ne peuvent pas permettre à la partie qui en bénéficie de s'exonérer de son dol ou de sa faute lourde.</td></tr>
<tr><td>Les clauses exclusives de responsabilité ou de non-responsabilité dégagent le co-contractant qui n'exécute pas une obligation de sa responsabilité.</td></tr>
</table>

■ *L'aménagement de la réparation : la clause pénale*

La clause pénale est la clause par laquelle les parties évaluent forfaitairement les dommages et intérêts en cas d'inexécution de ses obligations contractuelles.

Elle a une fonction comminatoire c'est-à-dire que, par son fort montant, elle vise à contraindre le débiteur à exécuter son obligation.

Le juge peut modifier le montant des dommages-intérêts en cas de sommes « manifestement excessives ou dérisoires », mais, s'il diminue la somme, il doit tout de même rester au-dessus du montant réel du dommage. De plus, les clauses pénales dans des contrats avec les consommateurs peuvent tomber sous le coup de la réglementation des clauses abusives.

Application

La société Faurecia a signé en 1998 un contrat avec la société Oracle pour l'installation d'un logiciel V12 en 2000. En 1999 sont signés un contrat de licence, un contrat de maintenance, un contrat de formation.

Avec le passage à l'an 2000, la société Faurecia a eu besoin d'un logiciel spécial et Oracle lui a installé une solution provisoire qui a très mal fonctionné et le logiciel V12 n'a jamais été livré.

Suite aux différents problèmes rencontrés, Oracle a consenti une très forte réduction du prix de ses services (200 000 € sont facturés, soit 49 % de remise).

Cependant, face à l'absence de livraison du logiciel V12, Faurecia l'assigne en résolution pour inexécution. Lors du procès, Oracle invoque la clause limitative de responsabilité selon laquelle le montant des dommages et intérêts « ne saurait excéder le montant du prix payé par le client ».

Faurecia gagne en justice mais la clause limitative est appliquée ; de ce fait, elle poursuit son action afin que celle-ci soit déclarée inapplicable car Oracle a manqué à son obligation essentielle.

Pensez-vous que Faurecia obtiendra gain de cause ?

Corrigé

Ce cas a donné lieu à une abondante jurisprudence qui a remis de l'ordre dans les conditions de validité des clauses limitatives de réparation.

Cette clause est valable sous plusieurs conditions puisqu'elle ne peut pas jouer en cas de faute lourde ou dolosive et « quand elle contredit la portée de l'obligation essentielle » (jurisprudence Chronopost de 1996).

Mais, en 2005, la Cour de cassation jugeait « qu'une clause limitant le montant des réparations est réputée non écrite en cas de manquement à une obligation essentielle », ce qui réduisait considérablement la jurisprudence établie depuis Chronopost et permettait dans bien des cas d'écarter la clause.

Dans cette affaire, Faurecia demandait 61 millions de dommages et intérêts alors qu'Oracle désirait limiter le montant à 200 000 €. La cour d'appel de Versailles en 2005 appliqua la clause, ce qui a été censuré en cassation en 2007 car la cour d'appel l'avait appliquée alors qu'elle constatait « un manquement à une obligation essentielle du contrat de nature à faire échec à l'application, de la clause limitative de réparation ». La Cour de cassation maintenait donc sa jurisprudence de 2005.

Sur renvoi, la cour d'appel de Paris en 2008 poursuivit l'application de la clause aux motifs qu'elle avait été librement négociée et que « Faurecia, équipementier automobile au niveau mondial, était rompu aux négociations et averti en matière de clauses limitatives de réparation » et que le montant fixé par la clause « n'était pas dérisoire ».

Faurecia fit donc un nouveau pourvoi en cassation et l'arrêt fut rendu le 20 juin 2010. La Cour de cassation a accepté l'application de la clause car :

« Seule est réputée non écrite la clause limitative de réparation qui contredit l'obligation essentielle souscrite par le débiteur, que l'arrêt relève que si Oracle a manqué à une obligation essentielle du contrat, le montant de l'indemnisation négocié aux termes d'une clause stipulant que les prix convenus reflètent la répartition du risque et la limitation de responsabilité qui en résultait n'était pas dérisoire (...) que la cour d'appel en a déduit que la clause limitative de réparation ne vidait pas de toute substance l'obligation essentielle de la société Oracle et a ainsi légalement justifié sa décision ».

En l'espèce, la clause était en conformité avec l'équilibre et l'économie du contrat.

La cour revient donc à la jurisprudence Chronopost et cette clause ne sera écartée que lorsque les clauses fixeront un montant de réparation tel que le débiteur n'y trouvera aucun moyen de contrainte pour s'acquitter de ses obligations (« montant dérisoire »).

Bien sûr, la clause continue d'être écartée en cas de faute lourde ou dolosive mais, en 2010, dans son arrêt, la Cour de cassation a pris soin de préciser que « la faute lourde ne peut résulter du seul manquement à une obligation contractuelle, fût-elle essentielle, mais doit se déduire de la gravité du comportement du débiteur ».

2 Droit des contrats spéciaux

PRINCIPES GÉNÉRAUX

La théorie générale s'applique à tous les contrats mais il existe des règles spéciales concernant certains contrats. Ces deux types de règles s'articulent ainsi :

– si une règle spéciale déroge à une règle générale, elle s'applique ;

– si le droit spécial ne prévoit rien c'est la théorie générale qui s'applique.

L'entreprise peut conclure de nombreux contrats spéciaux pour son activité, nous ne reprendrons ici que les principaux.

1 Le contrat de vente

La vente est « la convention par laquelle l'un s'oblige à livrer une chose et l'autre à la payer » (article 1582 Code civil).

a. Les obligations du vendeur

L'obligation de délivrance	
Le vendeur doit délivrer la chose vendue et ses accessoires dans un délai raisonnable. Jusqu'au transfert du droit de propriété, le vendeur a une obligation de moyen quant à la conservation de la chose. La conformité s'apprécie en fonction des stipulations contractuelles. En cas de contrat lacunaire, l'article 1246 du Code civil dispose que l'acheteur est en droit de s'attendre à recevoir une chose de qualité moyenne (référence aux usages ou aux relations antérieures, aux clauses du contrat), à défaut la règle est que le contrat s'interprète contre le vendeur. En cas de non-exécution, la sanction est issue du droit commun.	
L'obligation de garantie	
La garantie contre l'éviction	Le vendeur garantit à l'acheteur « la possession paisible de la chose vendue », garantie contre son fait personnel (il ne doit pas causer de troubles de droit ou de fait), ou fait des tiers.
La garantie contre les vices cachés	Selon l'article 1641 du Code civil « le vendeur est tenu de la garantie à raison des défauts cachés de la chose vendue qui la rendent impropre à l'usage auquel on la destine, ou qui diminuent tellement cet usage, que l'acheteur ne l'aurait pas acquise, ou n'en aurait donné qu'un moindre prix, s'il les avait connus ». Le vice doit être inhérent à la chose et doit être relativement important (vice rédhibitoire). Il doit être inconnu à la conclusion du contrat et demeurer caché à la réception du bien.

	Le délai pour agir en garantie est de deux ans à compter du jour de la découverte. L'acheteur a le choix entre une action rédhibitoire ou estimatoire c'est-à-dire, soit rendre la chose et se faire restituer le prix, soit la garder et se faire rembourser une partie du prix. Il peut obtenir des dommages et intérêts en cas de mauvaise foi du vendeur.
L'obligation de sécurité	
L'obligation jurisprudentielle	L'obligation de sécurité porte sur les dommages causés aux personnes. Elle pèse aussi bien sur le fabricant que sur le revendeur professionnel et elle se transmet avec la chose.
L'obligation légale de sécurité du fait des produits défectueux	La loi de 1998 a créé une obligation de sécurité assortie d'une responsabilité objective extra-contractuelle (elle joue vis-à-vis du contractant ou d'un tiers) des professionnels ayant mis leurs produits en circulation. Le produit défectueux est un produit comportant un défaut de sécurité, sécurité à laquelle on pouvait légitimement s'attendre, en tant qu'utilisateur moyen.

b. Les obligations de l'acheteur

Obligation de payer le prix
Le prix peut être déterminé ou simplement déterminable. Le paiement doit intervenir au jour prévu dans le contrat ou, à défaut, au moment de la délivrance du bien. Lorsque l'acheteur ne paie pas, le vendeur dispose de toutes les ressources du droit commun (la clause de réserve de propriété permettant de retarder le transfert de la propriété du bien jusqu'au paiement complet du prix par l'acheteur).
Obligation de prendre livraison
Le vendeur doit mettre le bien à la disposition de l'acheteur ; c'est donc à ce dernier de la retirer (bien meuble) à ses frais dans le délai prévu au contrat, à défaut dans un délai raisonnable. En cas d'inexécution, le vendeur peut demander l'exécution forcée ou il peut déclarer unilatéralement, sans avoir besoin de mise en demeure préalable, que le contrat est résolu (dérogation au droit commun).

2 Le contrat d'entreprise

Le contrat d'entreprise est la convention par laquelle un entrepreneur s'engage contre rémunération à réaliser un travail au bénéfice d'un donneur d'ordre, ou maître de l'ouvrage, de façon indépendante et sans le représenter.

Les parties ont tout intérêt à préciser la prestation attendue de façon la plus complète et les modalités de son exécution.

Dans ce contrat, la détermination du prix de la prestation n'est pas une condition de validité. S'il y a un litige, il appartient au juge de déterminer le prix dû.

Les obligations de l'entrepreneur
Il doit accomplir la prestation dans les règles de l'art définies par la profession. En cas de litige sur les travaux à réaliser, c'est à l'entrepreneur de démontrer l'étendue de la mission qui lui a été confiée. Il doit respecter le délai convenu ou un délai raisonnable. C'est une obligation de faire qui peut donner lieu à une exécution forcée (du moment qu'il ne s'agit pas d'une obligation purement personnelle) mais le maître de l'ouvrage peut demander au juge de faire exécuter l'ouvrage par une autre personne aux frais de l'entrepreneur. La preuve de la mauvaise exécution ou inexécution dépend de la nature de l'obligation, en principe l'obligation est de résultat quand la prestation est matérielle et de moyens quand elle est intellectuelle.

Les obligations du maître de l'ouvrage
Il doit s'acquitter du paiement des travaux (en pratique un fractionnement du prix est réalisé). Il a obligation de prendre livraison de la chose, à défaut l'entrepreneur est en droit de faire vendre la chose aux enchères publiques et de se faire payer sur le prix de vente.

3 Le contrat de distribution

Il existe une obligation légale d'information préalable à la charge du fournisseur qui demande en contrepartie de la fourniture d'un nom, d'une marque ou d'une enseigne, un engagement d'exclusivité (limité à 10 ans). Un document d'information doit être remis 20 jours avant la signature du contrat.

Les parties établissent un contrat cadre définissant les conditions dans lesquelles les contrats à venir seront conclus. Depuis un arrêt de principe, la détermination du prix dans le contrat cadre n'est pas une condition de validité, le prix peut être simplement déterminable, et ce même par la volonté unilatérale du co-contractant du moment qu'il ne commet pas d'abus dans la fixation du prix.

a. Le contrat de concession exclusive ou concession commerciale

Il est le contrat par lequel un fournisseur (concédant) réserve la commercialisation de ses produits sur un territoire défini, à un distributeur (concessionnaire).

Le secteur doit être clairement défini et l'exclusivité territoriale peut être limitée à une certaine catégorie de clients.

Le concédant doit	Le concessionnaire doit
• S'abstenir de procéder à des ventes directes dans la zone exclusive accordée au concessionnaire. • Ne pas installer d'autres concessionnaires sur le territoire concédé. • Respecter les quotas de livraison auxquels il s'est engagé. • Garantir les vices cachés des produits qu'il fournit. • Garantir l'exclusivité de la marque, de l'enseigne, etc., dans le secteur géographique. • Définir et mettre en œuvre la politique du réseau.	• Respecter l'exclusivité territoriale des autres distributeurs. • Payer le prix des marchandises. • Respecter les règles commerciales mises contractuellement à sa charge par le concédant. • Informer le concédant de l'état du marché, des réactions de la clientèle. • Respecter son éventuelle obligation d'achat exclusif. • Ne plus faire usage de la marque du concédant après la rupture du contrat.

b. Le contrat de franchise

Le contrat de franchise est une convention par laquelle une personne (le franchiseur) met à la disposition d'une autre (franchisé) un savoir-faire original ainsi que des signes distinctifs (marque, enseigne). Un document précontractuel d'information est obligatoire.

Obligations du franchiseur
• Transmettre un savoir-faire : le **règlement européen d'exemption du 20 avril 2010** le définit comme « un ensemble secret, substantiel et identifié d'informations pratiques non brevetées, résultant de l'expérience du franchiseur ». Ainsi ce savoir-faire doit être significatif, formalisé (en pratique un manuel opératoire appelé souvent « bible » est remis au franchisé), inconnu ou difficile d'accès et enfin non breveté (car en cas de brevet, à la fin de la protection, les connaissances tombent dans le domaine public). • Fournir au franchisé un soutien publicitaire, une formation adaptée, des conseils. • Assister le franchisé en permanence en matière de vente, d'actions de promotion, d'organisation et de services, de recrutement de personnel...
Obligations du franchisé
• Respecter les normes fixées par le franchiseur et les conditions d'exploitation nécessaires au maintien de l'image de marque du produit et du réseau. • Ne pas vendre dans son territoire des produits ou services qui pourraient concurrencer ceux du franchiseur. • Ne pas exploiter la franchise en dehors de la zone géographique délimitée. • Assez souvent, s'approvisionner exclusivement ou quasi exclusivement en biens ou services auprès de son franchiseur et/ou des fournisseurs référencés par lui. • Respecter l'éventuelle clause de non-concurrence (en général d'un an pour l'ancien territoire d'exploitation) ou de non-affiliation (empêchant de rejoindre ou créer une chaîne concurrente à l'ancien franchiseur). En contrepartie de l'ensemble de ces prestations, le franchisé doit, le plus souvent, acquitter : – une redevance initiale : droit d'entrée pour adhérer au réseau augmenté du coût des services fournis par le franchiseur préalablement et à l'occasion de l'ouverture du magasin (environ 20 000 €) ; – des royalties ou redevances : en général un pourcentage du CA (en moyenne 5 %) ; – des redevances publicitaires : en général un pourcentage du CA (en moyenne 2 %).

4 Les contrats de consommation

Ce sont les contrats entre un professionnel – personne physique ou morale qui exerce à titre habituel une activité économique – et un consommateur, défini par **la loi Hamon du 17 mars 2014** comme « toute personne physique qui agit à des fins qui n'entrent pas dans le cadre de son activité commerciale, industrielle, artisanale ou libérale ».

Dans un **arrêt du 6 septembre 2011**, la Cour de cassation refuse la qualité tant de « consommateur » que de « non-professionnel » aux sociétés commerciales. Le non-professionnel est donc, dorénavant, une personne physique ou morale, autre qu'une société commerciale, agissant sans rapport direct avec son activité professionnelle.

a. Les principales règles communes à ces contrats

Les contrats de consommation répondent au droit commun des contrats mais certaines règles du droit de la consommation y dérogent dans un souci de protection :

- création d'un formalisme de protection : écrit avec mentions obligatoires ;
- dans certains contrats, le consommateur dispose d'un délai de réflexion ou d'un délai de rétractation (lui permettant de revenir sur son engagement) ; la **loi Hamon** fixe à 14 jours le délai de rétractation pour les contrats conclus à distance ;
- interdiction de clauses abusives qui « ont pour objet ou pour effet de créer au détriment du consommateur, un déséquilibre significatif entre les droits et les obligations des parties au contrat » ;

– en cas de clause de tacite reconduction, le consommateur doit être informé par le professionnel (loi de 2005) par écrit, au plus tôt trois mois et au plus tard un mois avant le départ du préavis contractuel, qu'il peut refuser la reconduction. Si l'information n'a pas été donnée ou non donnée dans les temps, il peut mettre fin au contrat à tout moment à compter de la date de reconduction.

La loi Hamon introduit dans le droit français l'action de groupe afin que des consommateurs placés dans une situation similaire ou identique puissent agir, devant le TGI, à l'encontre d'un (ou plusieurs) professionnel(s) ayant manqué à ses obligations légales ou contractuelles « à l'occasion de la vente de biens ou de fourniture de services ou lorsque les préjudices résultent de pratiques anticoncurrentielles ».
Cette action doit être introduite par une association de défense de consommateurs représentative agréée au niveau national. Cette action ne concerne que les préjudices individuels patrimoniaux résultant de dommages matériels. Dans sa décision, le juge décide de la responsabilité du professionnel, définit le groupe de consommateurs à l'égard duquel la responsabilité du professionnel est engagée, ordonne des mesures pour informer les consommateurs et fixe le délai (entre 2 et 6 mois) dont ces derniers bénéficient pour adhérer au groupe afin d'obtenir de la réparation de leur préjudice. L'adhésion au groupe vaut mandat aux fins d'indemnisation au profit de l'association. Une médiation peut être organisée à tous les stades de la procédure. Seule l'association en charge de l'action pourra y participer. Le jugement ou l'accord de médiation homologué a autorité de la chose jugée à l'égard de chacun des membres du groupe dont le préjudice aura été réparé à l'issue de la procédure.
Le législateur a prévu une action simplifiée « lorsque l'identité et le nombre de consommateurs lésés seront connus et que ces consommateurs auront subi un préjudice d'un même montant, d'un montant identique par prestation rendue ou d'un montant identique par référence à une période ou à une durée donnée ». Ainsi, le juge, après avoir statué sur la responsabilité du professionnel, peut le condamner à indemniser directement et individuellement les consommateurs, dans un délai et selon des modalités qu'il fixe.

b. Les contrats portant sur l'achat de biens ou la réalisation de prestations de service

Le professionnel doit informer du prix par voie de marquage, étiquetage ou d'affichage ou tout autre procédé approprié. Le prix s'entend toutes taxes comprises.
L'établissement d'une facture pour les produits vendus est facultatif, obligatoire pour les services. Le prix est payable au comptant mais il est possible de convenir d'un paiement partiellement anticipé. Le Code de la consommation estime que ce versement correspond à des arrhes et que, lorsque le consommateur revient sur son engagement, il les perd ; si cela provient du professionnel, celui-ci perd le double.

■ *La conformité des produits et services*

Depuis l'ordonnance du 17 février 2005, un régime particulier s'applique au contrat de vente de biens meubles corporels dans ces contrats de consommation.

Le vendeur répond des défauts de conformité, des défauts résultant de l'emballage, ou de l'installation mise à sa charge par le contrat ou réalisée sous sa responsabilité.
Pour être conforme au contrat, le bien doit :

- être propre à l'usage habituellement attendu d'un bien semblable et, le cas échéant :
  - correspondre à la description donnée par le vendeur et posséder les qualités présentées sous forme d'échantillon ou de modèle ;
  - présenter les qualités qu'un acheteur peut légitimement attendre eu égard aux déclarations faites par le vendeur ou par le producteur, notamment dans la publicité ou l'étiquetage ;
- ou correspondre aux caractéristiques que le client a exposées au vendeur et que ce dernier a acceptées.

Les défauts de conformité qui apparaissent dans un délai de 6 mois à partir de l'acquisition du bien sont présumés antérieurs à l'achat (la loi Hamon porte ce délai à 2 ans à compter de 2016).
En cas de défaut de conformité, le client peut, dans les deux ans, choisir entre la réparation et le remplacement du bien. Si ces derniers sont impossibles, il peut, soit rendre le bien et se faire rembourser, soit garder le bien et demander le remboursement d'une partie du prix. Cette même faculté lui est ouverte :
- si, après avoir demandé une réparation ou un échange du bien, le vendeur n'a rien fait dans le délai d'un mois ;
- ou si le coût de la réparation ou de l'échange est disproportionné par rapport au défaut constaté.

L'application de cette garantie ne doit occasionner aucun frais pour l'acheteur.

La sécurité des produits et services

Selon l'ordonnance de 2004, c'est à celui qui met le produit sur le marché de fournir « au consommateur les informations utiles qui lui permettent d'évaluer les risques inhérents au produit pendant sa durée d'utilisation normale ou raisonnablement prévisible et de s'en prémunir lorsque ces risques ne sont pas immédiatement perceptibles par le consommateur sans un avertissement adéquat ».
Lorsqu'un produit ne répond pas à ces exigences, le professionnel doit informer les autorités administratives et indiquer les actions mises en oeuvre afin de prévenir les risques pour les consommateurs.

La garantie commerciale

Le professionnel peut faire bénéficier le consommateur d'une garantie commerciale supplémentaire définie par **la loi Hamon** comme « tout engagement contractuel d'un professionnel à l'égard du consommateur, en vue du remboursement du prix d'achat, du remplacement ou de la réparation du bien, en sus de ses obligations légales visant à garantir la conformité du bien ».

c. Le crédit à la consommation

C'est un contrat conclu entre un professionnel et un consommateur, dans un but étranger à son activité commerciale ou professionnelle, par lequel le premier exécute immédiatement sa prestation tandis que le second paiera plus tard.

■ *Le champ de la protection*

Sont exclus : les crédits immobiliers, crédits passés sous forme authentique sauf les crédits hypothécaires, les découverts autorisés pour moins d'un mois ou de moins de 200 € (loi de 2010), les crédits pour une durée de moins de 3 mois sans intérêt ou dont les intérêts et les frais sont négligeables (loi Hamon), les crédits de plus de 75 000 € (loi de 2010), les crédits pour financer une activité professionnelle, les crédits aux personnes morales de droit public.

■ *Information et formation du contrat*

La loi de 2010 encadre la publicité et améliore l'information de l'emprunteur, ainsi :

- il est interdit de suggérer que le crédit améliore la situation financière de l'emprunteur et il doit être écrit : « Un crédit vous engage et doit être remboursé » ;
- toute publicité comprend : le taux débiteur et sa nature fixe ou variable, les frais compris dans le coût total du crédit, le TEG, la durée du contrat, le montant total dû et le montant des échéances ;
- toutes les informations relatives au TEG doivent figurer dans une taille de caractère au moins aussi importante que celle utilisée pour indiquer toute autre information, et s'inscrire dans le corps principal du texte publicitaire ;
- il doit figurer sur les documents un exemple représentatif.

Le prêteur doit évaluer la solvabilité de l'emprunteur à partir d'informations fournies par ce dernier et du fichier des incidents de crédits aux particuliers (FICP). Le prêteur fournit à l'emprunteur les explications lui permettant de déterminer si le crédit proposé est adapté à sa situation.

L'offre de crédit doit être maintenue pendant 15 jours, le consommateur peut à tout moment l'accepter. À l'acceptation, l'acompte est possible mais sera restitué si le prêt n'est pas accordé.

À compter de son acceptation, le consommateur a 14 jours pour se rétracter (loi de 2010).

Lorsque le crédit est assorti de l'usage d'une carte donnant droit à des avantages commerciaux et promotionnels, le bénéfice de ces avantages ne peut pas être subordonné à l'utilisation de cette carte. De plus, le prêteur a l'obligation de proposer la possibilité de payer au comptant. L'utilisation du crédit requiert l'accord du consommateur lors du paiement avec la carte ou dans un délai raisonnable à réception de l'état actualisé de l'exécution du contrat de crédit.

En cas de crédit renouvelable resté inactif durant un an et si l'emprunteur ne retourne pas le document de tacite reconduction dans les 20 jours avant l'échéance du contrat, le prêteur doit suspendre à compter de cette date le droit à utilisation du crédit (**loi Hamon**).

■ *Exécution du contrat*

Si le contrat de vente mentionne l'opération de crédit pour le financement de l'acquisition, la vente est conclue sous condition suspensive d'obtention du prêt. En cas de refus d'agrément (le silence pendant 7 jours vaut refus), la vente est caduque et, si la vente est résolue, le contrat de prêt l'est automatiquement.

Depuis le 1er mai 2011, pour les crédits amortissables supérieurs à 10 000 € par période de 12 mois, une indemnité pour remboursement anticipé est possible. Elle ne peut dépasser 1 % du montant du crédit si le délai entre le remboursement anticipé et la date de fin du contrat de crédit est supérieur à un an (0,5 %, pour un délai inférieur) dans la limite des intérêts que l'emprunteur aurait payés durant la période comprise entre le remboursement anticipé et la date de fin du contrat convenue.

En cas de défaillance de l'emprunteur, le prêteur est en droit d'exiger le remboursement immédiat du capital restant dû, majoré des intérêts échus et non payés. Le consommateur peut aussi avoir à payer une clause pénale, dont le montant ne peut pas dépasser 8 % du capital restant dû à la date de la défaillance.

Conclusion : tout litige relatif à un crédit à la consommation est de la compétence du TI. L'action doit être faite dans les 2 ans sous peine de forclusion.

Le consommateur ayant des difficultés de paiement peut demander au juge des délais de grâce (maximum 2 ans).

5 Le contrat d'assurance

Le contrat d'assurance est consensuel, aléatoire, synallagmatique, d'adhésion, à titre onéreux, successif et réglementé (soumis au Code des assurances).

Le risque qui est couvert est défini par les parties, et doit être indépendant de la volonté des parties.

a. Les règles générales

La formation du contrat d'assurance et sa durée
Il doit y avoir une information précontractuelle sur le prix et les garanties, les exclusions et les obligations de l'assuré. Ensuite, en général l'assureur fait remplir une proposition d'assurance avec un questionnaire, et le contrat se forme quand l'assureur accepte la proposition émise par la personne souhaitant s'assurer. Le contrat prend effet au jour de sa conclusion mais une clause peut reporter sa prise d'effet (cas fréquent : à compter de la prime de l'assuré).
La modification du contrat d'assurance
Est considérée comme acceptée la proposition faite par l'assuré de modifier le contrat si l'assureur garde le silence pendant 10 jours à compter de la demande. L'assuré a obligation de déclarer, dans les 15 jours, les circonstances nouvelles aggravant les risques, ou en créant de nouveaux. Suite à cette déclaration, l'assureur doit dire, dans les 10 jours, s'il envisage de résilier (10 jours après la notification) ou de maintenir la garantie avec une majoration de la cotisation. Dans ce dernier cas, si l'assuré accepte un avenant ou un nouveau contrat est établi, s'il refuse ou ne donne pas suite, l'assureur peut alors résilier le contrat 30 jours après la proposition. En cas de diminution du risque, un refus de l'assureur de réduire le montant de la cotisation autorise l'assuré à résilier le contrat. La résiliation prend effet 30 jours après la dénonciation faite par l'assuré. Lorsque des garanties nouvelles sont imposées par la loi, les assurés ne peuvent pas les refuser.

•••

•••

La durée et la résiliation du contrat d'assurance
La durée est fixée par les parties, le plus souvent les contrats prévoient une clause de tacite reconduction mais la durée ne doit pas dépasser un an. Pour l'assuré, personne physique ayant un contrat garantissant un risque non professionnel, la loi de 2005 impose à l'assureur de rappeler, lors de l'envoi de l'avis d'échéance annuel de prime, la date limite d'exercice de la volonté de ne pas renouveler le contrat. En cas de non-respect, l'assuré peut mettre fin au contrat à tout moment à compter de la date de reconduction. Lorsque le contrat est à durée indéterminée il peut être rompu à tout moment. S'il est à durée déterminée pour une durée inférieure à un an le contrat ne prend fin qu'à son terme. Quand il est d'une durée supérieure à un an les parties sont en droit de résilier le contrat tous les ans par LR envoyée au moins 2 mois avant la date d'échéance.

b. Les assurances contractées par l'entreprise

L'assurance des biens de l'entreprise
Elle concerne les dommages subis par les bâtiments, le matériel, les véhicules, les marchandises et éventuellement l'argent liquide, en cas d'incendie, de dégât des eaux, tempête, feu, vol et bris. Il peut aussi y avoir la garantie des pertes de l'exploitation suite à certains évènements, ou encore l'assurance- crédit garantissant le risque de non-paiement des créances clients.
L'assurance responsabilité civile
L'assurance de responsabilité civile relative à l'exploitation permet à l'entreprise de garantir sa responsabilité délictuelle du fait de ses préposés, de ses bâtiments et des choses qu'elle a sous sa garde. L'assurance relative à la fourniture de produits livrés prend en charge les dommages causés aux tiers. Les dirigeants courent le risque que leur responsabilité soit engagée à l'occasion de l'exercice de leur fonction, en cas de faute ou de violation de la loi. L'assurance du chef d'entreprise couvre les conséquences pécuniaires de cette responsabilité à l'égard des tiers. Les souscripteurs sont les entreprises qui assurent leur dirigeant. Il existe aussi l'assurance « homme clé » contre le risque de décès ou d'invalidité d'une personne que l'entreprise considère comme essentielle à sa bonne marche.

c. Le contrat d'assurance-vie

Convention par laquelle l'assureur s'engage envers le souscripteur à verser à celui-ci ou à un tiers bénéficiaire une prestation définie au contrat en cas de survenance du risque lié à la durée de la vie de l'assuré.

Le contrat le plus utilisé est une assurance-vie mixte (combinant assurance-vie et assurance décès) : l'assureur s'engage envers le souscripteur à verser un capital ou une rente à un bénéficiaire en cas de décès de l'assuré, ou à l'assuré lui-même s'il est toujours en vie à l'échéance du contrat.

L'assureur doit remettre un projet de contrat et le souscripteur peut renoncer au contrat par LRAR dans un délai de 30 jours à compter de la conclusion du contrat.

Réalisation du risque
Lorsque le risque de vie ou de décès se produit, le contrat est dénoué par le paiement du capital ou de la rente par l'assureur au bénéficiaire. Quand le bénéficiaire est un tiers, les créanciers du souscripteur ne peuvent pas saisir le capital (car il ne fait pas partie de la succession) et le tiers peut agir en justice en paiement contre l'assureur.

•••

Rachat du contrat et avances sur police
Par le rachat, l'assuré met fin au contrat en demandant le retrait de ses fonds. Cette possibilité doit être mentionnée au contrat qui donne aussi les valeurs de rachat. Dans la limite de la valeur de rachat du contrat, l'assureur peut consentir des avances au contractant. Cela ne met pas fin au contrat, mais le souscripteur s'expose au paiement des intérêts à l'assureur.

6 Le régime fiscal des assurances-vie souscrites au profit de l'entreprise

Principe

Les primes d'assurances-vie au profit de l'entreprise sur la tête d'un dirigeant ou d'un collaborateur sont généralement considérées comme des placements financiers et ne sont donc pas déductibles annuellement du résultat imposable.
La déductibilité globale des primes n'intervient qu'au moment de la réalisation du risque (décès du dirigeant ou du collaborateur), c'est-à-dire lors de l'imposition de l'indemnité versée. On applique ici la règle fixée par l'article 13 du CGI qui précise que les dépenses réalisées pour l'acquisition d'un revenu sont déductibles.

Cas particuliers : sont déductibles au moment de leur versement :

- Les primes d'assurances pour pertes d'exploitation liées à un « homme clé », mais attention, l'entrepreneur individuel n'a pas la qualification d'« homme clé » donc dans ce cas, les primes versées ne sont pas déductibles ;
- les assurances-vie garantissant le remboursement d'un emprunt lorsqu'elles sont exigées par un organisme financier en garantie d'un prêt. Si l'assurance est souscrite volontairement, elles ne sont déductibles qu'à l'échéance du contrat ou lors du décès de l'assuré.

Remarque

L'imposition des indemnités d'assurances perçues au titre d'un contrat « homme clé » ou en garantie du remboursement d'un emprunt peut bénéficier d'un échelonnement sur cinq ans par parts égales à compter de l'exercice de leur versement.

Les assurances-vie souscrites au profit du personnel

Les assurances-vie souscrites par l'entreprise au profit d'un membre du personnel sont assimilées à un complément de salaire. Elles sont normalement déductibles.

Application

Expert est un groupement coopératif de commerçants indépendants leur permettant de bénéficier d'une centrale de référencement. La société Xapa, membre d'Expert, souhaite ouvrir un magasin d'informatique sous l'enseigne de ce groupement et reçoit pour se faire l'assistance de ce dernier qui dresse une étude de faisabilité du projet : il s'agit d'une « étude de marché » développée avec une estimation du marché potentiel et « un chiffre d'affaires théorique objectif » en cas d'implantation.
Conforté dans son choix par cette étude, le dirigeant (Monsieur X) de la société ouvre un magasin mais, dès la première année, les résultats obtenus sont très en deçà du seuil de rentabilité calculé et la société est en cessation des paiements puis est mise en liquidation judiciaire.
Monsieur X engage alors la responsabilité du groupement car le chiffre d'affaires théorique fourni avait été déterminant dans sa décision ; or, ce chiffre était trompeur. Ainsi, il estime que l'information précontractuelle qui lui a été donnée ne respectait pas le caractère complet et sincère imposé par l'article L330-3 du Code de commerce, ce qui a eu pour conséquence la liquidation judiciaire.
Pour le groupement, cet article, issu de la loi Doubin rendant l'information précontractuelle obligatoire, ne s'applique qu'en cas d'exclusivité d'activité ce qui n'était pas le cas en l'espèce puisque les membres du groupement peuvent exploiter d'autres activités non concurrentes au groupement.

Ces arguments vous semblent-ils convaincants ?

Corrigé

Selon l'article L330-3 du Code de commerce : « Toute personne qui met à la disposition d'une autre personne un nom commercial, une marque ou une enseigne, en exigeant d'elle un engagement d'exclusivité ou de quasi-exclusivité pour l'exercice de son activité, est tenue, préalablement à la signature de tout contrat conclu dans l'intérêt commun des deux parties, de fournir à l'autre partie un document donnant des informations sincères, qui lui permettent de s'engager en connaissance de cause ».
La Cour de cassation a décidé le 19 janvier 2010 que ce texte s'appliquait dès qu'il y avait quasi-exclusivité ou exclusivité au regard « des produits couverts par la convention » et non au regard de l'activité globale.
Ainsi, par une interprétation extensive du texte, elle met une obligation précontractuelle à la charge du groupement Expert. « Ayant relevé que s'il existe pour les adhérents au réseau une possibilité d'exploiter des activités non concurrentes, ils sont, pour les produits couverts par la convention, tenus à une quasi-exclusivité, c'est à bon droit que la cour d'appel a retenu que l'obligation d'information précontractuelle prévue par l'article L330-3 du Code de commerce s'imposait aux sociétés aux sociétés animant le réseau. »
De plus, le manque d'informations sincères a privé la société d'éléments lui permettant d'apprécier valablement l'opportunité de son investissement, ce qui a un lien direct avec la cessation des paiements.
La Cour estime que le groupement est responsable de la liquidation judiciaire. « Si le franchiseur communique une étude locale dénuée de sérieux, sa responsabilité peut être engagée et il peut être tenu de réparer les préjudices résultant de la mise en oeuvre de la liquidation de la société franchisée. »

Éléments de procédure pénale 3

- 1 Les enquêtes de police
- 2 Les juridictions d'instruction
- 3 Les juridictions de jugement

PRINCIPES GÉNÉRAUX

La procédure pénale permet la mise en oeuvre du droit pénal. Elle vise à la constatation des infractions, au rassemblement des preuves, ainsi qu'à la recherche des auteurs et jugements des délinquants. Elle fixe le cadre juridique de l'intervention des autorités depuis le début de la plainte d'une victime jusqu'au jugement définitif. Dans ce domaine, on distingue l'action publique de l'action civile.

L'action publique	L'action civile
Le Ministère public s'adresse à une juridiction répressive pour qu'elle décide de la pertinence de la présomption d'innocence dont bénéficie la personne poursuivie. Le Ministère public peut décider de ne pas enclencher de poursuites et classer l'affaire sans suite mais cela peut être contrecarré par sa hiérarchie ou par la partie civile exerçant une citation directe ou déposant plainte avec constitution de partie civile. **L'action publique s'éteint** par : le décès ; l'amnistie ; l'abrogation de la loi pénale ; l'exécution de la composition pénale ; la chose jugée ; la transaction quand la loi le permet (exemple : un toxicomane qui accepte une cure) ; le retrait de la plainte quand elle est indispensable (cas de la diffamation) ; le paiement d'une amende forfaitaire (contravention). **La prescription** est d'un an pour les contraventions ; 3 ans pour les délits (sauf délits terroristes 20 ans) ; 10 ans pour les crimes (sauf crimes terroristes : 30 ans et imprescriptibilité des crimes contre l'humanité).	L'action civile appartient à tous ceux qui ont personnellement souffert du dommage directement causé par l'infraction. Elle consiste à demander des dommages et intérêts, soit devant les juridictions civiles, soit devant les juridictions répressives. L'action civile devant les juridictions pénales est possible tant qu'il n'y a pas eu prescription de l'action publique ou amnistie. Depuis la loi du 5 mars 2007, l'adage selon lequel « le pénal tient le civil en l'état » a été quelque peu remis en cause. En effet, le juge civil n'a plus à surseoir à statuer de façon automatique quand une action publique est mise en mouvement, cela devient pour lui une possibilité. Il peut donc apprécier le caractère sérieux de la procédure pénale. Le résultat de l'action civile devant les juridictions civiles dépend de l'action publique par application de l'adage « le pénal l'emporte sur le civil ». En effet, la chose jugée au pénal a autorité sur le civil et donc s'impose à lui (exemple : en cas de relaxe, il ne peut y avoir de dommages-intérêts). **L'action civile s'éteint** par : les procédés du droit civil (paiement, compensation, novation...) ; l'effet de la chose jugée ; la transaction et le désistement. **La prescription** est de 30 ans. Elle ne s'éteint pas par le décès du débiteur puisqu'elle peut être dirigée contre les héritiers.

1 Les enquêtes de police

La police judiciaire (PJ) se décompose en deux corps principaux : la police et la gendarmerie nationales.
Les officiers de police judiciaire (OPJ) sont chargés de constater les infractions, d'en rassembler les preuves, de rechercher les auteurs, de recevoir les plaintes, de procéder aux enquêtes préliminaires et de flagrance. Ils informent le procureur de la République des infractions et peuvent se voir déléguer des actes d'instruction sur commission rogatoire.

a. Enquête préliminaire et enquête de flagrance

L'enquête préliminaire	L'enquête de flagrance
Définition	
Elle est réalisée par la police judiciaire, soit d'office, soit à la demande du procureur de la République pour rechercher et réunir des renseignements afin d'engager éventuellement des poursuites pénales. Elle est secrète et non contradictoire.	L'infraction flagrante est celle qui se commet actuellement ou qui vient de se commettre ou qui se situe dans un temps très voisin de l'action. Elle est possible pour les crimes et les délits punissables d'emprisonnement. Elle ne peut se poursuivre pendant plus de 8 jours.
Pouvoirs de la police judiciaire	
• Contrôles et vérifications d'identité (« retenue » de la personne au maximum 4 heures pour procéder à une recherche d'identité) • Perquisitions et visites à domicile entre 6 h et 21 h avec l'accord de la personne et signature d'un PV. • Saisie de pièces à conviction avec l'accord de l'intéressé et placement sous scellés • Constatations, examens techniques ou scientifiques sur autorisation du procureur • Convocation de toute personne aux fins d'audition • Mise en garde à vue (voir plus bas, 4 La garde à vue).	Elle est conduite par l'OPJ qui, après avoir averti le procureur de la République procède aux premières constatations. Dans ce cas, les pouvoirs de la police judiciaire sont plus étendus qu'en cas d'enquête préliminaire. Ainsi, en plus des pouvoirs de l'enquête préliminaire, l'OPJ peut faire appel à des experts techniques ou scientifiques avec pose ou ouverture de scellés sans l'accord de l'intéressé. De même, il est interdit de s'opposer aux perquisitions mais il faut la personne ou 2 témoins. Enfin, il peut défendre à toute personne de s'éloigner des lieux de commission de l'infraction jusqu'à clôture des opérations.
Suites de l'enquête	
Les résultats de l'enquête sont transmis au procureur qui peut : – soit requérir l'ouverture d'une information et donc saisir le juge d'instruction ; – soit saisir la juridiction de jugement compétente ; – soit décider de ne pas poursuivre.	L'arrivée du procureur dessaisit l'OPJ et, en cas de flagrant délit punissable d'au moins 1 an et maximum 7 ans, il fait savoir au prévenu qu'il peut comparaître immédiatement et lui fait connaître ses droits. S'il faut une information, il saisit le juge d'instruction sur réquisitoire introductif d'instance.

b. La garde à vue

La loi du 14 avril 2011 est venue réformer profondément la garde à vue. Celle-ci y est d'ailleurs définie pour la première fois : « mesure de contrainte, décidée par un officier de police judiciaire sous le contrôle de l'autorité judiciaire, par laquelle une

personne, à l'encontre de laquelle il existe une ou plusieurs raisons plausibles de soupçonner qu'elle a commis ou tenté de commettre un crime ou un délit puni d'une peine d'emprisonnement, est maintenue à la disposition des enquêteurs ».
Elle doit être l'unique moyen de parvenir à l'un des objectifs mentionnés par la loi, à savoir :

- permettre l'exécution des investigations impliquant la présence ou la participation de la personne ;
- garantir la présentation de la personne devant le procureur afin qu'il puisse apprécier la suite à donner à l'enquête ;
- empêcher que la personne ne modifie les preuves ou indices matériels ;
- empêcher que la personne ne fasse pression sur les témoins ou les victimes ainsi que sur leur famille ou leurs proches ;
- empêcher que la personne ne se concerte avec d'autres personnes susceptibles d'être ses coauteurs ou complices ;
- garantir la mise en oeuvre des mesures destinées à faire cesser le crime ou le délit.

Le texte limite la garde à vue aux délits passibles de prison et elle ne peut être prolongée que pour les délits punis d'au moins un an d'emprisonnement.
La présence de l'avocat est désormais autorisée pendant toute la durée de la garde à vue de droit commun. Il peut donc être présent lors des auditions de la personne et il a accès aux procès-verbaux d'audition de son client. Le procureur de la République peut retarder cette présence de 12 heures (24 heures en matière de crime organisé et 72 heures dans les affaires de terrorisme), en raison de circonstances particulières faisant apparaître la nécessité, en urgence, de rassembler ou de conserver les preuves ou de prévenir une atteinte imminente aux personnes.
En cas de terrorisme, le juge des libertés et de la détention, saisi par le procureur de la République à la demande de l'officier de police judiciaire, ou le juge d'instruction lorsque la garde à vue intervient au cours d'une instruction, peut décider que la personne sera assistée par un avocat désigné par le bâtonnier.
La notification du droit au silence ou du droit de se taire est rétablie, l'examen médical doit se faire à l'abri des regards et écoutes et la « fouille intégrale » est réservée aux cas où la palpation ou l'utilisation de moyens de détection électronique ne peuvent être réalisée.

2 Les juridictions d'instruction

Les juridictions d'instruction ont en charge l'instruction préparatoire (l'instruction définitive est conduite lors du jugement) ou « information judiciaire ».
Elle est obligatoire pour les crimes, facultative pour les délits et en principe inexistante pour les contraventions, mais le procureur de la République peut la demander.
Les juridictions du premier degré sont le juge d'instruction et le juge des libertés et de la détention.

a. Le juge d'instruction

Sa désignation, son rôle et sa saisine

Il est choisi parmi les membres du TGI et est nommé par décret du Président de la République.
Son rôle est de rassembler les preuves et informations nécessaires et utiles à la manifestation de la vérité.
Il instruit à charge et à décharge et décide par voie d'ordonnance des suites à donner.
Il est saisi par le ministère public sur réquisitoire ou par plainte avec constitution de partie civile de la victime.
Il ne peut pas s'auto-saisir de faits nouveaux sans avoir demandé au procureur un réquisitoire supplétif.

Ses pouvoirs

Il peut procéder à des perquisitions, saisies, écoutes téléphoniques, expertises et enquêtes de personnalité, confrontations et auditions. Il peut entendre toute personne dont la déposition lui paraît utile. La personne est tenue de comparaître, de prêter serment et de déposer (sous peine d'une amende de 3 750 €) sauf secret professionnel. Les témoins assistés sont des personnes qui ont été mises en cause lors de l'instruction en étant désignés comme auteur ou complice. Ils n'ont pas à prêter serment et ont droit à un avocat lors de l'audition.
Seul le juge d'instruction peut **mettre en examen** une personne à l'encontre de laquelle il existe des « indices graves et concordants » laissant penser qu'elle est auteur ou complice. La personne mise en examen a droit à l'information et la présence d'un avocat, le droit de ne rien dire ou d'exposer sa défense, le droit de solliciter certains actes d'information (comme une contre-expertise) et le droit d'exiger que le juge se prononce sur le règlement de l'information lorsque 4 mois se sont écoulés sans acte d'instruction.
Le principe est le maintien en liberté mais la personne peut être placée sous contrôle judiciaire ou en détention provisoire.
Il peut prendre différents mandats exécutables sur tout le territoire :
- **le mandat de comparution** : mise en demeure de se présenter au juge à la date et heure indiquées afin d'être soumis à un interrogatoire immédiat ;
- **le mandat d'amener** : ordre à la force publique de conduire immédiatement devant lui la personne ;
- **le mandat d'arrêt** : ordre à la force publique de rechercher la personne désignée et de la conduire en maison d'arrêt. Elle doit être présentée dans les 24 heures au juge pour interrogatoire.

Ses ordonnances

Quand il exerce son pouvoir juridictionnel, il rend des ordonnances :
- **ordonnance d'incompétence** : l'affaire ne relève pas de sa compétence ;
- **ordonnance de refus d'informer** : car les faits ne sont pas constitutifs d'une infraction ;
- **ordonnance d'irrecevabilité** : en cas de prescription ;
- **ordonnance de mise sous contrôle judiciaire** : la personne visée est laissée en liberté mais est soumise à des obligations (comme des limitations de sa liberté de déplacement) ;
- **ordonnance de soit-communiqué** : adressée au procureur pour lui dire que l'instruction est close. Il lui transmet le dossier et le procureur lui retourne avec ses conclusions dans les 3 mois ou 1 mois en cas de détention provisoire. Le juge peut alors rendre une ordonnance de règlement ou de clôture.

Il existe 3 ordonnances possibles de règlement ou de clôture qui marquent la fin d'une instruction et dessaisissent le juge :
- **ordonnance de renvoi** : c'est la décision de renvoyer la personne poursuivie devant le tribunal de police (contravention) ou le tribunal correctionnel (délit) quand il estime que les charges sont suffisantes ;
- **ordonnance de mise en accusation** : lorsque les faits constituent un crime et il renvoie la personne devant la cour d'assises ;
- **ordonnance de non-lieu** : quand il estime les charges insuffisantes. Un non-lieu partiel (à l'égard de certaines personnes ou de certains faits) est possible.

b. Le juge des libertés et de la détention

Sa désignation, son rôle et sa saisine
Le juge des libertés et de la détention est un juge du siège désigné par le président du TGI. Il est saisi par ordonnance du juge d'instruction.
Ses pouvoirs
• Il rend **les ordonnances de placement en détention provisoire** : celle-ci peut être ordonnée uniquement en cas de crime ou délit pour lequel la peine encourue est d'au moins 3 ans (un an pour délit flagrant) ou en cas de non-respect des obligations du contrôle judiciaire. La détention provisoire est de 4 mois en correctionnel mais peut être renouvelée jusqu'à 6 mois maximum, 1 ou 2 ans dans certains cas (stupéfiants, terrorisme, délit en bande organisée...). Sa durée, en matière criminelle, est de 2 ans si la peine encourue est inférieure à 20 ans, sinon elle est de 3 ans ou 4 dans certains cas. • Par **le mandat de dépôt**, il donne l'ordre au chef d'établissement pénitentiaire de recevoir et détenir la personne à l'encontre de laquelle il a décidé une détention provisoire. • Il peut placer une personne sous contrôle judiciaire. • Il statue sur les demandes de mise en liberté.

c. La juridiction d'instruction du second degré : la chambre de l'instruction

Elle est saisie en appel contre les ordonnances des juges du premier degré et en annulation d'une pièce ou d'un acte. Elle peut être saisie par la personne mise en examen, la partie civile, le procureur de la République et le Procureur général.
Elle peut ordonner tout acte d'information complémentaire. Elle contrôle l'instruction et lors de l'examen des procédures, si elle découvre une cause de nullité elle prononce la nullité de l'acte et éventuellement celle de tout ou partie de la procédure.
Elle rend des arrêts de non-lieu ou des arrêts de renvoi ou des arrêts de mise en accusation.
Le pourvoi contre ses arrêts doit être fait dans un délai de 5 jours francs.

3 Les juridictions de jugement

Innovation de la loi du 9 mars 2004, la comparution sur reconnaissance préalable de culpabilité permet d'éviter le procès pénal en cas de délit punissable d'une peine d'amende ou de prison de 5 ans maximum.
Le procureur peut la proposer mais le prévenu (ou son avocat) peut en faire la demande. L'avocat est obligatoire. Le prévenu reconnaît sa culpabilité et le procureur de la République lui propose une peine limitée au montant maximal de l'amende ou à un an ou au maximum à la moitié de la peine encourue avec éventuellement du sursis. Le procureur peut également proposer une peine complémentaire ou de substitution.
Le prévenu à dix jours pour l'accepter (peut demander ce délai ou l'accepter d'office) et dans ce cas il est présenté au président du TGI statuant en matière pénale, pour qu'il homologue la décision et valide la peine. En cas de refus, il y a procès.

a. Juridictions de droit commun et d'exception

■ *Juridictions de droit commun*

Les juridictions de première instance	
Le tribunal de police	Compétence d'attribution : amendes de 1 500 € maximum ou le double en cas de récidive. Compétence territoriale : le tribunal du lieu de commission de l'infraction ou de sa constatation ou de la résidence du contrevenant Composition : un seul juge (juge d'instance) + 1 greffier + 1 officier du ministère public (le substitut du Procureur) La procédure pour les 4 premières classes de contraventions est l'amende forfaitaire et son paiement éteint l'action publique. Si le contrevenant la conteste ou refuse de payer, l'affaire est portée devant le tribunal si le ministère poursuit. Le juge statue sans débat préalable par ordonnance pénale.
Le tribunal correctionnel	Compétence d'attribution : délits passibles d'un emprisonnement ou d'une amende ≥ 3 750 €. Il a la même compétence territoriale que le tribunal de police. Il est composé de 3 magistrats : 1 président + 2 assesseurs + greffier + procureur. Il existe le juge unique pour certains délits (exemples : chèques, vol simple ...). La forme collégiale est obligatoire en cas de comparution immédiate ou si la complexité des faits la justifie. En principe, l'audience est publique. L'avocat n'est pas obligatoire sauf si le prévenu est atteint d'une infirmité compromettant sa défense.
La Cour d'assises	Elle juge en premier ressort les crimes. Elle est composée de 3 magistrats + 6 jurés citoyens + procureur général + greffier (la condamnation se fait à la majorité de 6 voix sur 9). Cependant, pour les infractions ayant pour but de troubler gravement l'ordre public par intimidation et terreur, elle est composée uniquement de magistrats.
Les juridictions d'appel	
Pour les contraventions et délits	C'est la chambre des appels correctionnels constituée de 3 magistrats + procureur + greffier. Elle est saisie par le prévenu, la partie civile et le procureur. Elle rend des arrêts pouvant faire l'objet d'un pourvoi en Cassation.
Pour les crimes	L'appel est dorénavant possible et porte le nom « d'appel circulaire » car il se fait devant une autre cour d'assises que celle qui a statué. Elle est composée de 3 magistrats + procureur général + greffier + 9 jurés. La culpabilité se décide à la majorité d'au moins 8 voix comme le prononcé de la peine maximale.
La Cour de cassation	
Le pourvoi est pour violation de la loi. Il est exercé soit par le ministère public soit par la partie à l'encontre de laquelle la décision est rendue.	

■ *Les juridictions d'exception*

Il existe des juridictions d'exception sur lesquelles nous ne nous attarderons pas en raison de leurs spécificités. Il s'agit des juridictions pour mineurs (juge et tribunal pour enfants, tribunal correctionnel pour les récidivistes de 16 à 18 ans et la cour d'assises des mineurs de 16 à 18 ans, des juridictions pour les militaires, et des juridictions politiques (la Cour de justice de la République pour les membres du gouvernement et la Haute Cour de justice pour le Président de la République en cas de haute trahison).

b. Les voies de recours

Les voies de recours ordinaires		Les voies de recours extraordinaires	
L'appel	**L'appel a un effet suspensif** (suspend l'exécution du jugement attaqué mais pas la détention) **et un effet dévolutif** (transmis dans ses éléments de droit et de fait). La cour d'appel ou d'assises d'appel ne peut pas aggraver le sort de l'appelant s'il est le seul à faire appel et si l'appel émane seulement de la partie civile elle peut maintenir ou augmenter les dommages-intérêts ou en accorder s'il n'y en a pas eu.	**Le pourvoi en cassation**	Les cas sont définis par la loi. Il a un effet suspensif et dévolutif. Si le pourvoi est infondé, la cour rend un arrêt de rejet qui termine définitivement le procès ; sinon elle casse la décision et renvoie devant une même juridiction.
L'opposition	Lorsque la partie n'a pas pu comparaître (motif légitime) elle peut attaquer la décision rendue par défaut en formant opposition devant la juridiction qui a statué. L'opposition anéantit le jugement rendu par défaut, la juridiction est à nouveau saisie en vue d'un nouvel examen.	**La demande en révision**	Les cas d'ouverture sont restreints (tels que faux témoignages, révélation de faits nouveaux...). Une commission spéciale examine la demande et si elle l'admet, elle saisit la chambre criminelle. Si cette dernière pense la révision fondée elle annule la condamnation.

4 Éléments de droit pénal général

PRINCIPES GÉNÉRAUX

Le droit pénal est défini comme l'ensemble des règles de droit ayant pour but de sanctionner les infractions afin d'organiser la vie en société et de faire respecter la loi. Le droit pénal général définit l'infraction, les responsables et les peines applicables.
L'infraction est la violation de la règle pénale, soit par action ou omission, sanctionnée par une peine.

1 L'infraction

a. Les éléments constitutifs de l'infraction

L'élément légal
Le principe de la légalité des infractions est connu sous l'adage « pas de peine sans texte ». On ne peut être sanctionné que si un texte le prévoit. De plus, la loi applicable est celle en vigueur au jour de la commission de l'infraction. Il n'y a pas en principe de rétroactivité des lois, sauf si une nouvelle loi est plus clémente que l'ancienne.
L'élément matériel
Cet acte peut être une action que la loi interdit ou une omission, c'est-à-dire que l'auteur ne fait pas ce qu'il avait obligation de faire. Ce dernier type d'infraction est rare en droit pénal général mais fréquent en droit pénal des affaires (exemple : la non-révélation des faits délictueux de la part du commissaire aux comptes, la non-convocation d'assemblées...). Le principe est que l'infraction n'est punissable que si elle a été commise ou tentée. Selon l'article L121-5 CP, « la tentative est constituée dès lors que, manifestée par un commencement d'exécution, elle n'a été suspendue ou n'a manqué son effet qu'en raison de circonstances indépendantes de la volonté de son auteur ». Pour être caractérisée, il faut un commencement et un arrêt involontaire avec une intention coupable. En matière de crime, la tentative est toujours punissable et, en matière de délits, elle ne l'est que si un texte le prévoit ; elle n'existe pas en matière de contravention.
L'élément moral
Il consiste en l'intention de commettre cet acte ou tout du moins la possibilité d'imputer un acte à une personne déterminée. À côté des infractions intentionnelles, il existe les infractions non intentionnelles qui découlent de l'imprudence, de la négligence ou du manquement à une obligation de prudence ou de sécurité. Ainsi, dans la faute non intentionnelle, l'auteur est coupable de ne pas avoir pris toutes les précautions nécessaires pour éviter le résultat qui n'a pas été voulu. Cette faute d'imprudence doit être prouvée, mais pas la preuve de l'intention coupable.

b. Classification des infractions

Selon l'article 111-11 du Code pénal, « les infractions pénales sont classées suivant leur gravité en crimes, délits et contraventions ».

Type d'infraction / Règle applicable	Crime	Délit	Contravention
Tribunal compétent	Cour d'assises	Tribunal correctionnel	Tribunal de police
Prescription de l'action publique	10 ans imprescriptibilité des crimes contre l'humanité	3 ans	1 an
Instruction	Obligatoire	Obligatoire dans les cas prévus par la loi	Obligatoire uniquement sur demande du Procureur de la République
Publicité de la peine au casier judiciaire	Oui	Oui	Pour les contraventions de 5e classe. Pour les interdictions, déchéances ou les incapacités pour les contraventions de 4e classe
Prescription de la peine	20 ans	5 ans	2 ans
Charge de la preuve	Le ministère public doit prouver la faute	Le ministère public doit prouver la faute	Le ministère public doit prouver la faute
Tentative	Toujours punissable	Punissable dans les cas prévus par la loi	Jamais
Complicité	Toujours punissable	Toujours punissable	Punissable dans certains cas

2 Les participants à l'infraction

En principe, nul n'est responsable que de son propre fait et seul l'auteur d'une infraction et son éventuel complice sont responsables, mais la loi donne des cas de responsabilité pénale du fait d'autrui et reconnaît la responsabilité pénale des personnes morales.

a. La complicité

Selon l'article 121-7 du Code pénal, « est complice d'un crime ou d'un délit, la personne qui sciemment, par aide ou assistance, en a facilité la préparation ou la consommation. Est également complice, la personne qui, par don, promesse, menace, ordre, abus d'autorité ou de pouvoir, aura provoqué à une infraction ou donné des instructions pour la commettre ».

L'acte de complicité doit être un acte positif, antérieur ou concomitant à l'acte principal (une infraction commise ou tentée). La complicité est une infraction intentionnelle. La culpabilité du complice est indépendante de celle de l'auteur principal ou de la punition effective de l'auteur. Il encourt les mêmes peines que l'auteur principal.

b. La responsabilité pénale des personnes morales

Les personnes morales, à l'exclusion de l'État, sont responsables pénalement des infractions commises, pour leur compte, par leurs organes ou représentants.
Une société en liquidation peut être poursuivie pénalement mais, mis à part amendes et confiscation, la dissolution éteint les sanctions pénales.
Le représentant légal représente la personne morale durant la procédure, sauf s'il est aussi poursuivi. Dans ce cas, la personne morale peut être représentée par toute personne bénéficiant d'une délégation de pouvoirs ; à défaut, le président du TGI désigne un mandataire.

c. La responsabilité pénale du fait d'autrui

Il s'agit ici de personnes responsables pénalement d'une infraction commise par une autre personne, sans qu'il y ait complicité.
La responsabilité pénale du dirigeant suppose une infraction non intentionnelle d'un préposé et l'existence d'une faute personnelle imputable au dirigeant.
Le dirigeant peut s'exonérer de sa responsabilité par deux moyens :

- la délégation de pouvoirs, précise et limitée, donnée à un collaborateur pourvu de la compétence et des moyens nécessaires et acceptée par lui ;
- l'absence de faute : le dirigeant doit démontrer qu'il a mis en oeuvre tous les moyens prescrits par la loi ou le règlement et qu'il n'a commis de faute.

3 La nature et le régime des peines

La peine est fonction de la gravité de l'infraction et du passé du délinquant (en cas de récidive, les peines sont doublées).
La loi du 15 août 2014 précise que « la peine a pour fonctions de sanctionner l'auteur de l'infraction, de favoriser son amendement, son insertion ou sa réinsertion ».

a. La nature des peines

Les peines applicables aux personnes physiques

Les peines criminelles
Peines principales : amende et réclusion (de 15 au plus à perpétuité).
Peines complémentaires : interdiction de droits civiques, civils ou de famille pour 10 ans au plus, déchéance, incapacité ou retrait d'un droit, immobilisation ou confiscation d'un objet, fermeture d'un établissement, affichage ou diffusion de la décision.

Les peines correctionnelles
Peines principales : amende et emprisonnement de 6 mois à 10 ans au plus ou travail d'intérêt général ou une peine privative de droits. **Peines complémentaires** : ce sont les mêmes que pour les crimes mais ici elles peuvent être prononcées à titre principal.
Les peines contraventionnelles
Peine principale : amende en fonction de la classe de la contravention : ou pour les contraventions de la 5e classe : immobilisation de véhicules pour 6 mois au plus, confiscation de biens pendant 1 an au plus, retrait du permis de chasse pendant un an, interdiction d'émettre des chèques pendant 1 an au plus **Peines complémentaires** : elles peuvent être prononcées à titre principal. Confiscation de biens, suspension du permis de conduire ou de port d'arme pour 3 ans au plus. Pour les contraventions de 5e classe : interdiction d'émettre des chèques dans certains cas pour 3 ans au plus, TIG.

Les peines applicables aux personnes morales

Peines en cas de crimes et délits
Peine principale : une amende : le quintuple de celle applicable aux personnes physiques **Peines complémentaires** : interdiction pour maximum 5 ans de faire appel public à l'épargne, l'exclusion des marchés publics définitive ou pour 5 ans au plus, le placement sous surveillance judiciaire pour 5 ans au plus, l'interdiction pour 5 ans au plus d'émettre des chèques autres que de retrait ou certifiés ou d'utiliser des cartes de paiement, la confiscation de la chose liée à la commission de l'infraction, l'affichage ou diffusion de la décision et pour finir les plus graves à savoir l'interdiction d'exercer une activité à titre définitif ou pour 5 ans au plus, fermeture et la dissolution.
Peines en cas de contraventions
Peine principale : une amende : le quintuple de celle applicable aux personnes physiques. **Peines complémentaires** : la confiscation du produit de l'infraction pour toutes les contraventions et pour les contraventions de 5e classe l'interdiction d'émettre des chèques ou d'utiliser des cartes de paiement pendant une durée maximale de 3 ans.

b. Le régime des peines

La loi du 15 août 2014 pose comme principe que « toute peine prononcée par la juridiction doit être individualisée » et supprime les peines planchers mises en place en 2007. La personnalisation des peines renvoie au régime de la semi-liberté ou encore du fractionnement ou du sursis…

La loi du 15 août 2014 crée, en matière correctionnelle, une nouvelle peine autonome : **la contrainte pénale**. Cette peine de 6 mois à 5 ans s'effectue en milieu ouvert et soumet le condamné à de nombreuses obligations et interdictions (interdiction de se rendre dans certains lieux, de rencontrer certaines personnes…) et à un accompagnement important (obligations de soins, d'insertion professionnelle…). Cette peine concerne les personnes majeures ayant commis un délit sanctionné d'une peine d'emprisonnement d'au plus 5 ans, mais en 2017 elle concernera tous les délits.

Le juge en matière correctionnelle ou contraventionnelle peut dispenser de l'exécution de la peine ou en ajourner le prononcé.
Il existe des circonstances aggravantes objectives (la bande organisée, la préméditation, l'effraction, l'escalade et l'arme) et personnelles tenant à la qualité du délinquant (profession) ou de la victime (âge, lien de parenté).
Les mesures empêchant l'exécution totale ou partielle de la peine sont : le décés ou la dissolution, la prescription, la grâce présidentielle, l'amnistie, le relèvement des interdictions déchéances et incapacités et les remises de peines.
Les mesures effaçant la condamnation sont l'amnistie et la réhabilitation.

c. Les limites à l'imputabilité de l'infraction

Les causes d'irresponsabilité pénale sont les troubles psychiques ou neuropsychiques ayant aboli les facultés mentales, la force ou la contrainte, l'erreur sur le droit, l'ordre de la loi, le commandement de l'autorité légitime (sauf si l'acte est manifestement illégal), la légitime défense (acte proportionnel à la gravité de l'atteinte subie), l'état de nécessité et l'enfance (moins de 13 ans).
Les causes d'atténuation de la responsabilité pénale sont les troubles psychiques ou neuropsychiques ayant altéré le discernement ou entravé le contrôle des actes et la minorité (la peine prévue pour les majeurs est obligatoirement réduite pour les mineurs de 13 à 16 ans, cela est facultatif après).

Droit pénal des affaires et des sociétés

5

PRINCIPES GÉNÉRAUX

Le droit pénal des affaires regroupe l'ensemble des règles de droit relatives aux infractions susceptibles d'être caractérisées dans la vie des affaires.
Sont ainsi visées, les infractions de droit commun (telles que la corruption, l'escroquerie...) de même que les infractions spécifiques au droit des sociétés (telles que l'abus de biens sociaux, la majoration frauduleuse des apports...) ou encore les infractions en rapport avec le droit boursier (tel que le délit d'initié).

1 Principales infractions du droit pénal général applicables aux affaires

L'abus de confiance : article 314-1 du Code pénal
« L'abus de confiance est le fait pour une personne de détourner au préjudice d'autrui, des fonds, des valeurs ou un bien quelconque qui lui ont été remis et qu'elle a accepté à charge de les rendre, de les représenter ou d'en faire un usage déterminé ». Il existe un lien contractuel entre l'auteur et la victime ; l'auteur a détourné le bien ou en a fait un usage au but différent que celui fixé d'un commun accord. L'auteur agit en toute conscience et de mauvaise foi. Les sanctions sont 3 ans d'emprisonnement et 375 000 € d'amende pour les personnes physiques, 5 fois plus pour les personnes morales, avec éventuellement des peines complémentaires.
L'escroquerie : article 313-1 du Code pénal
« L' escroquerie est le fait, soit par l'usage d'un faux nom ou d'une fausse qualité, soit par l'abus d'une qualité vraie, soit par l'emploi de manœuvres frauduleuses, de tromper une personne physique ou morale et de la déterminer ainsi, à son préjudice ou au préjudice d'un tiers, à remettre des fonds, des valeurs, ou un bien quelconque, à fournir un service ou à consentir un acte opérant obligation ou décharge ». Contrairement à l'abus de confiance, la remise de la chose est ici postérieure à la tromperie ou moyens frauduleux employés. La mauvaise foi est nécessaire et se déduit en général des moyens employés. Les sanctions sont 5 ans d'emprisonnement et 375 000 € d'amende pour les personnes physiques, 5 fois plus pour les personnes morales, avec éventuellement des peines complémentaires.

•••

Le recel : article 321-1 du Code pénal
« Le recel est le fait de dissimuler, de détenir ou de transmettre une chose, ou de faire office d'intermédiaire afin de la transmettre, en sachant que cette chose provient d'un crime ou d'un délit. Constitue également un recel le fait, en connaissance de cause, de bénéficier, par tout moyen, du produit d'un crime ou d'un délit ». Le receleur doit avoir agi en connaissance de cause. Les sanctions sont 5 ans d'emprisonnement et une amende de 375 000 € (ou jusqu'à la moitié de la valeur des biens recelés) et des peines complémentaires. Pour les personnes morales, l'amende est 5 fois plus importante et des peines complémentaires sont possibles.
Le faux : article 441-1 du Code pénal
« Constitue un faux toute altération frauduleuse de la vérité de nature à causer un préjudice et accomplie par quelque moyen que ce soit, dans un écrit ou tout autre support d'expression de la pensée, qui a pour objet ou qui peut avoir pour effet d'établir la preuve d'un droit ou d'un fait ayant des conséquences juridiques. » Le support sur lequel le faux est réalisé doit être source d'un droit ou d'une obligation. L'altération doit être substantielle et le faussaire doit avoir agi volontairement, et peu importe qu'il ait ou non retirer profit. Les sanctions sont 3 ans d'emprisonnement et une amende de 45 000 € (ou jusqu'à la moitié de la valeur des biens recelés), 5 fois plus pour les personnes morales, et des peines complémentaires.

2 Infractions de droit pénal des affaires

Les infractions présentées figurent dans le Code de commerce.

Délit de présentation ou de publication de comptes ne donnant pas une image fidèle
Le fait pour les dirigeants « de publier ou de présenter aux associés ou actionnaires, même en l'absence de toute distribution de dividendes, des comptes annuels ne donnant pas, pour chaque exercice, une image fidèle des opérations de l'exercice, de la situation financière et du patrimoine à l'expiration de cette période en vue de dissimuler la véritable situation de la société est puni d'un emprisonnement de 5 ans et 375 000 € d'amende ». Il faut une volonté de dissimuler la vraie situation de la société. *Remarque* : Dans la SARL la publication n'est pas visée dans les textes.
Délit de distribution des dividendes fictifs
Est puni de 5 ans d'emprisonnement et 375 000 € d'amende le fait pour les dirigeants (ne sont pas concernés les gérants de SNC ou sociétés civiles) « d'opérer entre les actionnaires ou associés la répartition de dividendes fictifs, en l'absence d'inventaire, ou au moyen d'inventaires frauduleux ». La distribution doit être faite en connaissance de cause, ce qui se déduira évidemment de l'absence d'inventaire, ou un inventaire frauduleux. Si l'assemblée refuse la distribution il n'y a pas infraction.
Délit d'abus de biens sociaux (ABS)
Est puni d'un emprisonnement de 5 ans et 375 000 € d'amende « le fait, pour les gérants, présidents, administrateurs, directeurs généraux, membres du directoire et membres du conseil de surveillance, de faire, de mauvaise foi, des biens ou du crédit de la société, un usage qu'ils savent contraire à l'intérêt de celle-ci, à des fins personnelles ou pour favoriser une autre société ou entreprise dans laquelle ils sont intéressés directement ou indirectement ». Il faut que l'acte porte atteinte au patrimoine de la société qui subit un préjudice matériel. Le dirigeant doit être de mauvaise foi et rechercher un intérêt personnel, direct ou indirect. *Remarques* : l'ABS est une forme adaptée aux sociétés à responsabilité limitée de l'abus de confiance. L'usage de crédit social consiste à engager la société sur des opérations pouvant entraîner un préjudice.

•••

La loi du 6 décembre 2013 relative à la lutte contre la fraude fiscale et la grande délinquance économique et financière a créé un cas d'aggravation de l'abus de biens sociaux. Ainsi, les dirigeants encourent 7 ans d'emprisonnement et 500 000 € lorsque le délit « est réalisé ou facilité au moyen, soit de comptes ouverts ou souscrits auprès d'organismes établis à l'étranger, soit de l'interposition de personnes physiques ou morales ou tout organisme, fiducie ou institution comparables, établis à l'étranger ».

Selon **la loi du 11 octobre 2013**, les dirigeants de SARL et SA peuvent avoir pour peines complémentaires une interdiction de droits civiques, civils et de famille pour abus de biens sociaux, abus de pouvoir ou voix, distribution de dividendes fictifs et présentation de comptes infidèles.

3 Infractions de droit pénal spécial des sociétés

Les infractions présentées sont mentionnées dans le Code de commerce, seul le délit d'initié relève du Code monétaire et financier.

Infractions relatives à la constitution des sociétés
Dans la SARL, est sanctionné (6 mois d'emprisonnement et une amende de 9 000 €) le fait pour les associés d'omettre dans l'acte de société la répartition des parts associés, la libération des parts et le dépôt des fonds. Dans les sociétés par actions : les fondateurs ou dirigeants encourent une amende de 9 000 € en cas d'emission irrégulière d'actions. Le fait de négocier de mauvaise foi de telles actions est sanctionné par un an d'emprisonnement et 9 000 € d'amende, cela concerne aussi les porteurs de titres. Enfin, dans la SARL comme dans les sociétés par actions, le fait pour toute personne de faire attribuer frauduleusement et intentionnellement à un apport en nature une valeur supérieure à sa valeur réelle est punissable de 5 ans d'emprisonnement et 9 000 € d'amende mais 375 000 € dans la SARL. Selon la **loi du 11 octobre 2013**, toute personne physique ou morale ayant frauduleusement fait attribuer à un apport en nature une valeur supérieure à sa valeur réelle peut avoir pour peine complémentaire une interdiction de droits civiques, civils et de famille.
Infractions relatives aux assemblées d'associés
Dans les SARL et sociétés par actions : les dirigeants encourent une amende de 9 000 € en cas de non établissement de l'inventaire ou des comptes annuels et 6 mois de prison et 9 000 € d'amende en cas de non-tenue de l'AG annuelle. **Dans les sociétés par actions** : le fait d'empêcher un actionnaire d'assister à l'AG et de renier son droit individuel à l'information est sanctionné par 2 ans d'emprisonnement et 9 000 € d'amende (Infractions intentionnelles). Il en est de même en cas de corruption du droit de vote. Le fait de ne pas procéder à la constatation des décisions dans un PV est sanctionné de 3 750 € d'amende et le fait de ne pas déposer les comptes et documents attachés est puni d'une amende de 1 500 €.
Infractions relatives aux droits sociaux
Est puni d'un emprisonnement de 2 ans et d'une amende de 9 000 € le fait d'empêcher intentionnellement un obligataire de participer à une AG d'obligataires. Le défaut de PV suite à l'AG des obligataires entraîne pour le président de cette AG une amende de 4 500 €. Le fait pour le dirigeant de procéder à l'amortissement du capital ou à une réduction du capital non motivée par les pertes alors que toutes les actions à dividende prioritaire n'ont pas été rachetées est sanctionné d'une amende de 6 000 € et 6 mois de prison. Encourent 9 000 € d'amende les dirigeants qui auront, en dehors des cas spécifiques d'autorisation, procédé à la souscription ou l'achat de la société de ses propres actions, la prise en gage par la société de ses propres actions ou encore à l'avance de fonds par la société pour la souscription ou l'achat de ses actions par un tiers.

•••

•••

Infractions relatives aux modifications de capital
Est puni d'une amende de 9 000 € le fait pour les dirigeants d'émettre, lors d'une augmentation de capital, des actions avant que le certificat du dépositaire ait été établi ou avant que les formalités préalables à l'augmentation aient été régulièrement accomplies. Les peines sont doublées quand la société fait offre au public. Est puni d'un emprisonnement de 2 ans et d'une amende de 18 000 € le fait pour les dirigeants et le commissaire aux comptes de donner ou confirmer (intentionnellement) des indications inexactes dans les rapports présentés à l'assemblée générale appelée à décider de la suppression du DPS.
Infraction spécifique quant au fonctionnement des marchés financiers : le délit d'initié
Selon le code monétaire et financier, « le fait pour les dirigeants d'une société et pour les personnes disposant, à l'occasion de l'exercice de leurs professions ou de leurs fonctions, d'informations privilégiées sur les perspectives ou la situation d'un émetteur dont les titres sont négociés sur un marché réglementé ou sur les perspectives d'évolutions d'un instrument financier admis sur un marché réglementé, de réaliser, soit directement soit par personne interposée, une ou plusieurs opérations sans que le public ait connaissance de ces informations est puni de deux ans d'emprisonnement et 1 500 000 € d'amende ».
Infractions relatives à la dissolution des sociétés
En cas de perte de la moitié des capitaux propres, le fait pour les dirigeants et gérants de ne pas convoquer dans les 4 mois les associés afin qu'ils se prononcent sur la dissolution ou le fait de ne pas publier leur décision est puni de 6 mois d'emprisonnement et 4 500 € d'amende. Le liquidateur ne doit pas être une personne interdite de gérer une société sous peine de 2 ans et 9 000 € d'amende. Si le liquidateur ne respecte pas les règles sur les cessions d'actifs, il encourt 5 ans d'emprisonnement et 9000 € d'amende.

4 Droit pénal et commissaire aux comptes

L'exercice illégal de la profession de commissaire aux comptes (CAC) est sanctionné par une amende de 15 000 € et un an d'emprisonnement, et le fait de ne pas respecter les incompatibilités liées à la fonction de commissaire est sanctionné par un emprisonnement de 6 mois et une amende de 7 500 €.

Selon le Code de commerce :

- le fait, pour tout dirigeant de personne morale ou d'entité tenue d'avoir un CAC, de ne pas en provoquer la désignation est sanctionné par 2 ans d'emprisonnement et 30 000 € d'amende ;
- le fait, pour les dirigeants d'une personne morale ou toute personne ou entité au service d'une personne ou entité tenue d'avoir un CAC, de mettre obstacle aux vérifications ou contrôles des CAC ou experts ou de leur refuser la communication sur place de toutes les pièces utiles à l'exercice de leur mission, et notamment, de tous contrats, livres, documents comptables et registres de PV est sanctionné par 5 ans d'emprisonnement et 75 000 € d'amende.

Le commissaire aux comptes met en jeu sa responsabilité pénale et encourt 5 ans d'emprisonnement et 75 000 € d'amende, s'il donne ou confirme des informations mensongères sur la situation de la société ou s'il ne révèle pas au procureur de la République les faits délictueux dont il a eu connaissance au cours de sa mission.

Application

Un actionnaire de la société Eraf veut agir contre le dirigeant, Monsieur Laurent, pour abus de biens sociaux. En effet, selon lui, Monsieur Laurent a, au cours de l'année 2007 (mais cela ne figurait que dans les comptes présentés à l'AG de 2008), fait supporter à la société sans contrepartie des avances injustifiées de trésorerie au profit de trois autres sociétés dans lesquelles il avait des intérêts directs. Ces avances ont été faites sans passation de conventions, comme la loi l'impose, et ces sociétés ne sont liées entre elles que part des jeux d'écriture. De plus, ces avances ont été un élément déterminant dans le déclenchement de la cessation des paiements de la société Eraf, car elles excédaient largement ses possibilités.
Monsieur Laurent lui rétorque :

- qu'il a agi dans l'intérêt du groupe constitué par les quatre sociétés et donc que, dans ce cadre, selon la jurisprudence Rozenblum, il ne peut y avoir abus de biens sociaux,
- et que, quand bien même l'associé agirait, l'action serait impossible, non seulement car il n'y a pas infraction, mais encore parce qu'il y a prescription.

Que pensez-vous des arguments de Monsieur Laurent ?

Corrigé

Selon la jurisprudence Rozenblum, les faits échappent à la qualification d'abus de biens sociaux (ABS) s'il existe « un intérêt économique, social ou financier commun, apprécié au regard d'une politique élaborée pour l'ensemble du groupe et que le concours financier ne soit pas démuni de contrepartie et ne rompt pas l'équilibre entre les engagements respectifs des diverses sociétés du groupe ».
Ainsi, l'acte qui compromet l'actif social peut être justifié par l'intérêt du groupe, du moment que les conditions posées par l'arrêt Rozenblum sont remplies.
Or, il a été jugé que l'intérêt du groupe est inexistant entre « sociétés liées par des jeux d'écriture quand aucune politique n'est décidée en conseil d'administration ou en assemblée générale ». Ainsi, un des critères n'est pas rempli, sans compter le fait que ces avances ont compromis la survie même de la société Eraf puisqu'elles ont conduit à la cessation des paiements et qu'il n'y a eu aucune contrepartie.
Ici l'infraction d'abus de biens sociaux est donc constituée, et ce sans aucun doute, les arguments de M. Laurent ne sont pas valables.
Quant à la prescription, le point de départ est la date de présentation des comptes annuels dans lesquels figurent les dépenses litigieuses. Ce point de départ peut être retardé en cas de dissimulation des faits. Il n'y a donc pas prescription puisque le point de départ est 2008 et non 2007, ce qu'avance M. Laurent est totalement faux.

6 La concurrence

PRINCIPES GÉNÉRAUX

Les entreprises se livrent à une concurrence féroce pour gagner des parts de marché. Elles se regroupent ou s'entendent pour influer sur les marchés, ce qui est contrôlé par les autorités pour que ces actions ne faussent pas la concurrence.
De plus, la concurrence se doit d'être loyale ; elle doit répondre à une certaine éthique commerciale, ce qui permet de sanctionner certaines pratiques.

1 Concentrations, ententes et abus de position dominante

Les concentrations, ententes et positions dominantes sont contrôlées tant au niveau interne qu'au niveau communautaire.

a. Les concentrations

Sont visés tous les secteurs d'activités et cela concerne les fusions, les prises de contrôle et les créations d'entreprises communes autonomes.

Le contrôle européen

Les seuils

Le règlement communautaire s'applique :

À titre principal	À titre subsidiaire
• CA mondial > 5 milliards d'euros. • Et 2 des entreprises au moins CA > 250 millions d'euros dans la communauté. • Sauf si plus des 2/3 du CA des entreprises concernées dans la communauté se font à l'intérieur d'un seul et même État membre.	• CA mondial > 2,5 milliards d'euros. • Et CA total > 100 millions d'euros dans au moins 3 États membres. • Et dans chacun de ces États, au moins des entreprises dont 2 ont un CA > 25 millions d'euros. • Et 2 au moins des entreprises ont un CA individuel > 100 millions d'euros dans l'UE. • Sauf si 2/3 au moins du CA dans un seul État.

La Commission tient compte de la nécessité de préserver et de développer une concurrence effective dans le marché commun, de la position sur le marché des entreprises concernées et de leur puissance économique et financière, des possibilités de choix des fournisseurs et des utilisateurs, de leur accès aux sources d'approvisionnement ou aux débouchés.
Les concentrations qui n'entraveraient pas de manière significative une concurrence effective dans le marché commun ou une partie substantielle de celui-ci, notamment du fait de la création ou du renforcement d'une position dominante, sont déclarées compatibles avec le marché.

La procédure

Les concentrations doivent être notifiées à la Commission avant leur réalisation et après la conclusion de l'accord, l'offre publique d'achat ou d'échange ou l'acquisition d'une participation de contrôle. La Commission mène une enquête (elle peut demander des explications ou faire des investigations) et rend, dans les 25 jours, une décision sur la compatibilité de l'opération avec le marché. Si la concentration soulève des doutes sérieux quant à sa compatibilité, la Commission peut effectuer des inspections approfondies. Elle dispose d'un délai de 90 jours pour dire si l'opération est compatible avec le marché ou est incompatible ou encore est compatible sous conditions.
Pour se décider, la Commission prend en compte :

- la nécessité de la concurrence effective dans le marché commun ;
- l'apport de la concentration au progrès technique et économique (à l'avantage des consommateurs) ;
- la réduction substantielle de la concurrence (création ou renforcement d'une position dominante).

Le contrôle français

Les seuils

Le contrôle français s'opère quand l'opération n'entre pas dans le champ du contrôle communautaire (principe du guichet unique). Il existe trois cas d'application :

Premier cas : – CA total HT mondial global > 150 millions d'euros ; – et CA total HT réalisé en France par 2 au moins des entreprises > 50 millions d'euros.
Deuxième cas : 2 entreprises au moins exploitent au moins un magasin de commerce de détail – et CA total mondial HT > 75 millions d'euros ; – et CA total HT en France dans commerce de détail par au moins 2 entreprises > 15 millions d'euros.
Troisième cas : si au moins une des parties exerce tout ou partie de son activité dans un DOM/TOM – et CA total mondial HT > 75 millions d'euros ; – et CA total HT réalisé individuellement dans au moins un des DOM/TOM par au moins 2 entreprises > 15 millions d'euros.

La procédure

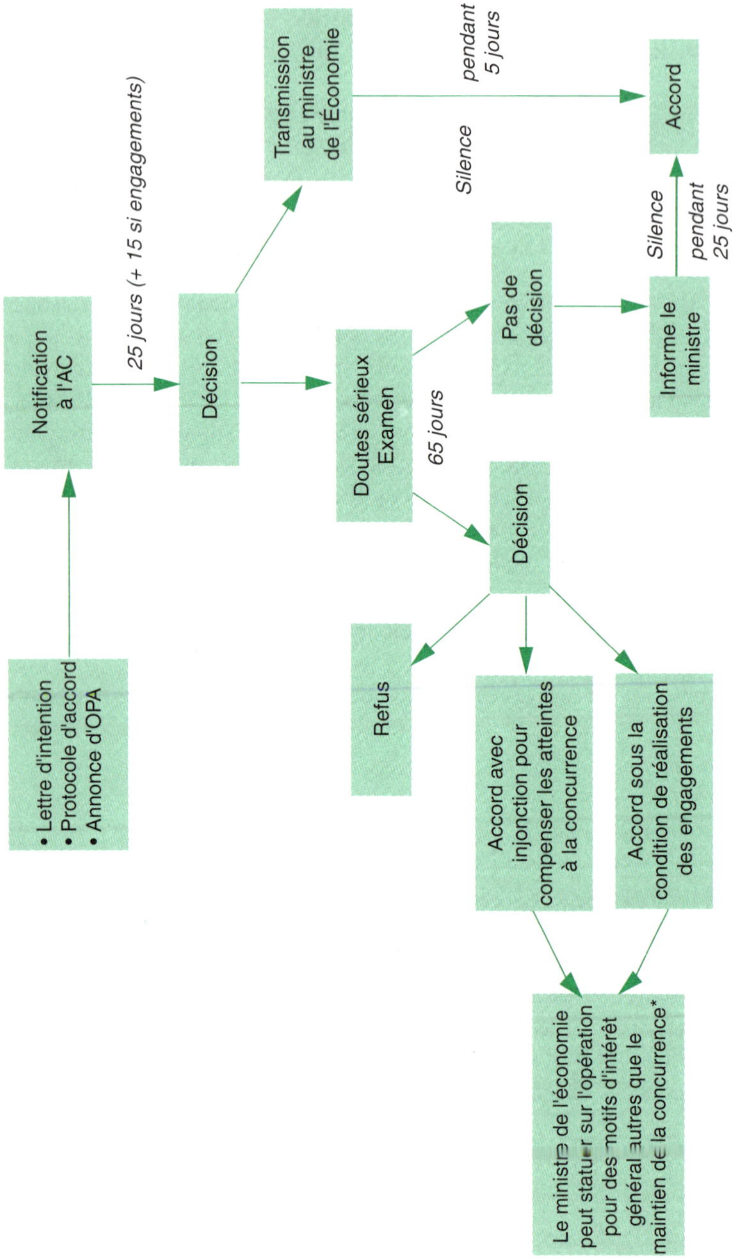

* au regard du « développement industriel, de la compétitivité des entreprises en cause au regard de la concurrence internationale ou de la création et du maintien de l'emploi ».

b. Les pratiques anticoncurrentielles

Les ententes

L'interdiction des ententes

La forme de l'entente visée par le droit communautaire (article 81 du traité CE) est soit un accord d'entreprise, soit une décision d'associations d'entreprises, soit une pratique concertée. Le droit français (article L420-1 du Code de commerce) vise toute convention, coalition, action concertée et entente expresse ou tacite.

Peu importe que l'accord soit entre concurrents (accord horizontal) ou non (accord vertical). Peu importe qu'il y ait un contrat, il peut y avoir une simple pratique.

L'objet des ententes interdites

Droit communautaire	Droit français
Les ententes susceptibles d'affecter le commerce entre États membres et qui ont pour objet ou pour effet d'empêcher, de restreindre ou de fausser le jeu de la concurrence à l'intérieur du marché commun, et notamment ceux qui consistent à : – fixer de façon directe ou indirecte les prix d'achat ou de vente ou d'autres conditions de transaction ; – limiter ou contrôler la production, les débouchés, le développement technique ou les investissements ; – répartir les marchés ou les sources d'approvisionnement ; – appliquer, à l'égard de partenaires commerciaux, des conditions inégales à des prestations équivalentes en leur infligeant de ce fait un désavantage dans la concurrence ; – subordonner la conclusion de contrats à l'acceptation, par les partenaires, de prestations supplémentaires qui, par leur nature ou selon les usages commerciaux, n'ont pas de lien avec l'objet de ces contrats.	Les ententes ayant pour objet ou pouvant avoir pour effet d'empêcher, de restreindre ou de fausser le jeu de la concurrence sur un marché, notamment lorsqu'elles tendent à : – limiter l'accès au marché ou le libre exercice de la concurrence par d'autres entreprises ; – faire obstacle à la fixation des prix par le libre jeu du marché en favorisant artificiellement leur hausse ou leur baisse ; – limiter ou contrôler la production, les débouchés, les investissements ou le progrès technique ; – répartir les marchés ou les sources d'approvisionnement.

Le caractère anticoncurrentiel est apprécié en fonction de la situation du marché concerné (ouvert ou non) et de la position des entreprises parties à l'entente et de leur importance.

Les deux droits ont fixé des seuils en deçà desquels l'atteinte à la concurrence n'est pas significative, à savoir :

- pour les accords horizontaux : entreprises détenant moins de 10 % des parts de marché ;
- pour les accords verticaux : entreprises détenant moins de 15 % des parts de marché.

En droit français ces seuils ne s'appliquent pas dès que l'objet de l'entente porte sur la fixation des prix, car dans ce cas l'entente sera toujours illicite.

Les exemptions

Dans certains cas, des dérogations, ou exemptions, peuvent être accordées, que ce soit de façon individuelle ou catégorielle.

Les exemptions catégorielles au niveau communautaire sont édictées par règlement de la Commission ou du Conseil et, au niveau national, par décret après avis de l'Autorité de la concurrence.

Les exemptions individuelles concernent les ententes qui « contribuent à améliorer la production ou la distribution des produits ou à promouvoir le progrès technique ou économique (le droit français ajoute « y compris par la création ou le maintien d'emplois »), tout en réservant aux utilisateurs une partie équitable du profit qui en résulte, et sans :

- imposer aux entreprises intéressées des restrictions qui ne sont pas indispensables pour atteindre ces objectifs ;
- donner à des entreprises la possibilité, pour une partie substantielle des produits en cause, d'éliminer la concurrence ».

Les abus de position dominante

La position dominante n'est pas sanctionnée, c'est son abus qui l'est. Elle n'est pas définie par les textes ; selon la jurisprudence « la position dominante concerne une position de puissance économique détenue par une entreprise qui lui donne le pouvoir de faire obstacle au maintien d'une concurrence effective sur le marché en cause en lui fournissant la possibilité de comportements indépendants dans une mesure appréciable vis-à-vis de ses concurrents, de ses clients et, finalement, des consommateurs ». Elle s'entend sur un marché pertinent, ce qui impose de mesurer le degré de substituabilité des produits ou services susceptibles de constituer le marché. Souvent un indice de parts de marché est pris en compte. Ainsi, quand la part de marché calculée à partir du chiffre d'affaires réalisé sur le marché pertinent est faible (moins de 10 %), il n'y a pas position dominante. Par contre, lorsqu'elle atteint 50 % et qu'il y a monopole, la position dominante est établie et, s'il n'y a pas de monopole, alors l'évolution de la part de marché est analysée.

Les textes énumèrent les comportements pouvant constituer un abus de position dominante :

Droit communautaire (article 82)
• Imposer de façon directe ou indirecte des prix d'achat ou de vente ou d'autres conditions de transaction non équitables. • Limiter la production, les débouchés ou le développement technique au préjudice des consommateurs. • Appliquer à l'égard de partenaires commerciaux des conditions inégales à des prestations équivalentes, en leur infligeant de ce fait un désavantage dans la concurrence. • Subordonner à la conclusion de contrats à l'acceptation, par les partenaires, de prestations supplémentaires qui, par leur nature ou selon les usages commerciaux, n'ont pas de lien avec l'objet de ces contrats.

Droit français (article L420-2)
• Le refus de vente, les ventes liées. • Les conditions de vente discriminatoires. • La rupture des relations commerciales au motif que le partenaire refuse de se soumettre à des conditions commerciales injustifiées.

Sont considérés comme abusifs tous les comportements excédant les limites d'une concurrence normale de la part d'une entreprise en position dominante et qui ne trouvent d'autre justification que l'élimination des concurrents effectifs ou potentiels ou l'obtention d'avantages injustifiés. L'effet anticoncurrentiel de telles pratiques peut se produire sur un autre marché de produits ou de services que celui sur lequel l'entreprise concernée occupe une position dominante.

En droit communautaire, l'abus de position dominante n'est susceptible d'aucune exemption, alors que le droit français le prévoit (mêmes règles que pour les ententes) mais en pratique aucune n'a été accordée.

Les sanctions des pratiques anticoncurrentielles

La notion de guichet unique n'intervient pas ici, donc la Commission européenne applique le droit communautaire et les autorités de concurrence nationales appliquent, soit leur droit national si la pratique ne joue que sur leur territoire, soit le droit communautaire si cela se situe sur plusieurs États. De ce fait, plusieurs procédures peuvent se cumuler mais il existe un système de coopération entre les autorités.

Sanctions communautaires
• L'entente illicite et l'abus de position dominante sont nuls de plein droit. • Sanction pécuniaire : amende fixée individuellement en fonction de la durée et de la gravité mais d'un maximum de 10% du chiffre d'affaires mondial réalisé au cours du dernier exercice. Une mesure de clémence permettant une exonération partielle ou totale de la sanction est possible. Les entreprises reconnaissant leur responsabilité peuvent demander une transaction permettant une réduction de l'amende de 10 % au plus. Les décisions de la Commission sont publiées.
Sanctions françaises
• L'Autorité de la concurrence peut ordonner aux intéressés de mettre fin aux pratiques dans un délai fixé ou imposer des conditions particulières. Elle peut infliger une amende immédiatement ou en cas de non-respect des injonctions. Le montant dépend de la gravité des faits, de l'importance du dommage causé et de la situation de l'entreprise. • S'il ne s'agit pas d'une entreprise : amende de 3 millions d'euros maximum. • S'il s'agit d'une entreprise : – *en procédure normale* : amende de 10 % maximum du chiffre d'affaires mondial hors taxe ; – *en procédure simplifiée* : amende maximale de 750 000 € pour chaque auteur. Les entreprises peuvent bénéficier d'une mesure de clémence (que pour les ententes) ou d'une transaction. Les décisions de l'Autorité de la concurrence sont publiées. • Au niveau civil : la nullité de la pratique est encourue ainsi que des dommages et intérêts pour les victimes. • Sanction pénale en cas de participation frauduleuse, personnelle et déterminante à une entente illicite ou un abus de position dominante : 75 000 € d'amende et 4 ans d'emprisonnement.

2 Transparence et pratiques restrictives

a. La transparence des opérations entre entreprises

Les conditions de vente

Le Code de commerce prévoit que tout producteur, prestataire de services, grossiste ou importateur est tenu de communiquer ses conditions générales de vente (CGV) à tout acheteur de produits ou tout demandeur de prestations de services qui en fait la demande pour une activité professionnelle.
Les CGV contiennent obligatoirement (sous peine d'une amende de 15 000 €) : les conditions de vente, le barème des prix unitaires et les réductions de prix et les conditions de règlement ; le délai de règlement des sommes dues est fixé au 30e jour suivant la date de réception des marchandises ou d'exécution de la prestation, sauf dispositions contraires figurant aux CGV ou convenues entre les parties. Ce délai convenu ne peut pas dépasser 45 jours fin de mois ou 60 jours à compter de la date d'émission de la facture.
La non-communication des CGV peut entraîner le versement de dommages et intérêts en cas de préjudice.
L'obligation de communication ne concerne pas les conditions particulières.
Depuis la loi du 4 août 2008, les CGV sont négociables ; cependant, engage sa responsabilité tout fournisseur ou distributeur qui soumet ou tente de soumettre son partenaire aux négociations :
- à des obligations créant un déséquilibre significatif dans les droits et obligations des parties ;
- à des conditions manifestement abusives et ce sous la menace d'une rupture brutale des relations commerciales.

La convention relative à la négociation commerciale entre un fournisseur et un distributeur

Elle est une convention écrite conclue entre le fournisseur et le distributeur ou le prestataire de services et indique les obligations auxquelles se sont engagées les parties en vue de fixer le prix à l'issue de la négociation commerciale. Elle fixe notamment :
- les conditions de l'opération de vente des produits ou des prestations de services ;
- les conditions dans lesquelles le distributeur ou le prestataire s'oblige à rendre au fournisseur, à l'occasion de la revente de ses produits ou services aux consommateurs ou en vue de leur revente aux professionnels, tout service propre à favoriser leur commercialisation ne relevant pas des obligations d'achat et de vente.

Toute infraction à ces dispositions est punie d'une amende de 75 000 € pour la personne physique et de 375 000 € pour la personne morale.

Transparence de la facturation

La délivrance de la facture est obligatoire et doit avoir lieu dès que la vente ou la prestation de services est réalisée avec une obligation qui pèse à la fois sur le vendeur (délivrance de la facture) et sur l'acheteur (réclamation de ce document).
La facture doit mentionner le nom des parties, leur adresse, la date de la transaction, la quantité et la dénomination précise ainsi que le prix unitaire hors TVA, « toute réduction de prix acquise à la date de la vente (...) et directement liée à cette opération », la date de son règlement, les conditions d'escompte et le taux des pénalités exigibles.
Les parties doivent conserver un exemplaire du document pendant 3 ans.
Le non-respect de ces obligations est sanctionné d'une amende de 75 000 € pour la personne physique et de 375 000 € pour la personne morale.

b. Les pratiques restrictives de concurrence

■ *Pratiques non relatives au prix*

Le Code de commerce donne de nombreux cas de responsabilité civile comme le fait :

- d'obtenir ou de tenter d'obtenir d'un partenaire commercial un avantage quelconque ne correspondant à aucun service commercial effectivement rendu ou manifestement disproportionné au regard de la valeur du service rendu ;
- d'obtenir ou de tenter d'obtenir, sous la menace d'une rupture brutale totale ou partielle des relations commerciales, des conditions manifestement abusives concernant les prix, les délais de paiement... ;
- de rompre brutalement, même partiellement, une relation commerciale établie, sans préavis ;
- de participer directement ou indirectement à la violation de l'interdiction de revente hors réseau faite au distributeur lié par un accord de distribution sélective ou exclusive.

De plus, sont nuls les clauses ou contrats prévoyant la possibilité :

- de bénéficier rétroactivement de remises, de ristournes ou d'accords de coopération commerciale ;
- d'obtenir le paiement d'un droit d'accès au référencement préalablement à la passation de toute commande ;
- d'interdire au co-contractant la cession à des tiers des créances qu'il détient sur lui ;
- de bénéficier automatiquement des conditions plus favorables consenties aux entreprises concurrentes par le cocontractant.

■ *Pratiques relatives au prix*

Le prix imposé

Le prix imposé est le fait d'imposer un caractère minimal à un prix ou à une marge commerciale. Cette pratique est sanctionnée d'une amende de 15 000 €.

La revente à perte

La revente à perte est le fait pour tout commerçant de revendre ou d'annoncer la revente d'un produit en l'état à un prix inférieur à son prix d'achat effectif. Ce dernier est le prix unitaire net figurant sur la facture, minoré du montant de l'ensemble des autres avantages financiers consentis par le vendeur exprimé en pourcentage du prix unitaire net du produit et majoré des taxes sur le chiffre d'affaires, des taxes spécifiques afférentes à cette revente et du prix du transport.

Il existe 6 exceptions à cette interdiction :

- les fins de saisons ou entre deux saisons de vente ;
- l'obsolescence technique ou les produits démodés ;
- le réapprovisionnement à la baisse ;
- l'alignement sur un prix plus bas légalement pratiqué dans la même zone d'activité (par les magasins dont la surface de vente n'excède pas 300 m^2 pour les produits alimentaires et 1 000 m^2 pour les produits non alimentaires) ;

– les produits périssables menacés d'altération rapide ;
– les produits soldés.

Les manquements à ces règles sont sanctionnés d'une amende de 75 000 € pour la personne physique et de 375 000 € pour la personne morale. La cessation de l'annonce publicitaire peut être ordonnée.

3 La concurrence déloyale

La concurrence doit être libre et loyale, c'est-à-dire conforme à une pratique morale ou éthique des affaires.

Certains actes déloyaux sont expressément sanctionnés par le législateur, d'autres le sont par la jurisprudence sur le fondement de la responsabilité civile délictuelle.

« Constitue un acte de concurrence déloyale tout acte de concurrence contraire aux usages honnêtes en matière industrielle ou commerciale », qui se caractérise selon la doctrine, soit par la destruction de l'avantage concurrentiel d'autrui, soit par l'assimilation de l'avantage concurrentiel d'autrui.

Les sanctions sont des dommages et intérêts, la publication de la décision.

Le dénigrement
Il consiste à jeter le discrédit sur un concurrent en répandant des informations malveillantes (exactes ou non) à son propos ou au sujet de ses produits ou services. Le concurrent doit être désigné directement ou indirectement. Le préjudice se traduit en général par une perte de clientèle ou une baisse de chiffre d'affaires.
L'imitation
L'imitation d'un produit n'est pas interdite mais, si cette imitation crée ou risque de créer une confusion dans l'esprit de la clientèle dans le but de la détourner, il y a acte de concurrence déloyale. Si le produit est protégé par une marque, son imitation est qualifiée de contrefaçon.
Le parasitisme
C'est l'ensemble des comportements par lesquels un agent économique s'immisce dans le sillage d'un autre afin de profiter sans rien dépenser de ses efforts et de son savoir-faire (exemples : reprises de documents commerciaux, usurpation ou imitation de la notoriété).
La désorganisation
La désorganisation est une catégorie un peu « fourre-tout » permettant d'inclure certains actes comme la divulgation des secrets ou encore le débauchage de salariés.

Application

Avocat spécialisé en droit de la concurrence, vous êtes consulté par deux clients qui souhaitent savoir si leur action en concurrence déloyale est possible.

- La société La Fermière commercialise un yaourt « saveur d'autrefois » dans un pot en grès bicolore. En 2008, en vertu d'un accord, Yoplait a distribué ce produit sous sa propre marque en GMS. En 2010, La Fermière informa Yoplait qu'elle a conclu un accord exclusif avec Danone pour fabriquer un yaourt en pot en grès bicolore sous la marque 1919, yaourt qui sera distribué en GMS. Yoplait souhaite agir contre elle en concurrence déloyale mais La Fermière lui rétorque que c'est impossible puisqu'elle n'est pas son concurrent et que Yoplait comme Danone sont ses clients.
- La société Bonprix vend sur le marché divers accessoires de mode, parmi lesquels un sac à
nd couturier à un prix de 150 € alors que la maison
re, titulaire d'un droit de propriété industrielle, sou-
ce déloyale.

REP:

oncurrence directe est nécessaire et donc ajoute à
ition qui ne figure en aucun cas dans les textes. La
icipe de la responsabilité délictuelle donc elle néces-
usalité. Les juges du fond n'ont pas « à caractériser
ective entre les sociétés La Fermière et Yoplait, les-
ion en concurrence déloyale ». (Les situations sanc-
ariables : concurrence horizontale, produit similaires
es...). Les juges ont uniquement à démontrer l'exis-
udice. Yoplait pourra donc agir en justice et obtenir
son préjudice commercial du fait de ce contrat signé

duit protégé par une marque. Dans le cas présent, il
on sera déclarée recevable, ce qui ne sera pas le cas
de … t, la Cour de cassation accepte que ces deux actions
soient … s demande que l'action en concurrence déloyale soit
fondée sur … çon. Dans notre cas, en pratique, le moindre prix va
de pair avec la contrefaçon. Seule cette dernière action est donc possible.

7 Les relations de l'entreprise avec l'administration fiscale

PRINCIPES GÉNÉRAUX

Les contribuables déclarent eux-mêmes leur situation fiscale. Les déclarations sont présumées exactes et sincères. Les agents de l'administration fiscale ont pour mission de s'assurer que ces déclarations ont bien été effectuées et d'en vérifier l'exactitude.
Les prérogatives de l'administration fiscale sont importantes ; aussi, les contrôles ne peuvent avoir lieu que dans le strict respect des droits et garanties bénéficiant au contribuable.
Les procédures mises en œuvre dans le cadre d'un contrôle fiscal sont réunies dans le livre des procédures fiscales (LPF) qui complète le Code général des impôts.

1 Le droit de reprise de l'administration fiscale

Définition

Délai pendant lequel l'administration peut réparer les omissions, insuffisances ou erreurs commises dans l'établissement de l'impôt.
À l'expiration du délai, l'administration ne peut plus établir d'imposition. Pour être valables, les impositions doivent être mises en recouvrement avant l'expiration du délai de reprise.

Exercice du droit de reprise

Le droit de reprise de l'administration s'exerce :

- IR, IS, IFA, contributions additionnelles de l'IS : jusqu'à la fin de la 3e année qui suit celle au titre de laquelle l'imposition est due (art. L169 du LPF) ; ainsi, les revenus ou résultats de l'année 2011 (pour lesquels, en matière d'IR et d'IS, l'impôt n'est effectivement payé qu'en 2012) ne peuvent être contrôlés que jusqu'au 31 décembre 2014 ; par exception, en matière d'IR et IS, jusqu'à la fin de la 10e année qui suit celle au titre de laquelle l'imposition est due (en cas d'activité occulte) ;

- TVA : jusqu'à la fin de la 3e année suivant celle au cours de laquelle elle est devenue exigible (art. L176 du LPF) ;
- droits d'enregistrement : jusqu'à la fin de la 3e année suivant celle de l'enregistrement d'un acte (art. L180 du LPF) ; si aucun acte n'a été soumis à l'enregistrement, le délai est porté à 6 ans (art. L186 du LPF) ;
- impôts locaux : fin de l'année qui suit celle au titre de laquelle d'imposition est due ;
- pour l'ensemble des impôts, lorsqu'il n'existe aucun texte particulier, le droit de reprise s'exerce jusqu'à l'expiration de la sixième année suivant celle du fait générateur de l'impôt.

Exception : en matière d'IS et de BIC, lorsqu'à l'ouverture du premier exercice vérifié l'entreprise dispose de déficits, l'administration peut, sans toutefois procéder à des redressements sur les années antérieures, vérifier la nature et le montant de ces déficits antérieurs qui ont été imputés pendant les années vérifiées sur les bénéfices.

2 Typologie des contrôles fiscaux

Contrôles « internes »	
Contrôle formel	Le vérificateur s'assure notamment que le contribuable a bien souscrit sa déclaration. Il peut rectifier des erreurs matérielles évidentes constatées dans la déclaration (erreurs arithmétiques par exemple).
Contrôle sur pièces	Il s'agit de la vérification par l'administration des déclarations des contribuables à partir des éléments dont elle dispose (exemple : vérification d'un salaire déclaré par une personne physique par rapport à celui déclaré par son employeur). Ce contrôle s'effectue dans les bureaux de l'administration. Les agents vérifient la cohérence des déclarations avec les renseignements qu'elle est autorisée à demander aux tiers en vertu de son droit de communication (banquiers, administrations, fournisseurs). **Les agents vérificateurs peuvent adresser au contribuable des demandes d'éclaircissement ou justifications.** En fonction des réponses fournies, ce contrôle peut déboucher sur une proposition de rectification, voire une vérification approfondie.
Contrôle « approfondi »	
Vérification approfondie	Elle peut prendre la forme d'une : • **vérification de comptabilité** : (réservée aux entreprises). Cette vérification s'effectue en général au siège de l'entreprise. Elle est précédée par l'envoi d'un avis de vérification indiquant la nature des impôts vérifiés (en général, BIC ou IS, et TVA). Le contribuable a droit à un débat oral et contradictoire avec le vérificateur avant la fin de la vérification, pour aborder les points en litige. Il s'agit d'un **contrôle sur place (c'est-à-dire au siège de l'entreprise) des documents comptables ;** OU d'une • **vérification personnelle** dite ESFP (examen contradictoire de l'ensemble de la situation fiscale personnelle) ; il s'agit d'un contrôle beaucoup plus poussé de l'administration : elle peut par exemple consulter les relevés bancaires du contribuable pour vérifier la cohérence entre ses revenus déclarés et sa situation de trésorerie.

3 Les moyens de contrôle

Le droit de communication	Ce droit permet à l'administration de demander au contribuable ou à des tiers des renseignements qui se rapportent à des **informations professionnelles** détenues par des personnes auprès desquelles ce droit peut être exercé.
Demande d'éclaircissements et de justifications	Les demandes d'éclaircissement ne peuvent concerner que les mentions portées sur la déclaration des revenus du contribuable. Le contribuable dispose d'un délai de 2 mois pour répondre à ces demandes, à défaut il peut faire l'objet d'une procédure de **taxation d'office**.
Droits de visite et de saisie	Cette procédure permet à l'administration de rechercher la preuve d'agissements **frauduleux**. La visite et saisie des documents s'effectue sous l'autorité et le contrôle du juge qui les a autorisées.
Procédure de flagrance fiscale	Cette procédure permet à l'administration fiscale de sanctionner des fraudes en cours de réalisation alors qu'aucune obligation déclarative n'est encore échue au titre de la période. En pratique, l'administration peut constater par procès-verbal des fraudes limitativement énumérées (notamment l'exercice occulte d'une activité, l'établissement de fausses factures). L'administration peut procéder, sans autorisation préalable des tribunaux, à des saisies conservatoires afin de garantir sa future créance d'impôt. Elle peut également appliquer une amende spécifique de 5 000 € à 20 000 € selon l'importance du chiffre d'affaires. Cette procédure de flagrance fiscale ne prive pas l'administration d'engager une procédure de vérification de comptabilité de l'exercice ou de la période d'imposition à l'échéance déclarative.
Droit de vérification	Il s'exerce lors d'un contrôle approfondi : vérification de la comptabilité ou examen contradictoire de l'ensemble de la situation fiscale personnelle.

4 Pistes d'analyse

a. Modalités d'exercice du droit de reprise

Vérification d'exercices prescrits

L'administration fiscale peut vérifier des exercices prescrits si les opérations qui s'y rapportent ont une incidence sur des exercices non prescrits.

Interruption du délai de reprise

Certains évènements, lorsqu'ils interviennent avant l'expiration du délai de reprise, ont pour effet d'interrompre la prescription.

En conséquence, l'administration dispose d'un nouveau délai pour mettre en recouvrement les droits omis. Il s'agit notamment :

- de la notification au contribuable d'une proposition de rectification ; d'un procès-verbal ;
- d'un acte comportant la reconnaissance des redevables (demande de délai de paiement, versement d'un acompte) ;
- ou tous actes interruptifs de droit commun (citation en justice, commandement et saisie).

Prolongation du délai de reprise (article L187 du LPF)

Le délai de reprise est porté à 10 ans pour l'IR, l'IS, et la TVA dans les cas suivants :

- lorsque le contribuable n'a pas rempli ses obligations légales auprès du centre de formalités ou du greffe du tribunal de commerce et n'a pas déposé ses déclarations dans les délais légaux ; l'administration considère qu'il s'agit d'une activité occulte ;
- lors d'une mise en œuvre d'une procédure de flagrance fiscale.

L'issue de la vérification

- Si aucune anomalie n'a été détectée, le vérificateur adresse au contribuable un avis « d'absence de rectification ».
- Dans l'hypothèse où des anomalies ont été détectées, le vérificateur adresse au contribuable, par lettre recommandée avec accusé de réception, une proposition de rectification dans le cadre d'une procédure contradictoire. Cette proposition de rectification comporte les informations suivantes : motifs du rehaussement, impositions supplémentaires, intérêts de retard, majorations.

  Le contribuable est libre de se faire assister du conseil de son choix pour discuter et répondre à cette proposition de rectification. Le contribuable dispose d'un délai de 30 jours pour exercer auprès des services fiscaux son droit de réclamation. Ce délai est porté à 60 jours si le contribuable en fait la demande avant l'expiration du délai initial de 30 jours. L'envoi de la proposition de rectification interrompt la prescription qui courait à l'encontre de l'administration. L'administration dispose d'un nouveau délai de 3 ans pour mettre en recouvrement les impositions mentionnées sur l'avis de rectification. De même, le contribuable dispose d'un délai de 3 ans pour exercer un recours contentieux. Dans sa réponse, le contribuable peut accepter les vérifications ; dans ce cas, l'administration met en recouvrement les impositions supplémentaires.

  Dans le cas où le contribuable et l'administration n'arrivent pas à se mettre d'accord, l'administration est tenue d'informer le contribuable de sa décision de rejeter les observations que celui-ci a formulées dans la réponse à la proposition de rectification. Le contribuable dispose de voies de recours.

  Dans l'hypothèse où le contribuable n'a pas respecté ses obligations déclaratives, s'il a fait opposition au contrôle fiscal ou s'il n'a pas répondu aux demandes d'éclaircissements ou justifications, l'administration peut utiliser la procédure d'im-position d'office. Il s'agit d'une dérogation à la procédure contradictoire, toutefois, l'administration fiscale doit indiquer au contribuable la méthode retenue pour reconstituer le bénéfice retenu pour le calcul des impôts supplémentaires. Dans le cadre de cette procédure, le contribuable n'est pas invité à exposer sa position et l'administration met la preuve à la charge du contribuable si ce dernier conteste l'imposition devant les tribunaux.

b. Contentieux de l'impôt

■ *Le recours gracieux*

Le contribuable peut demander une « remise gracieuse » de l'imposition supplémentaire décidée. Le contribuable ne conteste pas la légitimité de la rectification mais sollicite une indulgence des services fiscaux pour ne pas payer ou ne payer qu'en partie le rappel d'impôt.
La demande de « remise gracieuse » est adressée par écrit au centre des impôts. Pour avoir une chance d'aboutir, le contribuable doit motiver sa demande (difficultés financières, sociales, de santé).
L'administration n'est pas tenue de répondre favorablement à la requête du contribuable ni de motiver son éventuel refus.

■ *Le recours auprès de la commission départementale ou de conciliation*

Après avoir reçu la proposition de rectification, le contribuable dispose d'un délai de 30 jours (ou 60 jours) pour répondre et exprimer son désaccord éventuel avec les impositions supplémentaires proposées par les services fiscaux. Lorsque le désaccord subsiste, il peut être soumis pour avis à la commission départementale : des impôts directs ou taxes sur le chiffre d'affaires ou de conciliation (DE, ISF, taxe de publicité foncière). La compétence de la commission des impôts directs et TVA se limite à des questions de fait. Elle ne peut se prononcer sur des questions de droit (à l'exception des questions suivantes : caractère anormal d'un acte de gestion, principe et montant des amortissements et provisions, caractère de charges déductibles des travaux immobiliers). La commission de conciliation apprécie les évaluations et prix d'après lesquels ont été liquidés les droits d'enregistrement, l'ISF, la taxe de publicité foncière). La commission émet un avis qui doit être motivé et notifié au contribuable avant la mise en recouvrement de l'imposition supplémentaire. L'administration n'est pas tenue par cet avis.

■ *Le recours contentieux*

Le recours préalable auprès du directeur des services fiscaux

Le contribuable doit adresser par écrit une réclamation au directeur des services fiscaux. Le délai général de dépôt de la réclamation est le 31 décembre de la 2e année qui suit la mise en recouvrement de l'impôt ou de la 3e année qui suit celle au cours de laquelle est intervenue la proposition de rectification.
Les services fiscaux disposent d'un délai de 6 mois pour répondre à la demande du contribuable. Une absence de réponse équivaut à un rejet tacite de la réclamation contentieuse.

Le recours devant un tribunal

En cas de décision de rejet expresse ou tacite du directeur des services fiscaux, le contribuable dispose d'un délai de 2 mois pour porter le contentieux devant un tribunal qui dépend de la nature de l'impôt. Le tribunal administratif pour les impôts directs, et taxes sur le chiffre d'affaires. Le tribunal de grande instance pour l'ISF et les droits d'enregistrement. Lorsque la juridiction de première instance rend sa décision à la défaveur du contribuable, celui-ci peut faire appel devant la cour d'appel Administrative ou la cour d'appel compétente de l'ordre judiciaire. En cas de rejet de la position du contribuable en appel, un recours est possible devant le Conseil d'État ou la Cour de cassation.

c. Sanctions fiscales

En plus de l'impôt dû, le contribuable encourt deux types de sanctions, en cas de « rectifications » : un intérêt de retard et des pénalités.

L'intérêt de retard

Calculé sur le supplément d'impôt, son taux est de 0,40 % par mois. Son point de départ commence, pour l'impôt sur le revenu, au 1er juillet de l'année qui suit celle au titre de laquelle l'imposition est établie.

Par exemple, pour les revenus de l'année 2013, au 1er juillet 2014. Son point d'arrivée est fixé au dernier jour du mois de la notification de rectification.

Aucun intérêt de retard ne s'applique :

- si le contribuable a expliqué dans une note jointe à sa déclaration les raisons pour lesquelles il s'est abstenu de déclarer un revenu : c'est ce qu'on appelle la « mention expresse » ou ;
- si la différence entre le revenu imposable après rectification et celui avant contrôle n'excède pas 5 % : c'est la « tolérance du vingtième », portée à 10 % pour les droits d'enregistrement et l'ISF.

Les pénalités

Principales sanctions par catégorie d'infraction

Production tardive d'un document	150 € par document.
Omissions ou inexactitudes dans les documents produits	15 € par renseignement omis ou inexact (avec un minimum de 60 €, maximum de 10 000 € par document omis ou incomplet).
Défaut de déclaration ou déclaration tardive	Intérêt de retard de 0,40 % par mois + majoration : • de 10 %, en cas de déclaration spontanée ou dans les 30 jours d'une mise en demeure ; • de 40 % en l'absence de déclaration après les 30 jours d'une mise en demeure ; • de 80 % en cas de découverte d'une activité occulte.
Insuffisance de déclaration	Intérêt de retard de 0,40 % par mois + majoration de 40 % en cas de manquement délibéré (mauvaise foi) 80 % en cas de manœuvres frauduleuses ou abus de droit ou dissimulation d'une partie du prix stipulé au contrat).
Défaut ou retard de paiement	Majoration de 10 % pour l'IR et les taxes locales. Intérêt de retard de 0,40 % par mois + majoration de 5 % (TVA, ISF et autres droits d'enregistrement, timbres).

5 Les procédures préventives et particulières

- **L'agrément fiscal** : C'est une décision de l'administration fiscale qui autorise l'application d'un régime fiscal particulier pour la réalisation d'opérations déterminées. Les situations concernées et les conditions d'octroi de l'agrément sont prévues par la loi.

Exemple :

Droit de transférer des déficits de l'absorbée à l'absorbante, agrément en faveur de l'aménagement du territoire...

- **Le rescrit fiscal** : C'est une procédure de consultation préalable de l'administration qui permet à un contribuable de consulter l'administration sur les conséquences fiscales d'une situation de fait. L'administration est engagée par sa réponse au contribuable. La réponse doit être écrite et signée par un agent ayant au moins le grade de contrôleur. L'absence de réponse ne vaut pas accord tacite.

Exemple :

Associations habilitées à recevoir des dons (les dons sont-ils déductibles ?), rescrit sur la valeur d'une entreprise avant une donation...

- **Contrôle fiscal à la demande d'une PME** : Ce contrôle à la demande de l'entreprise permet aux PME de demander à l'administration un contrôle sur un point particulier afin de s'assurer qu'elles appliquent correctement les règles fiscales.
- **Droit d'enquête** : Le droit d'enquête est destiné à rechercher les manquements aux règles et obligations de facturation auxquelles sont tenus les assujettis à la TVA. Elle se distingue d'une procédure de contrôle, car elle permet à l'administration d'intervenir de manière inopinée.

Application

Après avoir reçu un avis de vérification le 1er août N, la société Elector SA, qui exerce une activité de vente de matériels électriques industriels, a fait l'objet d'un contrôle fiscal dans les locaux de l'entreprise à compter du 18 août N et jusqu'au 15 novembre N.
Ce contrôle a porté sur les exercices N–3, N–2, et N–1. Ces trois exercices ont été bénéficiaires. Le chiffre d'affaires de la société Elector s'est élevé respectivement à 3 millions d'euros, 4 millions d'euros et 5 millions d'euros en N–3, N–2 et N–1.
Une proposition de rectification portant sur l'impôt sur les sociétés a été reçue le 7 janvier N+1.
Les rectifications en base sont de 100 000 € sur chacun des exercices N–3, N–2 et N–1.

1. **Quel est le nom de cette forme de contrôle ?**
2. **L'administration était-elle tenue par une durée d'intervention sur place ?**
3. **Quel est le délai de reprise général de prescription applicable ?**
4. **Quelle est la pièce de procédure qui interromprait la prescription ?**
5. **Que peut-on en conclure sur la validité de la procédure ?**
6. **De quel délai dispose l'entreprise pour faire part de ses observations à l'administration après réception de la proposition de rectification ?**
7. **En cas de désaccord persistant avec l'administration sur ces rectifications, quel serait le tribunal compétent ? Un recours est-il possible devant la Cour de cassation ?**
8. **L'entreprise Elector est-elle tenue de remettre ses documents comptables au vérificateur sous forme dématérialisée ?**

Corrigé

1. Cette forme de contrôle est appelée vérification de la comptabilité. Elle se déroule obligatoirement sur place dans les locaux de l'entreprise.

2. L'administration fiscale n'était pas tenue par le délai de 3 mois sur place étant donné que le chiffre d'affaires excède 777 000 €, c'est-à-dire la limite du régime réel simplifié.

3. Pour les impôts perçus par voie de rôle, le délai de reprise est de trois ans. L'administration fiscale peut donc réparer les erreurs commises lors de l'établissement de l'impôt sur les sociétés jusqu'à la fin de la troisième année qui suit l'année de l'imposition.
Dans le cas présenté, les exercices N–3, N–2 et N–1 sont susceptibles d'être vérifiés. Les exercices antérieurs sont couverts par la prescription.

4. Certains évènements, lorsqu'ils interviennent avant l'expiration du délai de reprise, ont pour effet d'interrompre la prescription. En conséquence, l'administration dispose d'un nouveau délai pour mettre en recouvrement les droits omis.
Il s'agit notamment :
- de la notification au contribuable d'une proposition de rectification ;
- d'un procès-verbal ;
- d'un acte comportant la reconnaissance des redevables (demande de délai de paiement, versement d'un acompte) ;
- ou tous actes interruptifs de droit commun (citation en justice, commandement et saisie).

5. L'exercice N–3, bénéficiaire se prescrivait le 31 décembre N. La proposition de rectification a été reçue en janvier N+1.En conséquence, le rehaussement afférant à cet exercice n'est pas valide. Les rehaussements relatifs aux exercices N–2 et N–1 sont valides.

6. La société Elector dispose d'un délai de 30 jours à réception de la notification de rectification pour faire part de ses observations à l'administration.

7. En cas de désaccord avec l'administration fiscale, le tribunal compétent est le tribunal administratif compétent en matière d'impôt sur les sociétés). Un recours n'est possible que devant le Conseil d'État.

8. À compter du 1er janvier 2014, la présentation des documents comptables dématérialisés devient obligatoire.
Cette modification notable intervenant en matière de vérification de comptabilité a pour conséquence de faciliter la prise de connaissance de la comptabilité et la réalisation des contrôles de cohérence entre les déclarations souscrites et la comptabilité présentée. La loi prévoit que la remise des fichiers doit être effectuée au début des opérations de contrôle.
L'entreprise doit donc être en mesure d'extraire rapidement dans le format requis les données comptables.

Fiscalité des échanges internationaux 8

PRINCIPES GÉNÉRAUX

Le droit fiscal français est un droit d'application territoriale. L'application des règles de territorialité permet de déterminer si une opération doit être effectivement soumise à la TVA française ou bien si au contraire elle doit y échapper.
La règle fiscale française ne peut donc s'appliquer que sur le sol national français et un juge étranger, sauf convention internationale, ne peut l'appliquer.
La souveraineté de chaque État dans la détermination de ses principes fiscaux peut conduire à des phénomènes de double imposition.
Les conventions fiscales internationales ont pour objectif de régler les conflits en matière d'application des règles fiscales entre les États. En application de l'article 55 de la Constitution, ces conventions ont dans l'ordre juridique une force supérieure aux lois.

1 Territorialité de la TVA

a. Définition des territoires

La TVA s'applique sur les biens et services qui sont consommés en France.
Pour l'imposition à la TVA française, le territoire français comporte la France continentale, la Corse, la principauté de Monaco, les eaux territoriales et le plateau continental.
La TVA n'est pas applicable en Guyane, ni à Mayotte, ni dans les territoires d'outre-mer (TOM) : Polynésie, Saint-Pierre-et-Miquelon, Nouvelle-Calédonie.
Les quatre départements d'outre-mer (DOM) sont considérés comme des territoires d'exportation par rapport à la France métropolitaine et par rapport aux autres membres de l'Union européenne. La Guyane et la Réunion sont des territoires d'exportation l'un par rapport à l'autre et par rapport à la Guadeloupe et la Martinique. Ces deux derniers départements sont considérés comme un territoire unique. Les autres pays sont considérés comme des pays tiers.

b. Règles applicables aux transactions extra-communautaires de marchandises

Ces opérations concernent celles réalisées entre la France et les pays tiers. C'est ici qu'interviennent les notions d'importation et d'exportation.

L'exonération des exportations

Les exportations sont exonérées de TVA. Cela s'applique aussi aux prestations de services relatives au trafic international : emballages, chargements, transports, etc. Les conséquences de cette exonération sont les suivantes :

- les exportateurs peuvent déduire la TVA sur l'achat des biens livrés ;
- ils bénéficient d'un remboursement mensuel de leur crédit de TVA ;
- les exportateurs sont autorisés à acquérir en franchise de taxe les biens et matières (hors immobilisation) qu'ils destinent à l'export.

Le régime des importations

L'introduction en France de biens en provenance de pays tiers donne lieu à perception de TVA que l'acquisition soit faite par un assujetti ou un particulier.
La TVA doit être acquittée par la personne désignée comme le destinataire réel des biens sur la déclaration d'importation.

c. Les règles applicables aux transactions intracommunautaires de marchandises

Les taux applicables dans les 27 états de l'Union européenne au 1er janvier 2009 varient entre 15 % et 25 %. Les règles fiscales mises en place varient selon la qualité des opérateurs. Une distinction doit être faite entre les assujettis et les particuliers.

Régime applicable aux assujettis redevables de la TVA

Les assujettis doivent être identifiés par un numéro individuel spécifique qu'ils doivent communiquer à leurs clients et fournisseurs. En France, ce numéro comporte 13 éléments : 2 lettres indiquant le pays suivi de 2 chiffres servant de clé de vérification et du numéro de SIREN.

Les livraisons intracommunautaires

Si le client a fourni son numéro d'identification, les livraisons de biens sont exonérées de TVA et taxées dans le pays de destination.
À défaut d'identification, l'opération est soumise à la TVA dans le pays de départ du bien comme pour une opération réalisée en interne. Le redevable est le fournisseur français.

Les acquisitions intracommunautaires

C'est l'acquéreur lui-même qui est redevable de la TVA au taux en vigueur dans son propre pays. C'est l'acquéreur qui doit « autodéclarer » la TVA sur la déclaration de TVA. L'administration des douanes n'est pas compétente pour percevoir la TVA sur les acquisitions intracommunautaires. En d'autres termes, l'acquéreur collecte la TVA et peut la déduire à la condition d'être assujetti sur la totalité de ses opérations.

■ *Régime applicable aux particuliers*

Les particuliers peuvent effectuer leurs achats dans n'importe quel pays de l'Union européenne. Ils sont redevables de la TVA au taux en vigueur dans le pays d'acquisition. Toutefois, cette liberté est limitée dans deux domaines en raison des risques de distorsion de concurrence que ce régime aurait comportés : les ventes à distance et les moyens de transports neufs.

Règles applicables aux ventes à distance

Les ventes à distance comprennent les livraisons de biens expédiés ou transportés par le vendeur à destination d'un acquéreur (particulier, non assujetti ou assujetti non redevable) établi dans un autre état de l'Union européenne.
Ces ventes sont traitées comme des livraisons intracommunautaires taxables par le fournisseur. Le taux de TVA applicable va dépendre du montant des ventes annuelles réalisées par le fournisseur au cours de l'année civile précédente. Ce seuil est fixé par l'état d'arrivée (pays du client).
Si le montant des ventes annuelles dépasse ce seuil, le taux de TVA applicable est celui du pays d'arrivée ce qui évite les distorsions de concurrence. Dans le cas contraire, le taux de TVA applicable est celui du pays de départ.
Le vendeur peut opter pour que le lieu d'imposition soit celui du pays d'arrivée. Cette option présente un avantage fiscal dans l'hypothèse où le taux de TVA du pays de destination est plus faible.

Règles applicables aux moyens de transport neufs

Les ventes de moyens de transport neufs (véhicules à moteur, avions, bateaux) sont imposées à la TVA dans l'état membre de destination, que l'intéressé soit un assujetti, un non-assujetti ou un particulier.
Un véhicule est considéré comme neuf s'il a été livré depuis moins de 6 mois ou s'il a parcouru une distance inférieure à 6 000 km.
Cette disposition vise à éviter de perturber les marchés nationaux. Ainsi, au regard des règles en matière de TVA, un particulier n'a aucun intérêt fiscal à s'approvisionner dans un autre état de l'Union européenne où la TVA serait plus faible.

d. Les règles applicables aux prestations de services

■ *Principe général de taxation*

Les règles applicables aux prestations de service reposent désormais sur la distinction entre les services de professionnels à professionnels (*B to B* pour *Business to Business*) et les services de professionnel à consommateur final (*B to C* pour *Business to Consumer*). Chaque type de service suit sa propre règle de territorialité. Il existe des exceptions communes aux deux types de services et des règles spécifiques.

Services de professionnels à professionnels : B to B

Pour que le service soit qualifié de *B to B*, il faut que le preneur soit un assujetti (la fourniture de son numéro d'identification à la TVA constitue une présomption de la qualité d'assujetti) et le prestataire est un assujetti.
Le lieu des prestations de services *B to B* est situé en France lorsque le preneur assujetti a, en France, le siège de son activité ou un établissement stable à partir duquel le service est rendu ou, à défaut, son domicile ou sa résidence habituelle (art. 259-1 du CCI). Le siège de l'activité est le lieu d'exploitation comme par exemple un magasin, ou un atelier. L'établissement stable est un centre d'activité où le prestataire effectue régulièrement des opérations imposables.
Le service *B to B* est donc, en principe, imposable à la TVA en France lorsque le preneur est situé en France et le prestataire hors de France (dans ce cas, le preneur français doit autoliquider la TVA), et est exonéré de TVA en France lorsque le prestataire est situé en France et le preneur hors de France

Services de professionnels à consommateur final : *B to C*

Pour que le service soit qualifié de *B to C*, il faut que le preneur soit un non-assujetti et le prestataire un assujetti. Le lieu des prestations de services *B to C* est situé en France lorsque le prestataire a en France le siège de son activité ou un établissement stable à partir duquel le service est rendu ou, à défaut, son domicile ou sa résidence habituelle (art. 259-2 et 259C du CCI).
Le service *B to C* est donc, sauf exception, imposable à la TVA en France lorsque le prestataire est situé en France et le preneur hors de France (par exemple, une prestation d'un coiffeur français exécutée pour un particulier étranger).

Le mécanisme d'autoliquidation

Le preneur du service (dès lors que les prestations relèvent du principe général de taxation et que le preneur est un assujetti établi en France) doit faire figurer sur sa déclaration de TVA la taxe correspondant à l'opération à la fois dans les rubriques TVA collectée et TVA déductible.

Dépôt d'une déclaration européenne de services

Qui doit déposer une DES ?	Prestataire des services qui réalise une prestation de service : – auprès **d'un assujetti établi dans un autre État membre de l'Union** ; – et qui est redevable de la taxe en application du **principe général de taxation**. **Le preneur n'est jamais tenu au dépôt de la DES**.
Souscription de la DES	La DES est souscrite par voie électronique sur le site Internet mis à disposition par la Direction générale des douanes et des droits indirects.
Date de production de la DES	Au plus tard le 10e jour ouvrable du mois qui suit celui au cours duquel est intervenue l'exigibilité de la taxe

Exceptions

Les services qui se rattachent à un immeuble

Les services qui se rapportent à un immeuble qui se situe en France (locations, réparations, expertises...) sont soumis à la TVA française et ceci même s'ils sont rendus par des prestataires installés dans l'Union européenne ou par des pays tiers. **Le critère retenu est celui du lieu d'utilisation du service**.

Les prestations matériellement exécutées en France

La plupart de ces prestations sont imposées en France lorsqu'elles y sont exécutées ; c'est le cas des prestations suivantes :

- prestations culturelles, sportives et artistiques ;
- opérations d'hébergement et ventes à consommer sur place.

Les locations de moyens de transport

Les locations de moyens de transport de personnes ou marchandises (véhicules, camions, wagons) sont soumises à la TVA française selon le lieu d'installation du prestataire et du preneur de service, ainsi que des lieux d'utilisation des biens loués. En résumé, il faut envisager les deux hypothèses suivantes :

- si l'un des partenaires est situé en dehors de l'Union européenne, il convient de retenir le critère du lieu d'utilisation du service ;
- si l'un des partenaires est situé au sein de l'Union européenne, le critère d'imposition retenu est celui du lieu d'installation du prestataire de service.

Les locations de biens autres que des moyens de transport suivent le régime des prestations immatérielles.

Transport de passagers

Ces transports sont imposables en France pour la distance parcourue en France (sauf cas d'exonération, voir plus bas « Les transports et prestations accessoires »).

Règles spécifiques aux services de professionnels à consommateur final B to C

En ce qui concerne les travaux et expertise sur les biens meubles corporels, l'opération est taxée à la TVA française dans les deux cas suivants :

- opération matériellement exécutée en France sauf si le preneur donne son numéro d'identification à la TVA au prestataire dans un état membre autre que celui où est réalisée la prestation et si les biens quittent le territoire français après la réalisation de la prestation ;
- opération matériellement exécutée dans un autre état de l'union européenne à condition que le preneur donne son numéro d'identification à la TVA française et si le bien quitte le territoire de l'état où est réalisée la prestation.

L'article 259 du CGI énumère de façon limitative la liste des prestations qualifiées d'immatérielles :

- opérations de publicité ;
- opérations sur droits de propriété intellectuelle ou industrielle ;
- prestations de télécommunication ;
- opérations financières, d'assurances ;
- mises à disposition du personnel ;
- locations de meubles corporels autres que les moyens de transport ;
- prestations informatiques.

Les critères d'imposition sont le lieu d'établissement du prestataire, du bénéficiaire ainsi que la situation du bénéficiaire en tant qu'assujetti ou non assujetti.

Lieu d'établissement du bénéficiaire	Lieu d'établissement du prestataire		
	France	Pays UE	Pays tiers
Assujetti en France	oui	oui	oui
Non assujetti en France	oui	non	TVA si service utilisé en France
Assujetti autre État membre	non		
Non assujetti autre État membre	oui		
Pays tiers	non		

Oui : opération soumise à la TVA française • Non : opération non soumise à la TVA française.

Les transports et prestations accessoires

Les transports intracommunautaires de biens

Il s'agit des transports dont le lieu de départ et le lieu d'arrivée se trouvent dans deux États membres différents de l'Union européenne.

Preneur	Pays de taxation	Redevable
Identifié dans un même état membre que celui de départ du bien	Pays de départ	• Prestataire s'il est établi dans le même état membre que celui de départ • Preneur : dans le cas contraire
Identifié dans un état membre autre que celui de départ	Pays d'identification du preneur	• Prestataire : s'il est établi dans le pays d'identification du preneur • Preneur : dans le cas contraire
Non identifié	Pays de départ	• Prestataire (obligation de s'identifier dans le pays de départ)

Les transports de marchandises à l'importation et exportation

Les transports qui se rapportent à l'importation de biens en France et dont la valeur est comprise dans la base d'imposition à l'importation sont exonérés de TVA quel que soit le mode de transport utilisé. Les transports de marchandises à l'exportation sont exonérés.

Les transports de personnes

En principe, les transports de voyageurs sont soumis à la TVA française pour la partie du trajet située sur le territoire national. On en revient au critère du lieu d'utilisation. Toutefois, sont exonérés de TVA même pour la partie du trajet située sur le territoire national :

- les transports aériens ou maritimes de voyageurs en provenance ou à destination de l'étranger et DOM ;
- les transports ferroviaires de voyageurs en provenance et à destination de l'étranger.

2 Territorialité de l'impôt sur le revenu

L'article 4 A du CGI énonce que sont redevables de l'impôt sur le revenu en France :

- les personnes qui ont leur domicile fiscal en France ;
- les personnes domiciliées fiscalement hors de France qui perçoivent des revenus de source française.

En matière d'impôt sur le revenu, la France comprend : la métropole, la Corse, les îles du littoral et les DOM. Les TOM ne sont pas concernés.

a. Le domicile fiscal

Une personne est considérée comme ayant son domicile fiscal en France lorsqu'elle se trouve dans l'une des quatre situations suivantes (article 4B du CGI) :

Domicile fiscal : satisfaire à l'un des 4 critères suivants	
La personne a son foyer fiscal en France.	Il s'agit du lieu de résidence habituelle du contribuable ou de sa famille sans tenir compte des séjours effectués temporairement à l'étranger en raison de nécessités professionnelles. En conséquence, une personne qui exerce son activité à l'étranger est considérée comme domiciliée en France si sa famille demeure en France.
La personne a son lieu de séjour principal en France.	On retient le lieu de séjour principal de la personne elle-même (quelles que soient les conditions de ce séjour). Une personne qui séjourne plus de 183 jours en France au cours d'une même année est considérée comme ayant son domicile fiscal en France.
La personne exerce son activité professionnelle en France.	Il s'agit d'un critère d'ordre professionnel. L'activité peut être salariée ou non.
La personne a le centre de ses intérêts économiques en France.	Il s'agit du lieu ou la personne a ses principaux investissements, où il possède le siège de ses affaires.

b. Cas des personnes qui n'ont pas leur domicile fiscal en France

Les personnes qui n'ont pas leur domicile fiscal en France sont toutefois susceptibles d'être soumises à l'impôt français dans certaines situations définies par la loi.

Contribuable disposant d'une habitation en France.	Les personnes qui disposent d'une habitation en France sont susceptibles d'être soumises à l'impôt français dans deux cas : • soit à raison de leurs revenus de source française ; • soit si ceux-ci sont inférieurs ou moins élevés sur une base forfaitaire égale à 3 fois la valeur locative de cette (ou ces) habitation(s).
Contribuable ne disposant pas d'une habitation en France.	Ces personnes ne sont redevables que sur leurs revenus de source française.

c. Conventions de double imposition

■ *Objectifs*

Des conventions internationales de double imposition apportent des dérogations aux dispositions de la loi interne définissant le champ d'application de l'impôt sur le revenu. Elles visent à éviter qu'un contribuable ayant son domicile fiscal en France et disposant de revenus versés par un État étranger ne soit doublement imposé.
Ces conventions apportent une exception au principe de l'imposition en France de l'ensemble des revenus de source française et étrangère. De plus, une convention internationale peut qualifier une personne de « résidente » de l'autre État. Dans ce cas, cette dernière ne peut être regardée comme fiscalement domiciliée en France même lorsqu'elle satisfait à l'un des quatre critères énoncés par le CGI.

■ *Méthodes de résolution des cas de double imposition*

- **La méthode de l'exonération** consiste à exonérer de l'impôt français les revenus attribués à l'autre État par la convention fiscale.
- **La méthode de l'imputation** consiste à inclure les revenus imposés à l'étranger dans l'assiette taxable en France, puis de déduire de l'imposition un crédit d'impôt correspondant à l'impôt payé à l'étranger.

3 Territorialité de l'impôt sur les sociétés

a. Principe d'imposition des entreprises exploitées en France

L'article 209-1 du CGI énonce que l'impôt sur les sociétés frappe les bénéfices réalisés dans les entreprises exploitées en France (métropole et DOM) ainsi que ceux attribués à la France par une convention internationale. Les conséquences sont :

- les bénéfices réalisés par une société française dans des entreprises exploitées à l'étranger ne sont pas soumis à l'IS français ;
- les bénéfices réalisés en France par des sociétés étrangères (quelle que soit leur nationalité) sont imposables à l'IS français.

Ce principe de territorialité s'applique aux profits mais aussi aux pertes. En conséquence, le déficit fiscal réalisé par une succursale italienne d'une société située en

France n'est pas déductible du résultat fiscal de son résultat imposable. Les bénéfices réalisés en France par des sociétés étrangères sont présumés distribués à des associés n'ayant pas leur domicile fiscal ou leur siège social en France. Par suite, ils sont passibles d'une retenue à la source à moins d'entrer dans un des cas d'exonérations prévus par la loi ou les conventions internationales.

b. La notion d'entreprise exploitée en France

La notion d'entreprise exploitée en France (ou hors France) n'est pas définie par la loi. Il faut se référer, soit à la jurisprudence, soit à une convention internationale éventuelle. La jurisprudence retient trois critères qui dans le cadre d'une société française sont susceptibles de caractériser l'exercice d'une activité commerciale habituelle à l'étranger, donc non imposable :

Critères	Analyse
Existence à l'étranger d'un établissement stable.	Installation qui possède un caractère de permanence et une autonomie propre (usine, succursale, comptoir de vente).
Présence à l'étranger de représentants qui n'ont pas de personnalité professionnelle distincte de l'entreprise.	Représentants de l'entreprise qui exercent sur place une activité commerciale pour le compte de l'entreprise.
Opérations effectuées à l'étranger dans le cadre d'un cycle commercial complet.	Les opérations réalisées à l'étranger doivent se détacher des autres opérations de l'entreprise.

Application

Alain Jouhandeaud est de nationalité française. Il a épousé Louisa Diez, de nationalité espagnole qui a aussi acquis la nationalité française par le mariage.
Les deux époux dirigent chacun une entreprise individuelle. L'entreprise d'Alain Jouhandeaud est située à Toulouse. Après un rapide développement, il a créé à Barcelone un établissement indépendant dont la direction est assurée par son épouse.
Ils résident, soit dans leur appartement de Toulouse, soit dans celui de Barcelone.
Le couple possède également des appartements dans la banlieue de Toulouse qu'ils donnent en location ainsi qu'un portefeuille de valeurs mobilières qui est géré par un agent spécialisé à Paris.
Les comptes bancaires des entreprises sont ouverts dans les villes correspondantes, mais le compte du ménage est tenu par une banque toulousaine. Alain Jouhandeaud a versé 56 000 € de salaire à M. Louvier qui représente habituellement son entreprise en Espagne et qui réside environ 200 jours en Espagne par nécessité professionnelle, tandis que son épouse et son fils aîné âgé de 17 ans résident à Paris.

ANNEXE : Extrait de la convention fiscale franco-espagnole
Article 4 – Résident

1. Au sens de la présente Convention, l'expression « résident d'un État contractant » désigne toute personne qui, en vertu de la législation de cet État, est assujettie à l'impôt en raison de

son domicile, de sa résidence, de son siège de direction ou de tout autre critère de nature analogue. Toutefois, cette expression ne comprend pas les personnes qui ne sont assujetties à l'impôt dans cet État que pour les revenus de sources situées dans cet État ou pour la fortune qui y est située.
2. Lorsque, selon les dispositions du paragraphe 1, une personne physique est un résident des deux États contractants, sa situation est réglée de la manière suivante :
a) cette personne est considérée comme un résident de l'État où elle dispose d'un foyer d'habitation permanent ; si elle dispose d'un foyer d'habitation permanent dans les deux États, elle est considérée comme un résident de l'État avec lequel ses liens personnels et économiques sont les plus étroits (centre des intérêts vitaux) ;
b) si l'État où cette personne a le centre de ses intérêts vitaux ne peut pas être déterminé, ou si elle ne dispose d'un foyer d'habitation permanent dans aucun des États, elle est considérée comme un résident de l'État où elle séjourne de façon habituelle ;
c) si cette personne séjourne de façon habituelle dans les deux États ou si elle ne séjourne de façon habituelle dans aucun d'eux, elle est considérée comme un résident de l'État dont elle possède la nationalité ;
d) si cette personne possède la nationalité des deux États ou si elle ne possède la nationalité d'aucun d'eux, les autorités compétentes des États contractants tranchent la question d'un commun accord.
3. Lorsque, selon les dispositions du paragraphe 1, une personne autre qu'une personne physique est un résident des deux États contractants, elle est considérée comme un résident de l'État où son siège de direction effective est situé.

1. M. et Mme Jouhandeaud ont-ils leur domicile fiscal en France ?
2. M. Louvier a-t-il son domicile fiscal en France ?

Corrigé

1. Domicile fiscal de M. et Mme Jouhandeaud

Monsieur Jouhandeaud et son épouse dispose d'habitations permanentes en France à Toulouse et en Espagne à Barcelone. Ils résident donc alternativement en France et en Espagne, et on ne peut définir avec précision l'État dans lequel ils résident de façon permanente.

L'article 4 de la convention fiscale signée entre la République française et le Royaume d'Espagne stipule que, si la personne dispose d'un foyer d'habitation permanent dans les deux États, elle est considérée comme un résident de l'État avec lequel ses liens personnels et économiques sont les plus étroits (centre des intérêts vitaux).

Or, le couple possède un patrimoine immobilier situé à Toulouse ainsi qu'un portefeuille de valeurs mobilières géré par un conseiller en patrimoine à Paris. On peut donc dire que l'État avec lequel les liens personnels et économiques sont les plus étroits est la France.

Il convient donc de considérer que le couple possède son domicile fiscal en France.

2. M. Louvier a-t-il son domicile fiscal en France ?

Le domicile fiscal de M. Louvier est situé en France. En effet, son épouse et son fils résident habituellement en France, on considère donc qu'il a son foyer sur le territoire français.

La constitution et la transformation des sociétés

9

PRINCIPES GÉNÉRAUX

Le corps de cette fiche porte sur les sociétés. Nous rappellerons dans cette introduction uniquement les règles de constitution de l'entreprise puis, en fin de fiche, le statut d'auto-entrepreneur et l'EIRL.
Les formalités de création de l'entreprise individuelle sont simples. L'entrepreneur doit déposer un formulaire (P0) au centre de formalité des entreprises (CFE), à la chambre de commerce et de l'industrie si l'activité est commerciale, à la chambre des métiers si l'activité est artisanale ou à l'Urssaf si l'activité est libérale. Le CFE se charge de l'immatriculation au RCS ou au répertoire des métiers et donne un numéro d'immatriculation.

1 La constitution des sociétés

La société est un contrat (et répond à la théorie générale des contrats : voir *Fiche 1*) spécifique et seule l'immatriculation au RCS donne naissance à la personne morale.

a. Les éléments constitutifs du contrat de sociétés

Selon l'article 1832 du Code civil : « La société est constituée par deux ou plusieurs personnes qui conviennent par un contrat d'affecter à une entreprise commune des biens ou leur industrie en vue de partager les bénéfices ou de profiter de l'économie qui pourra en résulter. Elle peut être instituée dans les cas prévus par la loi par l'acte de volonté d'une seule personne. Les associés s'engagent à contribuer aux pertes. »

■ *Les règles communes à toutes les sociétés*

Les apports
Les apports en numéraire (somme d'argent) doivent être en principe totalement libérés dans les 5 ans suivant l'immatriculation de la société. Les apports en nature (un bien) doivent être évalués, soit par un commissaire aux apports (sociétés de capitaux et SARL sauf exceptions), soit par les associés eux-mêmes. Dans ce dernier cas, ou lorsque les associés ne retiennent pas la valeur proposée par le commissaire aux apports, les associés sont tenus solidairement et indéfiniment de la valeur attribuée et ce pendant 5 ans à compter de l'immatriculation. L'évaluation des apports en industrie (apport d'un savoir-faire, d'un travail non salarié) est en principe faite d'un commun accord entre associés ; à défaut, l'article 1844-1 du Code civil dispose que l'apporteur en industrie n'a droit qu'à une part dans les bénéfices égale à celle de l'apporteur en nature ou en numéraire dont les apports sont les moins élevés.
La participation aux bénéfices ou aux pertes
Elle est en principe proportionnelle aux apports. Ce n'est pas une règle d'ordre public, donc les statuts peuvent fixer une répartition non égalitaire, sous réserve de l'interdiction de la clause léonine, clause attribuant à un seul associé tous les bénéfices ou toutes les pertes, ou clause l'exonérant de tout bénéfice ou perte.
L'affectio societatis
Il est la volonté des associés à collaborer à une oeuvre commune. Pour la doctrine classique, c'est une collaboration volontaire, active, intéressée et égalitaire. Pour la doctrine moderne, c'est une volonté d'union ou de convergence d'intérêts. Il est plus ou moins important en fonction des sociétés.

■ *Les règles propres à chaque société*

- Dans la **SNC**, les associés, deux au minimum, sont des commerçants (le mineur ne peut pas être associé, sauf si lors de son émancipation le juge lui donne la capacité commerciale ou si celle-ci lui est accordée par le TGI après son émancipation) responsables indéfiniment et solidairement des dettes sociales. Tous les apports sont possibles, il n'y a aucun capital minimum. Il existe une très grande liberté statutaire.
- Dans la **SARL**, il faut deux associés minimum (un seul dans l'EURL) et 100 maximum. Il n'y a pas de capital minimum et tous les apports sont possibles. Les apports en numéraire doivent être libérés du 1/5e lors de la constitution. Les apports en nature doivent être évalués par un commissaire aux apports sauf si certaines conditions cumulatives sont remplies :
  - la valeur de l'apport en nature est inférieure ou égale à 30 000 € ;
  - la totalité des apports en nature ne dépasse pas la moitié du capital social ;
  - tous les associés sont d'accord pour ne pas y recourir.
- Dans les **SCS**, il faut au minimum un commandité qui a le statut de commerçant et peut réaliser tous les apports et un commanditaire, qui n'a pas à être commerçant mais qui ne peut effectuer d'apport en industrie. Il n'y a pas de capital minimum.
- Dans les **SCA**, il faut au minimum un commandité et trois commanditaires (mêmes règles que la SCS). Les règles concernant les apports et le capital sont les mêmes que la SA.

- Dans la **SA**, il faut au minimum sept actionnaires et un capital minimum de 37 000 € (qu'il y ait ou non offre au public). Les apports en numéraire doivent être libérés de moitié lors de la constitution, pour les apports en nature le commissaire aux apports est obligatoire et les apports en industrie sont interdits.
- Dans la **SAS**, il faut deux associés minimum (un seul dans la SASU). Il n'y a pas de capital minimum. Les apports en numéraire doivent être libérés de moitié lors de la constitution, pour les apports en nature le commissaire aux apports est obligatoire et les apports en industrie sont autorisés.

b. Les conditions de forme de constitution

Les statuts doivent être établis par écrit et doivent mentionner les apports de chaque associé, la forme, l'objet, l'appellation, le siège social, la durée de la société et ses modalités de fonctionnement. Un acte notarié est obligatoire en cas d'apport d'immeuble. Les fondateurs doivent déposer les fonds reçus chez un dépositaire, ils seront débloqués sur présentation de l'extrait Kbis.
Les statuts doivent être enregistrés au centre des impôts dans le mois de leur signature. Un avis de constitution doit être publié dans un journal d'annonces légales (JAL). Le dossier complet est ensuite déposé au CFE puis la société est immatriculée au RCS. Dans les 8 jours de cette immatriculation, le greffier publie un avis au bulletin des annonces civiles et commerciales (BODACC).

Remarque

Depuis le décret du 31/07/2012, les sociétés peuvent déclarer au RCS le nom de domaine de leur site internet.

c. L'imposition des apports

Certains apports sont soumis à la TVA. Il s'agit des marchandises neuves (sauf si elles sont destinées à la revente) des biens passibles de la TVA immobilière comme les terrains à bâtir et les immeubles lorsque l'apport est effectué dans les 5 ans de leur achèvement, et des biens mobiliers d'investissement (sauf s'ils font partie de l'apport d'un fonds de commerce ou d'une branche d'activité).

Les apports purs et simples

Il s'agit des apports rémunérés par la remise de droits sociaux, ils sont en principe exonérés des droits d'enregistrement sauf :

Apporteur (particulier, société) non soumis à l'IS	Société bénéficiaire de l'apport soumise à l'IS
Immeuble isolé	5 %
Fonds de commerce (éléments incorporels, éléments corporels)	Apport < 23 000 € : 0 Apport compris entre 23 000 € et 200 000 € : 3 % Apport supérieur à 200 000 € : 5 %
Immeuble apporté avec le fonds de commerce	Tarif immeuble + tarif fonds de commerce

Les apports de fonds de commerce ainsi que les apports d'immeubles à usage professionnel apportés avec les éléments du fonds de commerce sont exonérés de droits d'enregistrement à condition que l'apporteur s'engage à conserver les titres reçus en contrepartie de l'apport pendant 3 ans. Le fait de ne pas conserver l'intégralité des titres entraîne automatiquement la déchéance du régime de faveur, rendant les droits d'enregistrement exigibles. Ils sont dus par la société constituée.

Les apports à titre onéreux

Il s'agit d'apports rémunérés par la prise en charge par la société constituée d'un passif grevant l'élément apporté.

Apports	Droits
Immeuble isolé ou apporté avec le fonds de commerce	5 %
Fonds de commerce	Mêmes règles qu'en 1
Brevets isolés	125 €
Autres biens : numéraire, matériels, mobiliers isolés, créances, droits sociaux	Droit de mutation des biens correspondants

La mise en société d'une entreprise individuelle bénéficie d'un régime de faveur (article 809 I bis du CGI) exonérant les apports à titre onéreux si la société constituée a eu un agrément administratif et si l'apporteur s'engage à conserver les titres reçus pendant 3 ans.

Les apports mixtes

La difficulté consiste à déterminer la partie de l'apport considérée comme à titre pur et simple et la fraction qui est à titre onéreux. En pratique, les parties ont intérêt à désigner comme apport à titre onéreux les biens pour lesquels la vente est exonérée de droits d'enregistrement ou supporte les droits les moins élevés (marchandises, créances). Dans le cas où les parties n'ont rien prévu, l'administration fiscale affecte le passif pris en charge par la société sur chacun des biens apportés et ceci au prorata du montant du bien par rapport à la valeur totale des biens.

2 La transformation

La transformation est le changement de forme sociale sans disparition de la personne morale. Parfois la transformation est imposée comme condition de survie de la société, ce qui est le cas lorsque la société ne remplit plus les conditions essentielles de sa forme sociale et qu'elle ne parvient pas à régulariser (par exemple : associés en nom qui perdent la qualité de commerçant).

a. Les conditions de la transformation

La société doit répondre aux conditions de fond de la nouvelle forme choisie (nombre d'associés, capital minimum...). La transformation est une modification de statuts, ce qui nécessite une publicité légale (enregistrement, JAL, RCS et BODACC). La date d'effet de la transformation est celle de la décision des associés, mais elle n'est opposable aux tiers qu'à compter de la publicité légale.

Les modalités de la décision

La transformation est soumise aux mêmes conditions de fond et de forme que la modification des statuts. Cette décision est prise :

- dans les SNC conformément aux statuts, à défaut à l'unanimité ;
- dans les SARL à la majorité des deux tiers (ou selon l'année de constitution les trois-quarts) ;
- dans les SCS à l'unanimité des commandités sauf clause contraire et à la majorité en nombre et en capital des commanditaires ;
- dans les SA à la majorité des deux tiers ;
- dans les SCA à la majorité des deux tiers des commanditaires et l'accord unanime des commandités sauf clause contraire ;
- dans la SAS conformément aux statuts.

Parfois la transformation est facilitée : une SARL ayant un montant de capitaux propres supérieur à 750 000 € peut se transformer en SA à la majorité des parts.

Parfois la transformation est plus stricte : la transformation d'une SA en SARL nécessite la majorité des 3/4 du capital.

La transformation d'une SA nécessite que deux bilans aient été approuvés et est impossible quand la SA est en perte.
La transformation d'une société en SAS ou en SNC doit être décidée à l'unanimité.

Les formalités complémentaires

Quand une société sans commissaire aux comptes se transforme en société par actions, un commissaire à la transformation doit être désigné (ce qui n'est pas le cas si la société a un CAC) par accord unanime des associés ou par le juge. Il apprécie la valeur des biens composant l'actif et les avantages particuliers. Il présente un rapport attestant que le montant des capitaux propres est au moins égal à celui du capital social. Si l'évaluation aboutit à une diminution de la valeur des biens ou des avantages particuliers il faut une décision à l'unanimité.

b. Le maintien de la personne morale et ses conséquences

Selon l'article 1843-3 du Code civil, la transformation régulière d'une société en une autre n'entraîne pas la création d'une personne morale nouvelle.

Au niveau interne : la transformation entraîne en principe la cessation des fonctions des organes de direction, de surveillance et de contrôle mais pas celles du CAC si la nouvelle société demande sa présence. Les contrats de travail se poursuivent.

Par rapport aux créanciers sociaux : les créanciers de l'ancienne forme conservent les droits qu'ils avaient acquis sans avoir à procéder à des formalités quelconques (ainsi les créanciers d'une SNC qui s'est transformée bénéficient toujours de la responsabilité indéfinie et solidaire). Il y a application immédiate à tous les créanciers des garanties découlant de la forme nouvelle.
Les titulaires de valeurs mobilières peuvent accepter la transformation ou alors demander le remboursement de leur créance dans les trois mois à compter de la dernière publicité faite par les organes sociaux.

c. Le régime fiscal de la transformation

Lorsque la transformation ne modifie pas le statut fiscal de la société, l'opération est neutre fiscalement. L'acte constatant la transformation est soumis aux droits d'enregistrement : droit fixe des actes innomés de 125 €.
En cas de changement de statut fiscal, c'est-à-dire un passage du régime de l'IR sur les BIC au régime de l'IS, ce changement est assimilé à une cessation d'activité entraînant l'imposition immédiate des bénéfices non encore taxés et des plus-values.
Néanmoins, l'article 202 ter 1 du CGI prévoit un tempérament : les bénéfices en sursis d'imposition, notamment les provisions, les plus-values latentes et les profits latents sur les stocks ne sont pas imposés immédiatement à la condition que les écritures comptables ne soient pas modifiées.

3 Le statut d'auto-entrepreneur et l'EIRL

Le statut d'auto-entrepreneur (loi de 2008) est approprié à toute personne voulant entreprendre une activité commerciale (ou artisanale) dont le chiffre d'affaires ne dépassera pas :

- 80 000 € HT pour la vente de marchandises ou d'objets des fournitures ou des denrées à emporter ou à consommer sur place ou de fournir un logement (hôtellerie, location de meublés...) ;
- 32 000 € HT pour les prestataires de services.

Ce statut est très simple à obtenir car une simple déclaration auprès du CFE suffit.
L'auto-entrepreneur peut faire devant notaire une déclaration d'insaisissabilité de sa résidence principale.
Au niveau social, le régime microsocial s'applique : suite à la déclaration de son CA un taux global est appliqué, il est de 12 % pour la plupart des activités commerciales (21,3 % pour les autres et 18,3 % pour les activités libérales).

Fiscalement, l'IR s'applique selon deux modalités :

- application du barème progressif après détermination du revenu professionnel après abattements forfaitaires pour frais professionnels (ex : 71 % en cas d'achat/vente et fourniture de logements, 50 % pour les autres et 34 % pour les BNC) ;
- versement fiscal libératoire de 1 % sur le CA réalisé pour les ventes de marchandises (jusqu'à 2,2 % pour les BNC).

L'auto-entrepreneur est dispensé de facturation de TVA ; il doit tenir un livre-journal détaillant les recettes et un registre récapitulatif des achats.

La loi du 15 juin 2010 instaure l'entrepreneur individuel à responsabilité limitée (EIRL) permettant la création d'un patrimoine d'affectation professionnel distinct du patrimoine personnel, et ce sans création d'une personne morale. Cela permet donc de protéger les biens personnels des créanciers professionnels. Ce statut est ouvert à tout entrepreneur individuel (commerçant, artisan, exploitant agricole ou libéral).

La constitution du patrimoine affecté se fait par une déclaration effectuée au registre de publicité légale auquel l'entrepreneur est tenu de s'immatriculer, à défaut à un registre tenu au greffe du tribunal. Cette déclaration comporte le descriptif des biens, droits, obligations ou sûretés affectés à l'activité professionnelle, l'affectation professionnelle d'un bien immobilier doit être effectuée par acte notarié, et publiée au bureau des hypothèques.

Un entrepreneur exerçant plusieurs activités distinctes peut constituer un patrimoine d'affectation pour chacune d'elles depuis le 1er janvier 2013.

L'activité professionnelle à patrimoine affecté fait l'objet d'une comptabilité autonome, avec notamment un compte bancaire professionnel. Les comptes annuels doivent être publiés.

Fiscalement, l'IR s'applique, mais l'entrepreneur pourra opter pour l'IS de façon irrévocable. Le bénéfice réalisé, après déduction de la rémunération du dirigeant, est dans ce cas imposé au taux réduit de 15 % jusqu'à 38 120 □, et 33,33 % au-delà, pour les PME dont le chiffre d'affaires hors taxe est inférieur à 7,63 millions d'euros. Les autoentrepreneurs optant pour l'EIRL, ne voient pas leur régime fiscal modifié.

Quant à son régime social, l'entrepreneur individuel relève du régime social des travailleurs non-salariés. S'il relève de l'IR, les cotisations sociales sont calculées sur le bénéfice imposable de l'entreprise, par contre s'il relève de l'IS, les cotisations sociales sont calculées sur le revenu d'activité donc sur sa rémunération, augmentée d'une part des revenus de capitaux mobiliers excédant 10 % de la valeur du patrimoine affecté ou 10 % du bénéfice.

Le statut de l'EIRL permet de bénéficier :

- de l'ensemble des procédures relatives aux difficultés des entreprises, en ce qui concerne son activité professionnelle,
- de la procédure de surendettement des particuliers, en ce qui concerne son patrimoine non affecté.

Remarque

Début 2014, un projet de loi relatif à l'artisanat, au commerce et aux très petites entreprises prévoit la fusion du statut d'auto-entrepreneur avec celui de la micro-entreprise. Dans ce futur régime, applicable a priori à compter du 1er janvier 2015, les cotisations sociales ne seront dues, comme pour le statut d'auto-entrepreneur actuel, qu'en cas de recettes ou chiffre d'affaires effectifs et, par ailleurs, il sera possible d'opter pour le versement libératoire de l'IR ; les seuils maximaux de chiffre d'affaires resteraient quant à eux les mêmes. Le projet prévoit toutefois la soumission à la cotisation foncière des entreprises (CFE) ainsi qu'à la taxe pour frais de chambres consulaires.

Il s'agit là d'une première étape, l'objectif affiché par le gouvernement étant à plus long terme la création d'un statut unique de l'entreprise individuelle qui supprimerait donc alors les statuts d'EURL, d'EIRL ou EI.

Application

La création de la SARL Axinove est envisagée pour la fin de l'exercice N. Les apports prévus des différents associés ont été repris dans l'annexe ci-dessous.

1. **À partir de l'annexe et sachant que le capital social s'élève à 600 000 €, calculez le montant en espèces apporté par M. Yannick et déterminer les droits qu'il aura à payer.**
2. **Calculer le montant des droits à payer lors de la création de la SARL Axinove.**
3. **Finalement, les actionnaires envisagent de prendre l'engagement de conserver les titres de la nouvelle société Axinove pendant trois ans. Quelle sera l'influence de cet engagement sur les apports à titre pur et simple de Mme Jeanne ?**

ANNEXE

Détail des apports des associés pour la création de la SARL Axinove

Les apports de la SARL Axinove seront immédiatement réalisés de la façon suivante :

• *1er apporteur : M. Ludovic*

Il apporte un immeuble professionnel construit en juin N–8 d'une valeur de 150 000 €. La SARL Ruqueur aura à charge d'acquitter un passif de 100 000 € incombant à l'apporteur.

• *2e apporteur : Mme Jeanne*

Elle apporte son entreprise individuelle. Voici le bilan :

Actif		Passif	
Immeuble Stocks de matières Disponibilités	340 000 25 000 35 000	Capital Emprunts	290 000 110 000
TOTAL	400 000	TOTAL	400 000

• *3e apporteur : la SA Leblanc*

Actif		Passif	
Clientèle	200 000	Capital Fournisseurs	120 000 80 000
TOTAL	200 000	TOTAL	200 000

• *4e apporteur :* M. Jean-Louis apporte un brevet d'une valeur de 40 000 €.
• *5e apporteur :* M. Yannick apporte du numéraire afin de porter le capital social de la nouvelle société à 600 000 €.

Corrigé

1. Calcul du montant en espèces apporté par M. Yannick et des droits

Le capital social est égal à la somme des apports purs et simples.

Apporteur	Nature de l'apport	Montant à titre pur et simple
M. Ludovic	Immeuble	50 000 €
Mme. Jeanne	Entreprise individuelle	290 000 €
SA Leblanc	SA	120 000 €
M. Jean-Louis	Brevet	40 000 €
M.Yannick	**Numéraire**	**100 000 €**
CAPITAL SOCIAL		600 000 €

L'apport de M. Yannick est égal à 100 000 €. Son apport est totalement exonéré.

2. Calcul du montant des droits à payer lors de la création de la SARL Axinove

• Calculs des droits dus par la SARL :

• Apport de M. Ludovic : l'apport à titre pur et simple et l'apport à titre onéreux sont taxés au même taux soit 5 % ; droits : 150 000 × 5 % = 7 500 €.

• Apport de Mme Jeanne :
– le numéraire et le stock sont exonérés de droits d'enregistrement ;
– l'apport de l'immeuble est taxé à 5 % soit : 340 000 × 5 % = 17 000 €.

• Apport de la SA Leblanc :
– l'apport de la clientèle est à titre onéreux pour 80 000 € et à titre pur et simple pour 120 000 € ;
– l'apport à titre pur et simple est exonéré ;
– l'apport à titre onéreux est taxé à 3 % : (80 000 – 23 000) × 3 % = 1 710 €.

• Apport de M. Jean-Louis : L'apport d'un brevet est soumis au droit fixe de 125 €. Il n'est pas perçu si les droits proportionnels sont supérieurs, ce qui est le cas ici.

• Apport de M. Yannick : L'apport en numéraire est exonéré.
Le montant dû par la SARL Axinove s'élève à : 7 500 + 17 000 + 1 710 = 26 210 €.

3. Influence de l'engagement sur les apports à titre pur et simple de Mme Jeanne

En cas d'engagement de conservation des titres pendant au moins 3 ans, les apports purs et simples de Mme Jeanne seraient totalement exonérés.

10 Direction de l'entreprise et relations entre les acteurs

PRINCIPES GÉNÉRAUX

Une fois immatriculée à la personnalité morale, la société est alors gérée et représentée par un représentant légal qui a reçu mandat des associés.
Ces derniers contrôlent le représentant légal et, depuis l'émergence du mouvement de la *corporate governance*, ils demandent de plus en plus de transparence.

1 La direction de l'entreprise

Le représentant légal de la société est une personne (la plupart du temps personne physique) nommée par les associés et liée à la société par un mandat social. Il peut aussi être révoqué par les associés :

- pour justes motifs (une faute, un empêchement ou un comportement du dirigeant de nature à compromettre l'intérêt social ou le fonctionnement de la société) sous peine de dommages et intérêts ;
- sans justes motifs : la révocation n'a pas à être motivée et il n'y a pas de dommages et intérêts sauf en cas d'abus ou de conditions vexatoires : cas du PCA, des membres du CA ou du CS.

Lorsque les associés ne sont pas d'accord pour le révoquer, il peut l'être en justice pour cause légitime (même définition que les justes motifs).

a. Les pouvoirs

Ce sont les statuts qui fixent les pouvoirs du représentant légal, à défaut la loi les énonce. Le principe est qu'il peut faire tous les actes de gestion dans l'intérêt de la société en respectant :

- l'objet social dont le non-respect dans l'ordre interne est une cause de révocation du dirigeant. Vis-à-vis des tiers, les sociétés à responsabilité limitée sont engagées même pour les actes n'entrant pas dans l'objet social sauf à démontrer que le tiers connaissait ce dépassement. Dans les sociétés où les associés ont une responsabilité indéfinie, le dépassement de l'objet est inopposable à la société seul le dirigeant est tenu de cet acte.

- les pouvoirs attribués aux autres organes ;
- les clauses limitatives statutaires qui ne doivent pas pour autant priver le dirigeant de son pouvoir de gestion. Elles sont inopposables aux tiers.

En cas de pluralité de dirigeants, ce sont les statuts qui attribuent les pouvoirs à chaque dirigeant, à défaut ils ont tous les mêmes pouvoirs.

La répartition des pouvoirs dans la SA

Dans la SA à CA	Dans la SA à CS
Depuis 2001, il est possible de dissocier les fonctions de PCA et de DG : **Le directeur général** : dans l'ordre interne il exerce la direction générale de la société et peut demander au PCA de convoquer le CA sur un point déterminé et le PCA ne peut pas lui refuser. Dans l'ordre externe, il dispose des pouvoirs les plus étendus pour agir en toutes circonstances au nom de la société. Les garanties, cautions, et avals donnés par la société en faveur des tiers doivent être autorisés par le CA ; à défaut la garantie n'engage pas la société, le DG reste seul personnellement engagé. **Le président du CA** : il préside le CA (convocation, fixation de l'ordre du jour et voix prépondérante), organise et dirige les travaux du CA et veille au bon fonctionnement des organes de la société. **Le conseil d'administration** : il détermine les orientations de l'activité, les objectifs et stratégies. Il peut se saisir pour régler toute question intéressant la bonne marche de la société, peut décider ou du moins contrôler le recrutement des principaux cadres supérieurs. Il a aussi une fonction de contrôle car il doit s'assurer de « la mise en œuvre » des orientations qu'il a définies et pour cela il peut effectuer tous les contrôles qu'il juge utiles.	**Le directoire** est investi des pouvoirs les plus étendus pour agir en toutes circonstances au nom de la société. Il doit demander l'accord du CS : – pour les cautions, avals, et garanties (comme dans la SA à CA) ; à défaut la société n'est pas engagée ; – pour les ventes d'immeubles et les cessions de participation : en cas de non-respect ou de refus du CS, la société est quand même engagée pour les tiers de bonne foi. **Le président du directoire** ou **le DGU** est l'organe de représentation. **Le conseil de surveillance** exerce le contrôle permanent de la gestion de la société par le directoire qui lui remet un rapport d'activité trimestriel. Il vérifie les comptes qu'il reçoit dans les 3 mois de la clôture de l'exercice. Il fait un rapport pour AG. Son contrôle porte sur la régularité et l'opportunité de la gestion. Il a un droit d'information étendu et peut, à toute époque, procéder aux contrôles qu'il juge utiles. Son contrôle est à posteriori car il ne peut s'immiscer dans la gestion de la société. Il peut fixer les grandes lignes stratégiques de la société. Le président du CS convoque le CS et surveille les débats.

b. Les responsabilités

Le dirigeant doit accomplir sa mission de gestion avec diligence et compétence dans le respect de la loi et des règlements.

■ *Responsabilité civile*

Il engage sa responsabilité civile en cas de violation de la loi ou des règlements, ou violation des statuts ou encore faute de gestion.

Il faut en plus un préjudice et un lien de causalité et en cas de pluralité de dirigeants ils ont en principe une responsabilité solidaire.

Les dommages et intérêts peuvent être demandés par un associé pour son propre compte : on parle alors d'action individuelle.

Les dommages et intérêts peuvent être demandés pour le compte de la société. En principe, cette action appartient aux dirigeants (action ut universi ou à titre universel) mais cela ne peut provenir que des nouveaux dirigeants à l'encontre des anciens. De ce fait, la loi accorde aux associés le droit d'exercer une action sociale, soit seul (*ut singuli*), soit collectivement (dans ce cas, ils doivent représenter 5 % du capital dans la SA ou 10 % dans la SARL).

Enfin, les tiers peuvent agir à l'encontre des dirigeants mais uniquement en cas « de faute séparable de ses fonctions » ; la jurisprudence précise qu' « il en est ainsi lorsque le dirigeant commet intentionnellement une faute d'une particulière gravité incompatible avec l'exercice normal des fonctions sociales ».

■ *Responsabilité pénale et « responsabilité spéciale »*

Il est responsable pénalement des infractions qu'il a commises dans l'exercice de leur fonction (voir *Fiche 4*). De plus il a une responsabilité spécifique en cas de procédures collectives (voir *Fiche 18*).

2 Le régime des conventions dans la SARL et la SA

Le but de la réglementation des conventions est d'empêcher que les dirigeants (et dans certains cas les associés ou certains d'entre eux) abusent de leur position et décident d'actes en leur faveur.

Les conventions interdites	
Il est interdit de contracter des emprunts auprès de la société ou de se faire consentir par elle un découvert en compte courant ou autrement, ainsi que de faire cautionner ou avaliser par elle ses engagements envers des tiers. Si la personne passe une telle convention, elle est frappée de nullité absolue.	
Personnes visées dans la SARL	**Personnes visées dans la SA**
Cette interdiction s'applique aux gérants, aux associés, aux représentants légaux des personnes morales associées, et à leurs conjoints, ascendants et descendants, ainsi qu'à toute personne interposée.	Les administrateurs, DG, DG délégué, membres du directoire représentants permanents des personnes morales administrateurs ou membres du CS, ainsi qu'à leurs conjoints, ascendants ou descendants et toute personne interposée. Cette interdiction ne joue pas si la société est un établissement financier et si l'associé ou le dirigeant est une personne morale.
Les conventions libres	
Il s'agit de conventions portant sur des opérations courantes entrant dans l'objet social et conclues à des conditions normales. Aucune procédure n'est alors à respecter dans le cadre de ces conventions.	

●●●

Les conventions réglementées	
Ce régime s'applique dans la SARL	**Ce régime s'applique dans la SA**
• toute convention intervenue directement ou par personne interposée entre la SARL et le gérant ou associé ; • toute convention passée entre la SARL et une société dont un associé, indéfiniment responsable, gérant, administrateur, directeur général, membre du directoire ou du CS, est simultanément gérant ou associé de la SARL.	• de manière directe aux administrateurs, DG, DG délégué et aux membres du directoire et du CS ; • de manière indirecte aux entreprises si le DG, DG délégué, membre du CS ou du directoire est propriétaire, associé indéfiniment responsable, gérant, administrateur, membre du CS ou de façon générale, dirigeant de cette entreprise ; • lorsque les dirigeants et membres du CS sont indirectement intéressés ou lorsqu'ils traitent avec la société par personne interposée ; • aux conventions conclues avec un actionnaire prépondérant c'est-à-dire disposant au moins de 10% des droits de vote de la société co-contractante, ou s'il s'agit d'une société actionnaire la société la contrôlant. **L'ordonnance du 31 juillet 2014** exclut du champ des conventions réglementées « les conventions conclues entre deux sociétés dont l'une détient, directement ou indirectement, la totalité du capital de l'autre, le cas échéant déduction faite du nombre minimum d'actions requis pour satisfaire aux exigences de l'article 1832 du Code civil ou des articles L.225-1 et L.226-1 du présent code ». Cette dernière référence est faite pour tenir compte de l'exigence du nombre minimum d'associés imposé par la loi.

Procédure dans la SARL	Procédure dans la SA
• **Procédure d'autorisation au préalable :** En l'absence de CAC et quand le gérant est un tiers, il doit y avoir une autorisation préalable des associés au vu du rapport spécial du gérant. • **Procédure d'autorisation a posteriori :** Quand il existe un CAC ou si la convention est établie avec un gérant associé. Le gérant signe la convention avec la société et avise le CAC (s'il en existe un) de la conclusion de la convention dans le mois de sa signature. Le CAC ou à défaut le gérant établit un rapport spécial reprenant les conventions avec : la nature de la convention, le nom du gérant concerné, les modalités de cette convention, et toute information permettant d'apprécier l'intérêt de la convention. Le rapport est présenté à l'AG ou envoyé aux associés. L'approbation se fait à la majorité mais l'intéressé ne prend pas part au vote. • **Les sanctions :** La convention reste valable malgré le refus de ratification par les associés ou leur nonconsultation, ou le défaut de rapport. Le gérant est responsable des conséquences dommageables.	• L'intéressé informe le CA ou le CS et demande l'autorisation préalable. Il ne prend pas part au vote. **L'ordonnance du 31 juillet 2014** impose au CA ou au CS de motiver son autorisation préalable « en justifiant de l'intérêt de la convention pour la société, notamment en précisant les conditions financières qui y sont attachées ». Si elle est donnée, la convention est conclue et le président du CA ou du CS informe le CAC dans un délai d'un mois. Le CAC fait un rapport spécial (donnant tous les éléments de la convention) présenté à la prochaine AGO et l'intéressé ne peut prendre part au vote. Si l'AGO refuse, la convention produit ses effets mais les conséquences dommageables éventuelles seront à la charge de l'intéressé. • Sanctions en cas de non-respect de la procédure : Le défaut d'approbation du conseil entraîne la nullité facultative qui peut être couverte par un vote de l'AGO sur rapport du CAC expliquant pourquoi la procédure n'a pas été respectée. Le défaut d'information du CAC ou du rapport spécial ou du vote de l'AG : la convention reste valable mais l'intéressé devra supporter les conséquences dommageables éventuelles.

L'ordonnance du 31 juillet 2014 crée deux nouvelles procédures d'information de conventions dans la SA. Ainsi le président du CA ou du CS doit informer, dans le mois de la clôture de l'exercice, le commissaire aux comptes des conventions conclues et autorisées au cours d'exercices antérieurs et qui se poursuivent dans le temps. Le commissaire aux comptes doit alors mentionner dans son rapport « l'importance des fournitures livrées ou des prestations de service fournies, ainsi que le montant des sommes versées ou reçues au cours de l'exercice en exécution des conventions et engagements » conclus précédemment. De plus, le rapport de gestion du CA ou du directoire « mentionne, sauf lorsqu'elles sont des conventions portant sur des opérations courantes et conclues à des conditions normales, les conventions intervenues, directement ou par personne interposée, entre, d'une part et selon le cas, l'un des membres du directoire ou du conseil de surveillance, l'un des membres du conseil d'administration, le directeur général, l'un des actionnaires disposant d'une fraction des droits de vote supérieure à 10 % d'une société et, d'autre part, une autre société dont cette dernière possède, directement ou indirectement, plus de la moitié du capital ». Il s'agit donc de conventions conclues par une filiale avec un mandataire social ou un actionnaire significatif. Dans ce cas, comme dans le premier, les actionnaires ne sont pas appelés à voter, ils sont uniquement informés.

3 Le pouvoir des associés

Le contrôle interne est assuré par les associés qui ont un droit de regard sur la gestion des dirigeants et de nombreux moyens d'actions.

a. Le droit d'information

Les associés ont un droit d'information permanent : deux fois par exercice, ils peuvent se rendre au siège afin d'obtenir communication des comptes et documents sociaux des trois dernières années (comptes, rapport de gestion et du CAC et les PV des AG...). Les actionnaires des SA et SCA ne peuvent plus obtenir communication de l'inventaire (**loi du 17 mai 2011**).

Ils ont aussi un droit ponctuel qui naît au moins 15 jours avant l'AG annuelle : ils reçoivent certains documents et peuvent demander à en recevoir d'autres ou peuvent aller en consulter au siège. Ils peuvent poser des questions au dirigeant qui y répondra lors de l'AG. De plus, un ou plusieurs actionnaires détenant 5 % du capital (montant dégressif à partir de 750 000 € de capital) peut demander l'inscription d'une résolution à l'ordre du jour, ou dans les sociétés cotées, depuis **l'ordonnance du 9 décembre 2010**, présenter des points.

La loi du 16 juin 2011 dispose que le rapport de gestion présenté à l'AG « comprend également des informations sur la manière dont la société prend en compte les conséquences sociales et environnementales de son activité ainsi que sur ses engagements sociétaux en faveur du développement durable et en faveur de la lutte contre les discriminations et de la promotion des diversités ». Cela concerne dorénavant, pour les exercices ouverts après le 31/12/2012, les sociétés cotées et les sociétés non cotées

réalisant un chiffre d'affaires ou ayant un total du bilan de 400 M€ et 2 000 salariés en moyenne et, pour les exercices ouverts après le 31/12/2013, réalisant un chiffre d'affaires ou ayant un total du bilan de 100 M€ et 500 salariés en moyenne. Les informations sociales et environnementales font l'objet d'une vérification par un organisme tiers indépendant (désigné par le DG ou président du directoire pour 6 ans maximum), et donne lieu à un avis qui est transmis à l'assemblée des actionnaires en même temps que le rapport du conseil d'administration ou du directoire.
Les sociétés non cotées n'auront à faire procéder à la vérification qu'à partir de l'exercice clos au 31/12/2016.

b. Le droit de convocation et droit de vote

En cas de carence des organes sociaux et en cas d'urgence, les associés peuvent demander en justice la désignation d'un mandataire chargé de convoquer l'AG, en l'absence d'urgence les actionnaires détenant 5 % du capital ou une association d'actionnaires peuvent la demander. Il est à noter que, dans la SARL et en l'absence d'urgence, le gérant doit réunir l'AG à la demande d'associés détenant soit la moitié des parts sociales, soit par au moins 10 % des associés détenant au moins 10 % du capital social (loi Warsmann II du 22 mars 2012 : avant cette loi il fallait au moins le 1/4 des associés détenant au moins le 1/4 du capital social).
Tout associé a le droit de participer aux décisions collectives (il peut être présent ou se faire représenter ou voter par procuration, les statuts peuvent autoriser la visioconférence ou le vote électronique). Selon **l'ordonnance du 9 décembre 2010**, dans les sociétés cotées, un actionnaire peut se faire représenter par toute personne physique ou morale de son choix. En dehors de l'AG annuelle, dans certaines sociétés (pas dans la SA), les statuts peuvent prévoir une consultation écrite.
L'associé ne peut être privé de son droit de vote sauf dans certains cas définis par la loi (lorsqu'il est partie à une convention réglementée, ou lorsqu'il détient des actions de préférence ne lui donnant pas de droit de vote ou encore en cas de violation de la déclaration des franchissements de seuils ou en cas d'autocontrôle...). En principe, l'associé détient un nombre de voix égal au nombre de droits sociaux qu'il détient mais il est possible de déroger à ce principe dans les cas prévus par la loi comme par exemple en cas d'actions de préférence donnant un droit de vote double.

c. Droit d'alerte et droit de demander un contrôle externe

En cas de fait de nature à compromettre la continuité de l'exploitation de la société, les associés ont un droit d'alerte (voir *Fiche 17* sur la prévention des difficultés).
Dans les sociétés dans lesquelles le commissaire aux comptes n'est pas obligatoire, les associés peuvent décider d'en nommer un et, en cas de désaccord, un associé peut le demander au juge (dans la SARL, il faut détenir 10 % du capital).
Les associés détenant 10 % du capital dans la SARL ou 5 % dans la SA peuvent demander en justice la désignation d'un expert de gestion (ou expert de minorité) chargé de présenter un rapport sur des opérations de gestion précises.

Dans les SARL, les associés saisissent directement le juge ; dans les sociétés par actions la procédure débute par des questions écrites sur une ou plusieurs opérations de gestion au PCA, DG ou président du directoire. La réponse est communiquée au CAC. Si, dans le délai d'un mois, il n'y a pas eu de réponse ou si elle est insuffisante, ils peuvent agir en justice. Lorsque la demande est acceptée, le rapport de l'expert est communiqué aux demandeurs, dirigeants sociaux et au CAC.
Face à ces conditions strictes, les minoritaires peuvent utiliser l'article 145 du Code de procédure civile qui permet de faire appel à l'expertise in futurum et dispose : « S'il existe un motif légitime de conserver ou d'établir avant tout procès la preuve de fait dont pourrait dépendre la solution d'un litige, des mesures d'instruction légalement admissibles peuvent être ordonnées à la demande de tout intéressé sur requête ou en référé. » (Seul le motif légitime est à démontrer, pas besoin de préciser l'opération de gestion, pas besoin de représenter un pourcentage du capital social.)

d. Les pactes d'associés

Les associés peuvent organiser le contrôle grâce à des pactes extrastatutaires répondant au droit des contrats (voir Fiche 1). Ils peuvent rester confidentiels sauf dans les sociétés cotées où ils doivent être déclarés à l'AMF. La sanction de leur non-respect est l'attribution de dommages et intérêts, sauf à démontrer la mauvaise foi du tiers.
Dans la SAS, les pactes peuvent être statutaires et dans ce cas la sanction est la nullité, avec des dommages et intérêts éventuels.
Certains pactes visent à préserver la stabilité du capital : clause de non-dilution permettant à un associé de garder sa quote-part dans le capital, clause de sortie conjointe permettant à un minoritaire de vendre dans les mêmes conditions qu'un majoritaire, clause de plafonnement interdisant de dépasser un certain seuil de participation...
D'autres pactes concernent les cessions de droits sociaux : clause de préemption, clause d'agrément, clause d'inaliénabilité, clause d'exclusion ...
D'autres visent l'organisation du pouvoir : information renforcée pour certains associés, conventions de vote, clause prévoyant qu'un certain nombre d'administrateurs devront être élus par les porteurs d'une certaine catégorie d'actions, droit de veto...

4 L'influence de la *corporate governance*

Les scandales financiers ont mis en exergue le manque de contrôle interne et la *governance* a alors pris sa place surtout dans les sociétés cotées. Il s'agit de renforcer les moyens de contrôle, de rééquilibrer les pouvoirs au sein des SA (essentiellement les sociétés cotées) de développer l'information et que les dirigeants rendent des comptes.

a. Les mesures légales de gouvernance

- La loi sur les nouvelles régulations économiques (NRE) de 2001 :
  - a redéfini les pouvoirs du CA ;

- a limité à 18 membres le CA et le CS et a réduit le cumul des mandats à 5 ;
- a permis la tenue du CA ou du CS par vidéoconférence ;
- a rééquilibré les pouvoirs dans la SA dualiste car les statuts peuvent prévoir la révocation du directoire par le CS ;
- a limité le cumul de mandat de direction générale à 1 ;
- a imposé que le rapport de gestion mentionne la rémunération et les avantages de toute nature versés à chaque mandataire social ;
- a imposé un rapport spécial du PCA ou PCS sur les conditions de préparation et d'organisation des travaux du conseil ainsi que les procédures de contrôle interne. La loi de 2006 a limité cette obligation aux sociétés cotées.

• Depuis la loi du 26 juillet 2005 le régime des conventions réglementées s'applique aux indemnités de départ ou de changement de leurs fonctions (appelées « rémunérations différées », connues sous le nom de « *golden parachutes* ») et aux retraites supplémentaires des dirigeants des sociétés cotées. La loi Tepa de 2007 est venue renforcer les obligations.
Dans les sociétés cotées, la loi subordonne l'octroi de ces rémunérations à des conditions de performance du dirigeant fixées contractuellement et à la procédure des conventions réglementées.
La décision du CA ou CS d'autoriser le versement de telles rémunérations est rendue publique. Aucun versement ne peut intervenir avant que le CS ou CA ne constate, lors ou après la cessation ou le changement effectif des fonctions, le respect des conditions de performance prévues. Le CAC atteste l'exactitude et la sincérité des informations relatives aux rémunérations et aux avantages de toute nature versés à chaque mandataire social.
Sont aussi visées les retraites complémentaires (« retraites chapeau ») consenties par la société au profit de ses dirigeants donnant lieu au versement de pensions.
La rémunération des dirigeants des entreprises publiques est plafonnée à 450 000 € bruts annuels (décret du 26 juillet 2012).

• Depuis la loi de modernisation de l'économie de 2008, les membres du CA et du CS ne sont plus obligatoirement actionnaires sauf si les statuts l'imposent.

• La loi en faveur des revenus du travail du 3 décembre 2008 limite les possibilités d'octroi des *stock-options* et actions gratuites aux dirigeants sociaux dans les sociétés cotées. Dorénavant, elles doivent remplir au moins une des conditions suivantes :
  - l'opération profite à l'ensemble des salariés et à au moins 90 % de l'ensemble des salariés des filiales dont le siège est en France ;
  - un accord d'intéressement collectif des salariés, un accord dérogatoire de participation ou un accord de participation volontaire est en vigueur au sein de la société et profite au moins à 90 % de l'ensemble des salariés des filiales dont le siège est situé en France.

b. Les mesures volontaires de gouvernance

- Mise en place d'informations au-delà de l'information légale.
- Possibilité dans la SA à CA d'opter pour la direction bicéphale (DG + PCA).
- Création de comités par le CA qui en définit les missions.

Comité des comptes ou comités d'audit
Il doit être composé de 2/3 d'administrateurs indépendants et ne comprendre aucun administrateur assumant des fonctions au sein de la direction générale. Il examine les documents comptables et financiers et vérifie la fiabilité des procédures internes. Il donne son avis sur la nomination du CAC. Son compte-rendu figure dans le rapport du CA ou CS.
Comité des rémunérations
Il doit être composé d'une majorité d'administrateurs indépendants et ne comporter aucun administrateur exécutif. Il prépare le travail du CA ou CS sur la politique des rémunérations aux dirigeants. Il définit les règles de fixation de la partie variable de la rémunération. Il contrôle l'application de cette politique.
Comité des nominations
Il examine les candidatures aux postes de dirigeants et organise la sélection des futurs administrateurs indépendants.

- Mise en place de membres du CA ou du CS indépendants et/ou extérieurs.

Critères pour qualifier un administrateur d'indépendant
• Ne pas être salarié ou mandataire social de la société ou de la société mère ou consolidante et ne pas l'avoir été dans les 5 ans précédents. • Ne pas être (ou ne pas être lié) client, fournisseur, banquier d'affaire, banquier de financement, significatif de la société ou du groupe, ou pour lequel la société ou son groupe représente une part significative de l'activité. • Ne pas avoir de lien familial proche avec un mandataire social. • Ne pas avoir été auditeur de l'entreprise au cours des 5 années précédentes. • Ne pas être administrateur depuis plus de 12 ans. Le rapport Bouton préconise que leur nombre soit égal à un tiers des administrateurs, voire à la moitié quand le capital est dispersé et qu'il n'y a pas d'actionnaire de contrôle. L'AMF demande que les sociétés indiquent dans leur rapport si leur conseil en compte ou non. Ils doivent être identifiés, et la société doit préciser les raisons qui l'a conduit à les qualifier comme tels.

- Application du principe « *comply or explain* » ou « se conformer ou expliquer » (article L225-37 de la loi du 3 juillet 2008) : « Lorsqu'une société se réfère volontairement à un code de gouvernement d'entreprise élaboré par les organisations représentatives des entreprises, le rapport prévu au présent article précise également les dispositions qui ont été écartées et les raisons pour lesquelles elles l'ont été. Se trouve de surcroît précisé le lieu où ce code peut être consulté. Si une société ne se réfère pas à un tel code de gouvernement d'entreprise, ce rapport indique les règles retenues en complément des exigences requises par la loi et explique les raisons pour lesquelles la société a décidé de n'appliquer aucune disposition de ce code de gouvernement d'entreprise ».

- Le « ***say on pay*** » ou « prononcez-vous sur la rémunération » est une règle selon laquelle les actionnaires peuvent dorénavant se prononcer sur le niveau de rémunérations de chaque mandataire social dans les sociétés cotées. Cette règle a été ajoutée au nouveau code de déontologie du Medef et Afep présenté le 16 juin 2013.
  Cette règle trouve son origine au Royaume-Uni, qui impose un vote des actionnaires sur la rémunération des dirigeants et cet avis lie le conseil d'administration. Quinze pays de l'Union Européenne ont déjà adopté ou sont sur le point d'adopter ce principe, et la Commission Européenne envisage de prendre une directive ou un règlement sur ce principe d'ici 2014.
  En France, l'avis des actionnaires ne lie pas le CA mais, si les actionnaires émettent un vote négatif, le conseil d'administration doit se réunir et indiquer publiquement ses conclusions. Les actionnaires se prononcent sur la politique de rémunération mais pas sur les montants.
  Il va être créé par le patronat un Haut Comité de gouvernement d'entreprise qui aura le pouvoir d'assurer l'application du code patronal. Ainsi, si une entreprise ne respecte pas la recommandation de ce Haut Comité, elle devra l'indiquer dans son rapport annuel et expliquer ses raisons.

  La première société française à avoir appliqué ce principe, de son propre chef, est Publicis. En effet le versement au président du directoire, Maurice Lévy, d'une rémunération différée capitalisée depuis 2003 de 16 millions d'euros avait provoqué un tollé. Ainsi, le 29 mai 2013, les actionnaires ont acquiescé à la politique de rémunération (mais pas sur les montants, ce qui n'était pas la question) d'Élisabeth Badinter et Maurice Lévy, les deux principaux dirigeants du groupe.

- Les grandes sociétés cotées se sont dotées d'un **administrateur référent** afin de répondre à la demande de dissociation entre la fonction de président du conseil d'administration et de directeur général. Certes, la loi de 2001 a introduit la possibilité d'une direction bicéphale mais, ces dernières années, les sociétés qui avaient procédé à cette distinction sont revenues au PDG.
  L'existence d'un administrateur référent a donc pour but d'adjoindre un deuxième homme au PDG afin de répondre aux exigences des agences de vote (*proxy advisors*) dont le but est de donner à leur client – souvent des actionnaires institutionnels – des conseils de vote pour chaque résolution. Il ne fait l'objet d'aucune définition légale et ce sont les sociétés qui lui attribuent ses pouvoirs ; en pratique, il s'agit de veiller aux conflits d'intérêts éventuels au sein du CA, d'être le chef de file des administrateurs indépendants, d'assister le PCA et le conseiller en matière de gouvernance et d'organisation du CA et de participer à l'évaluation annuelle des performances et de la rémunération des mandataires sociaux.

Application

Une société de prestation de services financiers a accédé au Nouveau Marché en 2005 et a réalisé trois augmentations de capital successives.

En 2009, un audit révèle qu'il fallait modifier l'évaluation du poste « produits non facturés » entre 4 et 8 millions au lieu des 47 annoncés et le CAC souligne l'absence d'outils fiables de gestion, ce qu'il avait déjà fait en 2008. La société a été mise en redressement judiciaire suivi d'un plan de cession et les actions sont radiées de la cote.

En 2011, les actionnaires assignent l'ancien président du CA et trois administrateurs qu'ils considèrent comme des personnes averties (trois sociétés ayant des activités financières) pour être indemnisés du préjudice subi pour avoir été incités à investir et conserver leurs titres sur la base de fausses informations.

Pour le dirigeant et les administrateurs, cette action est irrecevable car le préjudice subi par les actionnaires doit être distinct de celui subi par la société et car les fautes invoquées par les dirigeants ne sont pas des fautes intentionnelle. De plus, l'un des trois administrateurs affirme qu'il ne peut en aucun cas être considéré comme responsable puisqu'il avait démissionné de son poste en 2009 avant la réalisation de l'audit et de l'approbation des comptes.

Pensez-vous que les actionnaires obtiendront gain de cause ?

Corrigé

Les actionnaires ont obtenu gain de cause dans cette affaire. La Cour de cassation a rejeté tous les arguments des dirigeants dans un arrêt du 9 mars 2010.

Comme les actionnaires ont été incités à investir sur la base de la présentation de fausses informations, d'une rétention d'information de la part des dirigeants et d'une présentation de comptes inexacts, « la cour d'appel en a justement déduit que le préjudice invoqué revêtait bien un caractère personnel ».

Cependant, la cour a jugé que l'action en réparation du préjudice subi « n'est pas soumise à la condition que les fautes imputées aux dirigeants soient intentionnelles, d'une particulière gravité et incompatibles avec l'exercice normal des fonctions sociales ».

Enfin, l'argument de l'administrateur démissionnaire n'a pas été retenu ; il est bien responsable car « l'absence de sincérité des comptes ne pouvait échapper au principal dirigeant ni aux administrateurs avertis dont l'attention avait été attirée par le commissaire aux comptes (...) que s'il est vrai que seul le président est à l'origine des communiqués de presse tronqués, les administrateurs qui doivent débattre de toutes les difficultés portées à leur connaissance, ce qui était le cas des réserves des commissaires aux comptes, ne sauraient arguer de ce qu'ils n'avaient pas connaissance du caractère trompeur tant des comptes que des communiqués ».

Cet arrêt a le mérite de rappeler aux administrateurs leur rôle, ils auraient dû réagir.

Pour finir, cet arrêt répond à la question de la réparation du préjudice subi et à son évaluation. L'indemnisation se fait pour la « perte d'une chance d'investir ses capitaux dans un autre placement ou de renoncer à celui déjà réalisé ».

Le financement par fonds propres 11

PRINCIPES GÉNÉRAUX

Avertissement : Cette fiche est centrée, pour des raisons pratiques et de conformité au programme, sur les sociétés de capitaux et plus spécialement la SA.

Définition : Les fonds propres sont les ressources stables de l'entreprise et sont composés du capital social, des réserves, du report à nouveau et du résultat de l'exercice. Le financement par fonds propres est réalisé par les apports réalisés lors de la constitution mais aussi en cours de vie sociale lors des augmentations de capital.
Le financement par fonds propres peut remettre en cause l'équilibre des pouvoirs au sein de la société car, en faisant entrer des personnes extérieures, la gouvernance de la société risque d'être modifiée. Pour éviter ce problème, il est possible de dissocier le capital du pouvoir en émettant des actions de préférence.

Les actions ordinaires
L'action est une fraction du capital constatant les droits pécuniaires et extra-pécuniaires des associés. L'action est un titre librement négociable mais il existe des exceptions. En effet, l'action peut être inaliénable et dans les SAS la clause d'inaliénabilité a une durée de 10 ans maximum. Il peut y avoir aussi des clauses d'agrément statutaires (impossible en cas d'offre au public) mais elles ne jouent pas face aux transmissions familiales. Les statuts peuvent aussi prévoir une clause de préemption selon laquelle le cédant doit proposer d'abord ses titres aux bénéficiaires de la préemption. Si la préemption n'est pas exercée, l'actionnaire est libre de céder ses titres à qui il l'entend. Enfin des accords extra-statutaires peuvent donner à la société un caractère fermé. Ainsi des groupes d'actionnaires peuvent se lier par des accords particuliers. Le non-respect de ces accords n'entraîne pas l'annulation de la vente mais l'allocation de dommages et intérêts.
Les actions de préférence
Les statuts peuvent conférer à des actions, « avec ou sans droit de vote, droits particuliers de toute nature à titre temporaire ou permanent ». Elles peuvent être attribuées dès l'origine par les statuts ou par décision de l'AGE avec respect de la procédure des avantages particuliers. Ces droits peuvent être extra-financiers (plus d'information, droit de proposer la nomination de membres au CA, CS ou directoire...). Ces actions peuvent avoir un droit de vote restreint voire supprimé en contrepartie de droits supplémentaires. La société peut limiter le nombre de voix, limiter le droit de vote à certaines AG ou pour certaines décisions ou le supprimer totalement. Les actions supprimant temporairement ou totalement le droit de vote ne peuvent représenter plus de la moitié du capital ou le quart si la société est cotée. À l'inverse ces actions peuvent avoir un droit de vote double. Ces droits peuvent être financiers comme l'attribution d'un dividende préciputaire ou cumulatif, attribution de droits à remboursement prioritaire ou majoré lors de la liquidation, etc.

1 Les opérations sur le capital social

Le capital social évolue au gré des besoins de la société ou de ses difficultés.

a. L'augmentation de capital

L'augmentation de capital est décidée par l'AGE qui se prononce sur :
- rapport du CA ou directoire sur les motifs de l'opération ;
- rapport du commissaire aux comptes et rapport spécial en cas de suppression du DPS ou d'attribution d'options de souscription d'actions ;
- rapport du commissaire aux apports en cas d'apport en nature ou en cas d'avantages particuliers.

L'AGE prend sa décision à la majorité des deux tiers des actions présentes ou représentées (le quorum est sur première convocation du quart des actions présentes ou représentées et sur seconde convocation il est du 1/5e).
L'AGE peut déléguer ses pouvoirs aux dirigeants pour 26 mois et pour un plafond fixé. L'augmentation doit être faite dans les 5 ans de la délégation.
Lors de toute augmentation de capital, autre que celles par apport en nature, un projet de résolution en faveur d'une augmentation de capital réservée aux salariés doit être votée. L'AGE doit se prononcer sur une augmentation aux salariés quand ils ont moins 3 % du capital social (les sociétés cotées doivent nommer un administrateur).
Il existe deux procédés pour réaliser l'augmentation de capital : soit par émission de nouvelles actions, soit par augmentation du nominal des actions anciennes. Dans ce dernier cas, la décision requiert l'unanimité car cela augmente les engagements des actionnaires sauf si cela résulte d'une incorporation de réserves.

L'augmentation de capital par apports en numéraire

Le capital doit être entièrement libéré sous peine de nullité, sauf pour les augmentations de capital réservées aux salariés.
Quand l'actif est inférieur au capital, l'augmentation de capital doit être précédée d'une réduction pour que la valeur réelle soit égale à la valeur nominale. Après cette réduction, il y a augmentation de capital (coup de l'accordéon).
La prime d'émission est un droit d'entrée destiné à compenser la différence entre la valeur nominale et la valeur vénale des actions anciennes.
Les actionnaires ont proportionnellement au montant de leurs actions un **droit préférentiel de souscription** sur les actions nouvelles. Il permet de maintenir l'équilibre des pouvoirs.
Le DPS a un **aspect direct**, ainsi l'actionnaire peut souscrire à titre *irréductible* le nombre exact d'actions nouvelles auxquelles il a droit. Le DPS est un coupon qui a une valeur propre et il peut être cédé séparément. Après un délai de 10 jours (5 si offre au public), l'AGE peut décider d'un DPS à titre *réductible* pour que les actionnaires souscrivent les actions restantes proportionnellement à leurs DPS.

Le droit de souscription peut revêtir un **aspect indirect** car lorsqu'une société émet des titres donnant droit à des actions, les actionnaires ont aussi un DPS sur ces titres.
La loi permet aux actionnaires, par décision de l'AGE, de **supprimer ou de renoncer à ce DPS**, ce qui est obligatoire en cas d'augmentation faite pour une personne déterminée. Le rapport du CA ou du directoire indique les motifs de l'augmentation et ceux de la renonciation au DPS, l'identité des personnes souscrivant à l'augmentation (sauf dans les sociétés cotées) et le nombre de titres attribués, et les incidences de cette nouvelle émission. Le rapport du CAC indique les raisons du projet de suppression et si les éléments retenus par les dirigeants pour fixer le prix de la souscription sont exacts et sincères.
Ces mécanismes complexes peuvent être remplacés par une renonciation individuelle au DPS émanant de tous les actionnaires, ce qui accélère la procédure.

Conclusion, échec ou succès de l'augmentation de capital : Si les souscriptions ne couvrent pas la totalité de l'augmentation de capital, le CA ou le directoire peut décider de limiter le montant de l'augmentation au montant des souscriptions reçues à condition qu'elles atteignent les trois quarts de l'augmentation prévue et que cette faculté de réduction ait été approuvée lors de l'émission par l'AGE. S'il n'y a pas eu accord de l'AGE, la limitation d'office de l'augmentation peut être faite si les souscriptions atteignent 97 % du montant prévu.
En cas de succès de l'augmentation, les dirigeants peuvent, dans les 30 jours de la clôture des souscriptions, augmenter le nombre de titres pouvant être souscrits de 15 %.

Les autres augmentations de capital

Augmentation par apports nouveaux en nature
Le capital n'a pas à être entièrement libéré. Il faut un commissaire aux apports (CAA) pour évaluer le ou les biens.Vote de l'AGE, les apporteurs ne votent pas mais leur accord est nécessaire pour diminuer la valeur de l'apport. Les nouvelles actions émises peuvent être majorées d'une prime d'apport. Il n'existe pas de DPS. Depuis la loi Warsmann II du 22 mars 2012, la nomination d'un CAA dans les SA, SAS, SCA, n'est pas applicable quand les éléments d'actifs apportés ont été évalués dans les 6 mois avant l'apport par un CAA. Il doit y avoir réévaluation si des circonstances nouvelles ont modifié sensiblement la valeur de l'actif.
Augmentation par compensation de créances en actions
Les créances converties en actions doivent faire l'objet d'un arrêté des comptes certifié par le CAC. Il y a libération du capital par compensation de la créance. Cette libération est constatée par le CAC. Il peut y avoir incorporation de valeurs mobilières composées. Dès qu'une personne convertit ou échange son titre, l'augmentation de capital se fait automatiquement, les statuts sont modifiés une fois par an.
Augmentation par incorporation de réserves
Elle est possible à tout moment (même si le capital n'est pas entièrement libéré). Elle est décidée par l'AGE statuant dans les conditions de quorum et de majorité de l'AGO (majorité simple avec un quorum du quart des actions présentes ou représentées sur première convocation, il n'y a pas de quorum sur seconde convocation). Elle se fait par l'élévation de la valeur nominale, ou par distribution d'actions nouvelles gratuites.
Augmentation par incorporation de dividendes
L'AGO peut décider d'offrir l'option entre le paiement du dividende en numéraire ou le paiement en actions si les statuts l'ont prévu.

Fiscalement, pour l'ensemble des apports à titre pur et simple, un seul droit fixe est perçu. Il est égal à 375 € ou 500 € si le capital de la société est supérieur à 225 000 €. Pour les apports à titre onéreux, le droit perçu est un droit proportionnel qui correspond à la nature du bien apporté.

Si l'apport à titre onéreux correspond à la prise en charge par la société d'une entreprise individuelle avec l'engagement de l'apporteur de conserver les titres reçus pendant trois ans, seul un droit fixe est perçu : 375 € ou 500 € si le capital de la société est supérieur à 225 000 €. Dans le cas d'augmentation de capital par incorporation des réserves, le droit fixe est applicable : 375 € ou 500 €.

Conclusion, les obligations donnant droit par conversion, échange ou remboursement ou tout autre procédé, à l'attribution de titres représentant une quotité du capital social : Le but de ces titres est d'augmenter les fonds propres par la conversion d'un titre de créance en titre de capital. Les caractéristiques principales des valeurs mobilières sont définies au contrat. Ces titres émis par une filiale peuvent être convertis en actions de la société mère, et inversement.

Les obligations convertibles en actions (OCA)
L'obligation peut être convertible en action à tout moment (sauf si l'émetteur a fixé des périodes de conversion). Quand l'obligataire convertit son titre, il y a automatiquement une augmentation de capital. Avec les OCEANE (obligations à option de conversion et/ou d'échange en actions nouvelles ou existantes), l'émetteur peut choisir entre un remboursement par conversion en actions nouvelles ou l'échange contre des actions existantes prélevées sur l'autocontrôle ou rachetées sur le marché.
Les obligations échangeables contre des actions (OEA)
La société émet les obligations et, en même temps, les actions correspondantes qui seront souscrites par un établissement financier s'engageant auprès de la société à échanger, sur simple demande des obligataires, les obligations contre des actions. Seules les sociétés cotées peuvent émettre de tels titres.
Les obligations avec bon de souscription en actions (OBSA)
Elles associent à la souscription d'une obligation un droit de souscription à une action (le bon). À l'échéance, le souscripteur a une obligation et un droit qu'il peut, soit utiliser pour avoir une action, soit détacher et vendre. Le prix de l'action est déterminé au moment de l'émission des obligations.
Les obligations remboursables en actions (ORA)
À l'échéance, le remboursement se fait en action. L'obligataire devient donc ici obligatoirement un actionnaire.

b. La réduction et l'amortissement du capital

■ *L'amortissement du capital*

La société rembourse aux actionnaires tout ou partie du nominal de leurs actions. Les actions deviennent des actions de jouissance qui perdent leurs droits à remboursement. L'opération inverse appelée reconversion est possible mais est très rare. Quand il existe des actions à dividende prioritaire ou des obligations convertibles ou échangeables en actions, l'amortissement du capital est interdit. La publicité est légale.

Fiscalement, l'amortissement du capital est considéré comme une distribution de réserves, imposable de la même façon qu'une distribution de dividendes. Dans le cas d'un actionnaire physique, les sommes distribuées sont imposables dans la catégorie des revenus de capitaux mobiliers distribués. Si l'actionnaire est une société soumise à l'IS, on applique les règles en matière de dividendes : régime de droit commun ou régime des sociétés mères.

La réduction du capital

Réduction motivée par des pertes	Réduction non motivée par des pertes
L'AGE décide la réduction du capital sur rapport du CA ou du directoire et du CAC. Il y a alors, soit baisse du nominal de l'action, soit réduction du nombre d'actions. **Dans ce cas, les créanciers n'ont aucun droit d'opposition**. Publicité légale. Droit fixe de 125 €.	**Les créanciers ont un droit d'opposition** dans les 30 jours de la décision de l'AGE auprès du président du tribunal de commerce. Si la société a émis des obligations convertibles ou échangeables en action, la réduction non motivée par des pertes est interdite. Publicité légale. Droit de partage de 1,1 % sur le montant de la réduction du capital.

Le rachat par une société non cotée de ses propres actions

Cette opération a été autorisée par la **loi du 14 mars 2012**. Cette opération est autorisée par l'AGO (mais l'annulation des actions rachetées est de la compétence de l'AGE) qui doit fixer le nombre maximal d'actions et le prix ou ses modalités de fixation. L'autorisation est donnée pour 12 mois au plus, au CA ou directoire, qui peuvent déléguer à leurs présidents.

Ce rachat n'est autorisé que pour offrir ou attribuer les actions :

- dans l'année de leur rachat, aux salariés en cas d'attributions gratuites d'actions ou d'options d'achat ou en cas de plan d'épargne d'entreprise. Le rachat est alors limité à 10 % du capital ;
- dans les deux ans de leur rachat, en paiement ou en échange d'actifs acquis par la société dans le cadre d'une fusion, scission ou d'apport partiel d'actifs. Le rachat est alors limité à 5 % du capital ;
- dans les cinq ans de leur rachat, aux actionnaires qui manifesteraient à la société l'intention de les acquérir à l'occasion d'une procédure de mise en vente organisée par la société elle-même dans les trois mois qui suivent chaque assemblée générale ordinaire annuelle. Le rachat est alors limité à 10 % du capital.

c. La perte de la moitié du capital social

Lorsque les documents comptables présentés à l'AGO font apparaître que les capitaux propres sont inférieurs à la moitié du capital social, le CA ou le directoire doit, dans les 4 mois, sous peine de 6 mois de prison et 4 500 € d'amende, convoquer une AGE pour savoir s'il faut dissoudre ou non la société. Si la décision prise est de continuer, le montant des capitaux propres doit être reconstitué dans les 2 ans de l'AGO constatant la perte ; sinon, tout intéressé peut demander la dissolution de la société, mais le président du tribunal peut accorder un délai de régularisation. Si la décision est d'arrêter, la dissolution est votée et la liquidation commence.

2 L'offre au public

Selon l'article 411-1 du Code monétaire et financier, cette offre est constituée par :

- une communication adressée sous quelque forme et par quelque moyen que ce soit à des personnes et en présentant une information suffisante sur les conditions de l'offre et sur les titres à offrir, de manière à mettre un investisseur en mesure de décider d'acheter ou de souscrire ces titres financiers ;
- un placement de titres financiers par des intermédiaires financiers.

Les règles de constitution sont plus complexes : le projet de statuts est déposé au greffe, une notice d'information au public soumise au visa de l'AMF est rédigée et publiée au BALO. Une assemblée constitutive valide les statuts et nomme les organes. La société est soumise au contrôle de l'AMF et toutes ses diffusions sont soumises à visa de l'AMF.
Les prises de participation et de contrôle répondent à des règles spécifiques.
Le commissaire aux comptes ne peut certifier les comptes pendant plus de 6 années consécutives.
L'information financière est plus complète et fréquente. Le rapport de gestion comprend des informations sur la manière dont la société prend en compte les conséquences sociales et environnementales de son activité. Il faut un rapport spécial du président du CA ou du CS sur les conditions de préparation et d'organisation des travaux du CA ou du CS ainsi que sur les procédures de contrôle interne mises en place et les principes suivis pour déterminer les rémunérations des mandataires sociaux.

Remarque

L'offre de titres de financement par placement privé à moins de 150 personnes (avant le 1/07/2012 c'était 100) est possible mais, dans ce cas, l'AMF estime que cette émission ne peut pas avoir pour bénéficiaires uniques ou principaux les actionnaires ou dirigeants de la société.

3 Les comptes courants d'associés

Les comptes courants d'associés font partie – au même titre que les emprunts participatifs, ou titres subordonnés – des quasi-fonds propres. Un associé, en pratique un associé dirigeant, met à disposition de la société une somme d'argent. Il s'agit d'un prêt et une convention peut être établie. Cette dernière précise le montant, les modalités de remboursement, la rémunération éventuelle du compte.
Le découvert en compte courant est une convention interdite (voir *Fiche 10*).

a. Le cas des sociétés qui relèvent de l'impôt sur le revenu

La déductibilité des intérêts servis aux associés est soumise à deux limitations :

- le capital de la société doit être entièrement libéré ;
- le taux d'intérêt maximum servi est égal à la moyenne annuelle des taux effectifs moyens pratiqués par les établissements de crédit pour des prêts à taux variable aux entreprises et d'une durée initiale supérieure à deux ans (TMP).

Le montant des intérêts excédentaires doit être réintégré sur l'État 2058 A.

b. Le cas des sociétés qui relèvent de l'IS

Les conditions de déductibilité applicables aux sociétés relevant de l'IR s'appliquent aussi aux sociétés qui relèvent de l'IS.
Il existe, en outre, une limite spécifique applicable aux sociétés liées et se trouvant en état de sous-capitalisation.

■ *Définition des « entreprises liées »*

Les entreprises liées (CGI Art 39-12) sont des entreprises entre lesquelles existent des liens de dépendance, c'est-à-dire :

- lorsque l'une détient la majorité du capital social de l'autre, directement ou indirectement, ou
- lorsqu'elle exerce, de fait, un pouvoir de décision, ou
- lorsque les deux entreprises sont placées sous le contrôle d'une autre entreprise tierce qui elle-même détient la majorité du capital des deux premières.

Pour les « entreprises liées », le taux maximum de déductibilité des intérêts est limité :

- au TMP, taux effectif moyen pratiqué par les établissements de crédit pour des prêts à taux variable aux entreprises, d'une durée initiale supérieure à deux ans,
- ou au taux du marché s'il est supérieur.

■ *Limitation des intérêts dans les « entreprises liées » : sous-capitalisation*

La déduction des intérêts versés par une société soumise à l'IS sous-capitalisée à une « entreprise liée », fait l'objet d'une deuxième limitation spécifique qui s'ajoute aux limitations générales.
Une entreprise est dite sous-capitalisée si les intérêts calculés sur la base maximale du TMP par une entreprise à l'ensemble des entreprises liées excèdent simultanément les trois limites suivantes :

1re limite : Avances > 1,5 fois les capitaux propres

Cette limite est appréciée au choix de la société à l'ouverture ou à la clôture de l'exercice.

2e limite : Intérêts versés > 25 % résultat courant retraité

Le montant des intérêts servis à ces entreprises excède 25 % de son résultat courant avant impôts rectifié, c'est-à-dire le résultat courant avant impôt majoré des intérêts versés aux entreprises liées, des amortissements déduits et de la quote-part de loyer de crédit-bail prise en compte pour la détermination du prix de cession du bien à l'issue du contrat, le résultat courant avant impôts étant égal au solde intermédiaire de gestion : Résultat d'exploitation + Résultat financier.

3e limite : Intérêts versés > Intérêt reçus

Le montant des intérêts versés à des sociétés liées excède celui des intérêts reçus de ces mêmes sociétés. La fraction des intérêts excédant la plus élevée de ces limites est réintégrée au résultat imposable.

Aucune réintégration n'est à opérer si l'excédent est inférieur à 150 000 € ou si l'entreprise démontre que son endettement global est inférieur ou égal à celui du groupe auquel elle appartient (défini d'après la règlementation relative aux comptes consolidés).

La fraction des intérêts réintégrée peut être déduite au titre des exercices suivants dans la limite du seuil de 25 % du résultat courant avant impôts corrigé, diminué du montant des intérêts admis en déduction au titre de l'exercice.

c. Imposition à l'impôt sur le revenu des intérêts des comptes courants d'associés

<table>
<tr><th colspan="3">Intérêts des comptes courants d'associés</th></tr>
<tr><td>Intérêts déductibles pour la société versante</td><td colspan="2">Le bénéficiaire peut opter pour le prélèvement libératoire ou se placer sous le régime de droit commun. Cependant, dans le cas où le bénéficiaire assure en droit ou en fait la direction d'une société, l'option n'est pas admise pour les sommes déposées qui excèdent 46 000 €.</td></tr>
<tr><td rowspan="2">Intérêts non déductibles pour la société versante</td><td>La société versante relève de l'IS.</td><td>La société versante relève de l'IR.</td></tr>
<tr><td>L'option pour le prélèvement libératoire n'est pas admise.
Les intérêts sont imposés au barème progressif de l'IR sur une base égale à 125 % de leur montant.</td><td>Les intérêts sont imposés dans la catégorie BIC, BNC ou BA.</td></tr>
</table>

Le financement de l'entreprise par le crédit

12

PRINCIPES GÉNÉRAUX

L'entreprise peut se financer en ayant recours au crédit.
Le crédit à court terme, moins de 2 ans, correspond au financement des besoins d'exploitation ; le crédit à moyen terme, entre 2 et 7 ans, ou long terme, plus de 7 ans, permet le financement de ses investissements.
Le créancier exige en général des garanties.

1 Les crédits à court, moyen et long termes

a. L'emprunt

L'emprunt classique : le prêt et l'ouverture de crédit

Le contrat de prêt

Le prêt consenti par un établissement de crédit est un contrat consensuel à titre onéreux. Le contrat se forme par l'accord des parties à la date de l'acceptation de l'offre préalable.

Le taux d'intérêt est mentionné au contrat (à défaut le taux d'intérêt légal s'applique) ; il peut être indexé sur un taux de référence appelé « taux de base bancaire » fixé unilatéralement par la banque.

Le taux effectif global (TEG) correspond au taux d'intérêt conventionnel auquel s'ajoutent « les frais, commissions ou rémunérations de toute nature, directs ou indirects, y compris ceux qui sont payés ou dus à des intermédiaires intervenus de quelque manière que ce soit dans l'octroi du prêt, même si ces frais, commissions ou rémunérations correspondent à des débours réels ». Depuis 2003, les prêts (pas les découverts en compte courant) accordés à une personne morale échappent aux lois sur l'usure.

Le remboursement se fait au terme convenu, le remboursement par anticipation peut être interdit ou donner lieu à une indemnité spécifique. Pour se prémunir contre le défaut de paiement d'une mensualité, il est souvent mentionné au contrat une clause de déchéance du terme rendant exigible immédiatement la totalité de la créance. Mais le débiteur peut saisir le juge afin d'obtenir des délais de paiement durant 2 ans ou un taux d'intérêt réduit.

L'ouverture de crédit

Elle est une convention, à durée déterminée ou non, par laquelle une banque promet de mettre un certain montant de crédit (« ligne de crédit » ou « encours maximum »), à la disposition d'une entreprise qui pourra puiser dans cette réserve.
La réglementation sur l'usure est applicable, ainsi le taux ne peut excéder plus du tiers le taux effectif moyen pratiqué au cours du trimestre précédent par les établissements de crédit pour des opérations analogues. La convention peut prévoir la capitalisation des intérêts.
Lorsque cette convention est à durée déterminée, la banque ne peut pas la révoquer avant l'arrivée du terme sauf en cas de comportement fortement répréhensible de son client ou s'il est dans une situation irrémédiablement compromise et ce sans préavis.
Quand la convention est à durée indéterminée, elle peut être révoquée à tout moment par écrit avec respect d'un préavis (sauf en cas de comportement fortement répréhensible du client ou s'il est dans une situation irrémédiablement compromise).

■ *L'emprunt obligataire*

L'emprunt obligataire a pour avantage sur le financement par fonds propres de ne pas modifier les pouvoirs au sein des sociétés.
L'obligation est une valeur négociable constatant une créance sur une société et conférant à un titulaire un même droit de créance pour une même valeur nominale.
En général, l'obligation donne droit à un revenu fixe ; cependant, pour attirer les souscripteurs, les émetteurs stipulent des intérêts variables dépendant de la somme prêtée et d'indices.

L'émetteur

Les sociétés par actions peuvent émettre des obligations, du moment :

- qu'elles ont deux années d'existence avec deux bilans approuvés ;
- à défaut, le commissaire aux comptes doit vérifier l'actif et le passif pour qu'il puisse y avoir une émission ;
- que le capital est entièrement libéré ;
- que le CAC vérifie l'actif et le passif ;
- qu'il y ait un avis au BALO et une note d'information visée par l'AMF en cas d'offre au public.

S'il s'agit d'obligations ordinaires, l'émission est décidée par le CA ou le directoire, sauf si les statuts ont donné ce pouvoir à l'AGO ; s'il s'agit d'obligations donnant droit par la suite à des actions, l'émission est alors décidée par l'AGE. L'AGO ou l'AGE peut déléguer ses pouvoirs au CA ou au directoire pour une durée maximale de 5 ans.

Les GIE composés exclusivement de sociétés par actions et les associations ayant une activité économique peuvent aussi émettre des obligations.
Depuis l'ordonnance du 25 mars 2004, une SARL peut émettre des obligations nominatives sans faire d'offre au public, sous plusieurs conditions :

- cette décision est prise par les associés à la majorité ordinaire ;
- la présence d'un commissaire aux comptes est obligatoire ;
- l'émission ne peut avoir lieu qu'après l'approbation par les associés de 3 exercices ;
- une notice d'information doit être émise à destination des souscripteurs ;
- une masse représentant les obligataires doit être créée.

Les obligataires

Les obligataires sont regroupés en une masse pour la défense de leurs intérêts communs ; pour cela, un représentant est désigné et il assiste aux AG de la société.
Les obligataires tiennent une assemblée spéciale compétente pour donner son avis sur toute proposition de modification, soit du contrat d'emprunt, soit des statuts affectant leurs droits (changement de forme ou d'objet). En cas de refus :

- s'il s'agit d'une modification statutaire, la société peut passer outre ce refus à condition de rembourser les obligataires qui en font la demande ou de leur offrir de meilleures garanties ;
- s'il s'agit d'une modification du contrat de prêt, la société ne peut passer outre le refus et doit abandonner son projet.

b. Le crédit-bail

Les opérations de crédit-bail mobilier sont les opérations de location de biens (biens d'équipement, de matériel d'outillage) achetés en vue de leur location par des entreprises (les crédit-bailleurs : monopole des établissements financiers) qui en demeurent propriétaires. Ces opérations donnent au locataire (crédit-preneur) la possibilité d'acquérir tout ou partie des biens loués moyennant un prix convenu tenant compte, au moins pour partie, des versements effectués à titre de loyers.
Le contrat de crédit-bail est publié (pour 5 ans renouvelables) sur un registre spécial auprès du greffe du tribunal de commerce (et doit figurer dans l'annexe des comptes annuels). À défaut, le crédit-bailleur ne peut opposer aux créanciers ses droits.
Le crédit-preneur donne mandat au crédit-bailleur d'acheter le bien dont il a besoin. En pratique, le contrat décharge le crédit-bailleur de son obligation de délivrance et donne mandat au crédit-preneur de s'adresser directement au fournisseur pour obtenir la livraison du bien. Le crédit-bailleur lui transfère aussi l'ensemble des droits dont il est titulaire à l'égard du vendeur, et donc interdit au crédit preneur d'exercer contre lui l'action en garantie des vices cachés.
Le contrat est résilié de plein droit en cas de résolution de la vente, en cas de manquement du crédit-preneur à ses obligations contractuelles (non-paiement du loyer), en cas d'évènement rendant impossible la jouissance du bien loué et la dissolution de la personne morale locataire.

Le crédit bail immobilier : Il est l'opération par laquelle une entreprise donne en location des immeubles à usage professionnel, achetés par elle ou construits pour son compte, lorsque cette opération donne au locataire la possibilité de devenir propriétaire de tout ou partie du bien loué au plus tard à l'expiration du bail :

- soit par cession en exécution de la promesse de vente ;
- soit par l'acquisition directe ou indirecte des droits de propriété du terrain sur lequel ont été édifiés le ou les immeubles loués (cas où une SCI est créée entre le crédit-preneur et le crédit-bailleur : la SCI achète et loue le bien au crédit-preneur et le crédit-bailleur promet la vente du bien) ;
- soit par transfert de plein droit de la propriété des constructions édifiées sur le terrain appartenant audit locataire (le crédit-preneur est propriétaire du terrain et le loue à long terme au crédit-bailleur pour qu'il puisse construire l'immeuble puis ce dernier est loué au crédit-preneur qui devient au terme de la location propriétaire de plein droit de la construction par accession).

Lorsque le contrat a une durée supérieure à 12 ans, une publicité doit être effectuée par le crédit-bailleur au registre foncier tenu par le conservatoire des hypothèques.

2 Les garanties du crédit

a. Les sûretés personnelles

■ *Le cautionnement*

Le cautionnement est le contrat par lequel une personne se rend caution d'une obligation, c'est-à-dire « se soumet envers le créancier à satisfaire cette obligation, si le débiteur n'y satisfait pas lui-même » (article 2288 Code civil).

Le cautionnement est un contrat unilatéral, consensuel et accessoire. Il est par nature civil mais il est commercial dans certains cas, comme le cautionnement donné par un dirigeant pour garantir les dettes sociales. Quand la caution est un commerçant, un écrit n'est pas exigé mais est généralement rédigé. Quand la caution n'est pas un commerçant, elle doit porter sur l'acte de cautionnement le montant de la somme ou de la quantité en toutes lettres et en chiffres des obligations cautionnées.

Une société peut se porter caution (voir *Fiche 10*) mais cela doit être annexé au bilan.

Les banques qui ont accordé un concours financier à une entreprise avec un cautionnement donné par une personne physique ou morale doivent faire connaître à la caution, au plus tard avant le 31 mars de chaque année :

- soit le montant de la somme garantie restant à courir au 31 décembre de l'année précédente ainsi que le terme de cet engagement ;
- soit, si l'engagement est à durée indéterminée, la faculté pour la caution de le révoquer à tout moment et les conditions de cette révocation.

L'obligation au paiement : La caution n'est tenue de payer que si le débiteur principal ne s'exécute pas.

La caution simple
Elle peut invoquer le bénéfice de discussion et donc exiger que le créancier poursuive en premier le débiteur principal si : – elle n'a pas renoncé auparavant à ce bénéfice ; – elle invoque ce bénéfice dès les premières poursuites à son encontre ; – elle indique au créancier les biens du débiteur pouvant être saisis ; – elle avance les frais de poursuite. **Elle peut invoquer le bénéfice de division** dans le cas où il existe plusieurs cautions : le créancier devra diviser ses recours et si une caution n'est pas solvable, les autres en supportent les conséquences.
La caution solidaire
Elle ne peut pas invoquer le bénéfice de discussion : le créancier peut donc lui demander le paiement sans avoir poursuivi au préalable le débiteur principal mais la caution doit garder un minimum de ressources. **Elle peut invoquer le bénéfice de division** quand il existe plusieurs cautions.

La caution peut agir en paiement contre le débiteur avant de payer le créancier (exemple : quand elle est poursuivie) mais, bien souvent, elle exerce ses recours après avoir payé ; dans ce cas, elle dispose de deux recours :

- le **recours personnel** : elle réclame au débiteur le principal, intérêts et frais de procédure et des dommages et intérêts en cas de préjudice spécifique ;
- le **recours subrogatoire** : la caution qui a payé est subrogée dans les droits du créancier et bénéficie des sûretés garantissant la dette mais elle ne peut réclamer que ce qu'elle a payé.

En cas de pluralité de cautions, celle qui a payé le tout bénéficie d'un recours contre les autres pour leur réclamer leur contribution à la dette.
La caution est privée de tout recours dans deux cas :

- lorsqu'elle a payé le créancier sans avertir le débiteur qui a alors payé une seconde fois ;
- lorsqu'elle a payé le créancier sans être poursuivie et sans avertir le débiteur qui aurait pu faire valoir l'extinction de la dette.

Les autres garanties personnelles

La lettre d'intention ou lettre de confort
La lettre d'intention « est l'engagement de faire ou de ne pas faire ayant pour objet le soutien apporté à un débiteur dans l'exécution de son obligation envers son créancier » (article 2322 du Code civil). C'est une pratique fréquente dans les groupes de sociétés : les sociétés mères, sous des formules diverses, disent aux banques qui financent leurs filiales qu'elles se tiennent aux côtés de ces dernières. Ces lettres peuvent contenir un simple engagement moral sans obligation juridique ou au contraire peuvent contenir une obligation de moyens ou de résultat et même constituer un cautionnement.
La garantie autonome ou à première demande
La garantie autonome « est l'engagement par lequel le garant s'oblige, en considération d'une obligation souscrite par un tiers, à verser une somme soit à première demande, soit suivant les modalités convenues » (article 2321 du Code civil).

•••

•••

Elle est, contrairement au cautionnement, un engagement par signature indépendant, une sûreté autonome et non accessoire. Le garant ne peut opposer aucune exception tenant à l'obligation garantie, et ce quelles que soient les causes d'exonération qui pourraient justifier l'inexécution ou la mauvaise exécution par le débiteur. Par contre, le garant est dispensé de payer la garantie en cas de fraude ou d'abus manifestes ou lorsque le donneur d'ordre s'est rendu coupable de collusion avec le bénéficiaire au préjudice du garant.

b. Les sûretés réelles

Les sûretés mobilières

Le gage classique

Le gage est un contrat par lequel le constituant (le débiteur ou un tiers) accorde à un créancier le droit de se faire payer par préférence à ses autres créanciers sur un ou plusieurs biens mobiliers corporels, présents ou futurs (article 2333 du Code civil).
C'est un contrat solennel et l'écrit doit mentionner la dette garantie, le ou les biens donnés en gage et s'il y a dépossession ou non de la chose. Pour être opposable, le gage sans dépossession doit être publié par une inscription sur un registre spécial.
S'il possède la chose, le créancier gagiste doit veiller à sa conservation et a un droit de rétention tant qu'il n'a pas été payé. À échéance, s'il est payé il doit restituer la chose ; à défaut, il peut faire ordonner en justice la vente du bien aux enchères, sans que la convention puisse s'y opposer, et se payer sur le prix. Il peut aussi demander en justice son attribution en paiement (cela peut être prévu dans le contrat).

Les nantissements sans dépossession

Le nantissement « est l'affectation, en garantie d'une obligation, d'un bien meuble incorporel ou d'un ensemble de biens meubles incorporels, présents ou futurs » (article 2355 C. civil).

- **Le nantissement conventionnel de créance :** Il consiste à affecter une créance que le débiteur (constituant) détient sur un tiers en garantie du paiement de la créance initiale. Il est conclu par écrit et doit être notifié au débiteur cédé. Après notification, seul le créancier nanti reçoit valablement le paiement de la créance.
  Si la créance nantie arrive à échéance avant la créance garantie, le créancier doit garder, à titre de garantie, les fonds sur un compte bancaire. Le créancier doit les restituer si l'obligation garantie est exécutée ; à défaut, il affecte les fonds au remboursement de sa créance.
  Si la créance nantie arrive à échéance après la créance garantie, soit le débiteur constituant paie sa dette et le nantissement prend fin, soit il ne paie pas et dans ce cas le créancier attend l'échéance de la créance et se fait payer par le tiers, soit il n'attend pas et se fait attribuer la créance par le juge ou conformément au contrat.
- **Le nantissement du fonds de commerce** englobe la clientèle, le nom commercial, l'enseigne et le droit au bail. Les parties peuvent l'étendre sur le matériel ou brevets, marques dessins et modèles. En revanche, les marchandises, les créances et les contrats ne peuvent pas être inclus dans le nantissement.

Il doit être écrit et publié sous peine de nullité dans les 15 jours sur un registre spécial au greffe du tribunal de commerce et à l'INPI pour les brevets. L'inscription est valable pour 10 ans et est renouvelable.
Le créancier nanti bénéficie du droit de suite et de préférence sur le fonds. Il est informé en cas de déspécialisation ou de déplacement du fonds. Dans ce dernier cas, les créances deviennent exigibles de plein droit si le propriétaire du fonds n'a pas fait connaître le nouveau lieu dans les 15 jours du déplacement ou si le déplacement du fonds, sans le consentement des créanciers inscrits, entraîne une dépréciation du fonds. L'acquéreur du fonds de commerce peut purger le nantissement en payant les créanciers inscrits.
En cas de non-paiement, et 8 jours après mise en demeure infructueuse, le créancier peut demander au tribunal d'ordonner la vente du fonds de commerce.

- **Le gage de l'outillage et du matériel :** Il est publié dans les 15 jours sur un registre spécial au greffe du tribunal de commerce. L'inscription est valable pour 5 ans et est renouvelable deux fois et une plaque peut être apposée sur les biens.
En cas de non-paiement, le créancier peut faire vendre les biens nantis aux enchères et se faire payer par préférence aux autres créanciers.
Si les biens ont été vendus, il a un droit de suite qui lui permet de revendiquer le bien auprès du tiers si une plaque y était apposée.

L'hypothèque

L'hypothèque est un droit réel sur les immeubles affectés à l'acquittement d'une obligation (article 2393 du Code civil). Elle n'entraîne pas dépossession du bien.
L'hypothèque doit être faite par acte notarié et doit sous peine de nullité contenir des mentions obligatoires :

- les nature et situation des biens ;
- le montant de la créance garantie ;
- le rang.

L'hypothèque doit être publiée à la conservation des hypothèques pour être opposable aux tiers. La publicité donne rang au créancier hypothécaire. C'est le créancier hypothécaire qui fixe la durée de l'inscription sous réserve qu'elle ne dépasse pas 50 ans.
L'hypothèque est radiée quand la dette a été payée.
À défaut de paiement, le créancier bénéficie :

- d'un droit de saisie : il peut procéder à la saisie immobilière en étant muni d'un titre exécutoire. Le juge peut l'autoriser à vendre l'immeuble à l'amiable, à défaut le bien est vendu par adjudication aux enchères publiques. Il ne peut pas prévoir dans le contrat qu'il vendra l'immeuble sans respecter la procédure de saisie immobilière, cette clause dite de « voie parée » est nulle ;
- d'un droit de préférence : il est payé sur le prix d'adjudication de l'immeuble avant les créanciers hypothécaires de rang inférieurs ;

– d'un droit de suite : en cas de vente de l'immeuble, il peut le saisir. Pour éviter cette saisie le tiers détenteur peut purger l'hypothèque : il notifie au créancier son intention d'acquitter la dette jusqu'à concurrence du prix d'acquisition de l'immeuble ;
– d'un droit de se faire attribuer l'immeuble hypothéqué du moment qu'il ne constitue pas la résidence principale du débiteur : il peut demander en justice que l'immeuble lui soit donné en paiement. Cela peut être prévu dans la convention.

3 La fiducie-sûreté

Article 2011 du Code civil : « La fiducie est l'opération par laquelle un ou plusieurs constituants transfèrent des biens, des droits ou des sûretés, ou un ensemble de biens, de droits ou de sûretés, présents ou futurs, à un ou plusieurs fiduciaires qui, les tenant séparés de leur patrimoine propre, agissent dans un but déterminé au profit d'un ou plusieurs bénéficiaires. »
La fiducie peut être utilisée pour faire gérer par un tiers des biens (la fiducie-gestion) ou pour constituer une garantie au profit d'un créancier (fiducie-sûreté) ou encore pour transmettre un patrimoine (fiducie-transmission).
Par la fiducie-sûreté, le constituant transfère au fiduciaire la propriété d'un bien mobilier ou immobilier en vue de garantir une dette. Le contrat est publié. Le fiduciaire devra rétrocéder la propriété du bien au constituant dès lors que la garantie n'a plus lieu de jouer ou la transmettre au bénéficiaire en cas de défaillance du débiteur.
À défaut de paiement de la dette garantie, quand il est le créancier, le fiduciaire acquiert la libre disposition du bien ou droit cédé. Lorsque le fiduciaire n'est pas le créancier, ce dernier peut exiger de lui la remise du bien dont il peut alors librement disposer ou, si le contrat le prévoit, la vente du bien ou droit cédé et la remise de tout ou partie du prix. Lorsque la valeur du bien excède le montant de la dette garantie, le bénéficiaire doit verser la différence au constituant.
Il est à noter que, depuis 2009, le décès du constituant n'est plus une cause d'extinction de la fiducie-sûreté.

Application

Monsieur Z, dirigeant de la société Pia, s'est porté caution de prêts consentis par la Banque populaire à la société Pia qui a ensuite été placée en redressement judiciaire.
La banque, qui n'est pas payée par la société, poursuit alors Monsieur Z en exécution de ses engagements.
Par ailleurs, la banque a été condamnée pour rupture abusive de crédit à payer, à la société Pia, la somme d'un million d'euros, ce qu'elle a fait.
Face à cette condamnation, Monsieur Z a opposé les exceptions résultant de ses fautes à la banque pour ne pas honorer son engagement. En effet, pour lui, le non-paiement de Pia est dû à l'attitude fautive de la banque.

Peut-il opposer cette exception à la banque ?

Corrigé

Selon l'article 2290 du Code civil, « le cautionnement ne peut excéder ce qui est dû par le débiteur, ni être contracté sous des conditions plus onéreuses ». Il s'agit donc d'un contrat accessoire ; de ce fait, la caution peut opposer au créancier toutes les exceptions qu'elle peut opposer au débiteur principal. L'article 2313 du même code dispose que la caution « ne peut opposer les exceptions qui sont purement personnelles au débiteur ».

Dans notre affaire, Monsieur Z a obtenu gain de cause et l'arrêt de cour d'appel précise que l'exception tirée des fautes de la banque est bien inhérente à la dette, « qu'en effet c'est l'attitude fautive de la banque et non l'attitude fautive du débiteur qui a été définitivement reconnue et sanctionnée, faute qui a engendré le non-paiement de la dette par la société et par voie de conséquence la mise en oeuvre de la caution ».

Mais cet arrêt a été censuré par la Cour de cassation (arrêt du 22 septembre 2009) : « Attendu qu'en statuant ainsi, alors qu'elle avait relevé que la responsabilité de la banque avait été mise en œuvre pour rupture abusive de crédit et non pour la souscription des quatre prêts litigieux, ce dont il résulte que l'exception invoquée n'était pas inhérente à la dette garantie, la cour d'appel n'a pas tiré les conséquences légales de ses constatations ».

Alors qu'auparavant la jurisprudence ne faisait aucune distinction entre les exceptions personnelles et les exceptions inhérentes à la dette, depuis 2007, on assiste à un revirement de jurisprudence écartant toutes les exceptions personnelles (refus de prendre en compte le dol dont a été victime le débiteur principal ou encore renonciation du créancier à poursuivre le débiteur principal...). Cette affaire est donc dans la ligne droite de cette nouvelle jurisprudence très stricte à l'encontre de la caution.

13 Restructurations et groupes de sociétés

PRINCIPES GÉNÉRAUX

Il existe plusieurs formes de restructurations, dont certaines supposent une modification des statuts (fusion, scission, apport partiel d'actif), d'autres sont issues du regroupement des entreprises via les participations financières.

1 Fusion, scission et apport partiel d'actifs

a. La fusion

La fusion est la réunion d'au moins deux sociétés préexistantes en une seule. Cette opération de concentration peut être soumise au contrôle de l'autorité de la concurrence ou de la commission européenne (voir *Fiche 6*).

■ *La fusion absorption*

Elle se caractérise par la disparition de la société absorbée qui transmet son patrimoine à l'absorbante. C'est une opération complexe nécessitant l'accord des associés.

Les modalités

La parité d'échanges des titres
Les dirigeants des deux sociétés doivent calculer le rapport d'échange. La méthode utilisée doit être objective, sincère et respecter l'égalité entre actionnaires. Si un associé n'a pas le nombre de titres lui donnant droit à un titre de l'absorbante, il doit en acheter ; céder ses rompus. La société peut limiter le nombre des rompus (par exemple l'AGE peut autoriser l'achat d'actions – pas plus de 0,25 % du capital au cours d'un même exercice – qui seront annulées).
Le traité de fusion
Les dirigeants doivent arrêter le traité de fusion qui énumère : les motifs, buts et conditions de la fusion, l'évaluation de l'actif et du passif de l'absorbée, la date d'arrêté des comptes, le rapport d'échange avec les méthodes d'évaluation, les modalités de remise des titres de l'absorbante aux associés de l'absorbée. Ce projet ou traité est soumis pour avis au comité d'entreprise puis il est déposé au tribunal de commerce et publié au JAL au moins un mois avant la date de l'AGE.

• • •

Les rapports du commissaire à la fusion
Il établit un rapport (déposé au siège au moins un mois avant l'AG) mentionnant la méthode suivie pour la détermination du rapport d'échange et les difficultés particulières d'évaluation. En cas d'apport en nature ou avantages particuliers il faut un second rapport. Depuis **2008**, il est possible de ne plus faire appel à un commissaire à la fusion mais cette décision doit être prise à l'unanimité des actionnaires des sociétés participant à l'opération. Dans ce cas si l'opération comporte des apports en nature et avantages particuliers, alors un commissaire aux apports doit être désigné.

La réalisation de la fusion

La dissolution de l'absorbée
L'AGE statue au vu du rapport de gestion et du rapport du commissaire à la fusion (ou commissaire aux apports). Le CAC contrôle la régularité juridique de l'opération et l'égalité entre associés. **Effets** : L'absorbée ne disparaît qu'après avoir transmis l'universalité de ses biens (TUP). Les créanciers ont un droit d'opposition dans un délai de 30 jours de la publicité de la décision. Si la fusion leur a été déclarée inopposable par le juge, la société ne s'éteint que lorsqu'ils ont été désintéressés. Pour les salariés, il y a transfert des contrats de travail et les institutions représentatives du personnel continuent d'exister si l'autonomie de l'absorbée est maintenue.
L'augmentation de capital de l'absorbante
L'augmentation de capital est en relation avec le capital de l'absorbée. Toutes les informations essentielles sont données par le commissaire à la fusion et l'AGE statuera. Les créanciers ont un droit d'opposition. **Effets** : Il y a transmission universelle du patrimoine. L'absorbante devient propriétaire de plein droit de tous les biens et créances sans formalités. L'absorbante est tenue au passif de l'absorbée. Les cautionnements au profit de l'absorbée cessent pour l'avenir. Les associés de la société absorbée deviennent ceux de l'absorbante. L'effectif du CA ou du CS peut être porté à 24 pendant 3 ans.

Quand une société absorbe une de ses filiales détenue à 100 %, la procédure est simplifiée, évitant le commissaire à la fusion, la réunion de l'AG de l'absorbée et le rapport de gestion. Il y a juste un accord de principe de l'absorbante.

Conclusion : date de la fusion et publicité légale

La fusion prend effet à la date de la dernière assemblée ayant approuvé l'opération. Le traité peut prévoir une autre date sous réserve de deux limites :

- elle ne peut être postérieure à la date de clôture de l'exercice en cours ;
- ni antérieure à la date du dernier exercice clos.

Il doit y avoir publicité légale (JAL, RCS BODACC) et déclaration de conformité.

La fusion par création d'une nouvelle société

Les sociétés fusionnantes sont dissoutes sans liquidation car elles transfèrent à une nouvelle société l'ensemble de leurs patrimoines réciproques moyennant l'attribution de titres. Les assemblées des deux sociétés vont approuver la fusion mais aussi les statuts de la nouvelle société et vont aussi désigner les nouveaux dirigeants. La date d'effet de la fusion est la date d'immatriculation de la nouvelle société au RCS.

Cette opération est très rare car fiscalement désavantageuse.

■ *Le régime fiscal de la fusion*

Dans le **régime de droit commun**, chaque étape de la fusion (dissolution, augmentation de capital et échange de titres) donne lieu à une imposition distincte, ce qui représente un coût conséquent pouvant freiner de telles opérations. Ainsi, le **régime fiscal de faveur des fusions (article 210 A CGI)** a été créé et il assimile l'opération à une opération intercalaire.

L'imposition des plus-values de fusion

	Le régime de droit commun exonère l'absorbante et provoque dans l'absorbée :	Le régime de faveur exonère l'absorbée et provoque dans l'absorbante :
Immobilisations non amortissables	Imposition immédiate chez l'absorbée au taux normal ou réduit de l'IS selon la qualification court terme ou long terme de la plus-value.	Exonération (sursis d'imposition), mais l'absorbante doit calculer les plus ou moins values de cession ultérieures de ces éléments par rapport à leur valeur d'origine chez l'absorbée.
Immobilisations amortissables	Imposition immédiate chez l'absorbée au taux normal ou réduit de l'IS selon la qualification court terme ou long terme de la plus-value.	Imposition chez l'absorbante en tant que composante du résultat imposable au taux normal d'IS. Étalement possible de l'imposition : – sur 15 exercices pour les constructions (1) ; – sur 5 exercices pour les autres éléments.
Actif circulant	Imposition immédiate chez l'absorbée.	Le profit est imposé chez l'absorbante lors de la cession des éléments à la condition qu'ils soient comptabilisés à leur valeur fiscale : reprise du brut et des dépréciations éventuelles. Si comptabilisation pour la valeur d'apport : le profit est taxé chez l'absorbante au titre de l'exercice de la fusion. *Remarque* : Lorsque l'apport est comptabilisé en valeur réelle, les profits sur actif circulant sont taxés immédiatement.
Subventions d'investissement	Imposition immédiate chez l'absorbée des subventions reprises.	La société absorbée transfère ses subventions d'investissement à la société absorbante. La société absorbante doit recréer ces subventions dans ses comptes par imputation sur la prime de fusion. Les reprises ultérieures des subventions sur biens amortissables s'effectuent par parts égales sur la durée d'amortissement déterminée par la société absorbante. Pour les biens non amortissables la reprise s'effectue sur la durée restant à courir au moment de la fusion.

●●●

•••

Provisions qui conservent leur objet	Imposition immédiate chez l'absorbée au taux de droit commun : toutes les provisions sont sans objet puisqu'il y a dissolution.	Imposition chez l'absorbante au moment de leur reprise. Attention, l'absorbée est exonérée sous réserve que les provisions soient reprises au bilan de l'absorbante.
Provisions devenues sans objet	Imposition immédiate chez l'absorbée au taux de droit commun.	Exonération mais imposition immédiate chez l'absorbée au taux de droit commun.

(1) Lorsque la plus-value nette sur les constructions excède 90 % de la plus-value nette globale résultant de l'apport des éléments amortissables, la réintégration des plus-values afférentes aux constructions est effectuée par parts égales sur une période égale à la durée moyenne pondérée d'amortissement calculée à partir des valeurs d'apport et des durées d'amortissement retenues par la société absorbante ou la société bénéficiaire des apports.

Le mali de fusion

Le mali de fusion représente l'écart négatif entre l'actif net reçu par la société absorbante à hauteur de sa participation détenue dans la société absorbée, et la valeur comptable de cette participation. Le mali de fusion peut être décomposé en deux éléments :

- le « mali technique » (ou faux mali) représente la non prise en compte dans la valeur d'apport (à hauteur de la participation de l'absorbante) des plus-values latentes sur éléments d'actif comptabilisés ou non, déduction faite des passifs non comptabilisés dans les comptes de l'absorbée ;
- au-delà, le solde du mali représente un « vrai mali » qui peut s'analyser comme une dépréciation des titres de participation détenus par l'absorbante ou comme un droit d'entrée (avantage concurrentiel, synergie...).

	Régime de droit commun	Régime de faveur
Mali technique ou faux mali	Les plus-values étant imposées au niveau de l'absorbée, la dépréciation ultérieure constatée ou la perte correspondant à la réduction du mali sera admise par l'administration fiscale afin de ne pas opérer une double imposition.	L'inscription à l'actif de la société absorbante du mali technique consécutif à l'annulation des titres de l'absorbée ne peut donner lieu à aucune déduction ultérieure. Ainsi, lorsque ce mali sera déprécié ou sorti de l'actif, la dépréciation constatée ou la perte correspondant à la réduction du mali ne sera pas admise en déduction du résultat fiscal et il conviendra donc de la réintégrer.
Solde du mali ou vrai mali	Il s'agit d'une moins-value, à long terme si les titres de participation sont détenus depuis plus de deux ans. En cas de moins-value à long terme, le « vrai mali » enregistré en charges financières doit faire l'objet d'une réintégration extra-comptable.	La règle est identique au régime de droit commun. Il s'agit d'une moins-value, à long terme si les titres de participation sont détenus depuis plus de deux ans.

Le régime de l'échange des titres

Le profit ou la perte réalisé lors de l'échange de droits sociaux résultant d'une fusion peut bénéficier d'un sursis d'imposition ou de déduction ; dans ce cas, le profit ou la perte résultant de la cession ultérieure sera déterminé par rapport à la valeur que les titres avaient avant l'échange. Cependant, en cas d'échange avec soulte, la plus-value réalisée est imposable immédiatement, à concurrence du montant de la soulte reçue. En outre, il n'y a aucun sursis d'imposition lorsque la soulte dépasse 10 % de la valeur nominale des titres ou lorsqu'elle excède la plus-value réalisée.

Le régime des déficits

Les déficits reportables de l'absorbée sont transférés à l'absorbante lorsque les trois conditions suivantes sont satisfaites :

1. l'opération est placée sous le régime de l'article 210 A du CGI (régime de faveur) ;
2. elle est justifiée du point de vue économique et obéit à des motivations principales autres que fiscales ;
3. l'activité à l'origine des déficits dont le transfert est demandé doit être poursuivie pendant un délai minimal de trois ans.

Il s'agit d'un agrément de droit soumis au contrôle normal du juge en cas de contentieux. Dès lors que l'agrément est de droit, la décision de refus doit être motivée.
Par ailleurs, le transfert de la créance née du report en arrière des déficits à la société bénéficiaire des apports est de plein droit.

b. La scission

Elle est l'opération par laquelle une société va transmettre son patrimoine à plusieurs sociétés. La décision appartient à chaque société participant à l'opération sur rapport d'un commissaire à la fusion qui n'est pas obligatoire dans deux cas :

- lorsque les sociétés nouvelles seront constituées uniquement par des apports de la scindée ;
- lorsque les titres de chacune des sociétés nouvelles seront attribués aux associés de la scindée dans les mêmes proportions que ceux qu'ils détenaient auparavant.

Le principe est que chaque société bénéficiaire d'apport devient débitrice solidaire des créanciers de la scindée, mais en pratique les traités de scission ne rendent les sociétés responsables que des dettes qu'elles auront reprises sans aucune solidarité.

c. L'apport partiel d'actif

Une société apporte à une autre une partie de son patrimoine et reçoit en contrepartie des parts ou des actions. En principe, le régime des apports s'applique, mais parfois c'est le régime des fusions-scissions.

Le régime des apports
Pour la société qui reçoit l'apport, l'opération prend la forme d'une augmentation de capital par apport en nature. La société doit négocier les contrats nécessaires au fonctionnement de l'activité, sauf les contrats de travail et les baux commerciaux. Quant au passif, il y a cession de dettes par accord des parties. Pour la société qui fait l'apport, il y a cession contre remise de titres et il s'agit d'un acte de gestion ne nécessitant pas l'accord des associés, ce qui peut être dommageable en cas d'apport important.
Le régime des fusions-scissions
Selon une recommandation de l'AMF ce régime doit être suivi lorsque l'apport partiel entraîne une modification de l'objet social de la société auteur de l'apport. De plus les parties peuvent se placer d'un commun accord sous ce régime. Dans ce cas il y a une décision des associés donc un rapport de gestion, des rapports de commissaires, une assemblée, un droit d'opposition des créanciers et une publicité légale. Cette lourdeur est compensée par le fait que dans ce cas, on a une plus grande efficacité grâce à la transmission à titre universel de la branche d'activité. La loi Warsmann du 17 mai 2011 étend la procédure des fusions simplifiées à ce cas d'apports partiels d'actifs, ce qui autorise leur réalisation sans désignation de commissaire aux apports et sans assemblée générale.

2 Les groupes de sociétés

Le groupe peut se définir comme un ensemble de sociétés juridiquement indépendantes les unes des autres mais en fait soumise à une unité de décision économique.

a. La constitution des groupes

La composition du groupe

La société mère

Parfois la société mère n'exerce pas d'activité industrielle ou commerciale et se borne à être une société de gestion de portefeuille : c'est une holding. Les tribunaux ont admis sa validité (arrêt « Rivoire et Carret/Lustucru ») du moment qu'elle est constituée en vue d'assurer la cohérence de l'activité des sociétés du groupe.

Les filiales et la notion de contrôle

« Quand une société possède plus de la moitié du capital d'une autre, la seconde est considérée filiale de la première. » En dessous de 50 %, il n'y a pas de lien de filiation mais bien souvent une participation minoritaire peut permettre le contrôle d'une société.

Ainsi, une société est considérée comme en contrôlant une autre quand :

- elle détient directement ou indirectement une fraction du capital lui conférant la majorité des droits de vote dans les AG ;
- elle dispose seule de la majorité des droits de vote en vertu d'un accord conclu avec d'autres associés ou actionnaires qui n'est pas contraire à l'intérêt de la société ;
- elle détermine en fait les décisions, par des droits de vote dont elle dispose, dans les assemblées.

De plus, une société est présumée exercer ce contrôle quand elle dispose directement ou indirectement d'une fraction des droits de vote supérieure à 40 % et qu'aucun autre associé ne détient directement ou indirectement une fraction supérieure à la sienne. Enfin on parle de contrôle conjoint lorsque deux ou plusieurs personnes agissant de concert déterminent en fait, dans le cadre d'un accord en vue de mettre en oeuvre une politique commune, les décisions prises dans les AG de cette dernière.

Les participations

- **Les participations simples :** La participation est la détention durable d'une fraction de capital d'un montant comprise entre 10 et 50 %. Les acquisitions ou aliénations de participations sont des actes de gestion créant des obligations d'information. Ainsi dans le rapport de gestion figure les acquisitions de participation et à l'inverse, le nom du titulaire d'une prise de participation significative dans la société.
  De plus, en cas d'acquisition de participation de société cotée, toute personne agissant seule ou de concert (selon la **LRBF**, « sont considérées comme agissant de concert les personnes qui ont conclu un accord en vue d'acquérir, de céder ou d'exercer des droits de vote pour mettre en oeuvre une politique commune vis-à-vis de la société ou pour obtenir le contrôle de cette société ») qui vient à franchir les seuils de 1/20e, 1/10e, 3/20e, 1/5e, 1/4, 1/3, 1/2, 2/3, 18/20e et 19/20e du capital doit le déclarer à l'AMF et à la société émettrice dans les 5 jours de bourse. Les statuts peuvent imposer cette information dès 0,5 % du capital. Selon la **loi de régulation bancaire et financière (LRBF) du 22 octobre 2010**, la détention temporaire de 0,5 % des droits de vote doit être divulguée à la société au plus tard dans les 3 jours ouvrés avant l'AG. En cas de non-respect les actions qui excèdent la fraction qui aurait dû être déclarée sont privées du droit de vote pendant 2 ans et le tribunal peut étendre cette sanction à toutes les actions pendant 5 ans. Cette information doit s'accompagner d'une déclaration d'intention lorsqu'elle porte sur plus d'1/10e ou d'1/5e du capital. L'acquéreur doit préciser s'il entend continuer ou non ses achats, s'il souhaite ou non prendre le contrôle de la société, ou demander sa nomination ou celle d'une autre personne en tant que dirigeant. À défaut, l'acquéreur est privé des droits de vote attachés aux actions excédant la fraction du seuil franchi et cela jusqu'à l'expiration d'un délai de 2 ans suivant la date de la régularisation de la notification.
  S'il n'a pas respecté le contenu de la déclaration, pendant les 12 mois suivant la publication à l'AMF, le tribunal de commerce pourra prononcer la suspension totale ou partielle de l'ensemble de ses droits de vote pour une durée maximale de 5 ans. Toutefois, en cas de changement d'intention motivé par des modifications importantes dans l'environnement, la situation ou l'actionnariat des personnes concernées, aucune sanction ne pourra être prononcée et ce à condition qu'une nouvelle déclaration d'intention soit établie. Sanctions pénales à l'encontre des dirigeants : amende de 18 000 €. Sanctions pécuniaires données par l'AMF jusqu'à 1 500 000 €.
- **Les participations réciproques :** Dans ce cas, deux sociétés possèdent mutuellement une fraction de leur capital, il y a l'imbrication des capitaux, de ce fait ces participations sont réglementées.

Entre 2 sociétés par actions
Une société A ne peut pas posséder d'action d'une société B si cette dernière détient dans son capital une fraction supérieure à 10 %. À défaut d'accord, celle qui a la part la plus faible doit l'aliéner. Si elles ont la même hauteur de participation, chaque société doit diminuer sa participation de sorte qu'elle ne soit pas supérieure à 10 % du capital. Il y a un délai d'un an pour régulariser, en attendant le droit de vote est supprimé.
Entre une société par action et une autre société
• Lorsqu'une société par actions (A) détient plus de 10 % d'une autre société (B), alors B ne peut posséder aucune action de A. Elle a un an pour régulariser et les droits de vote sont supprimés. • Lorsqu'une société par actions (A) détient une fraction inférieure ou égale à 10 % d'une autre société (B) alors B peut posséder jusqu'à 10 % de A. Si B vient à dépasser le seuil de 10 % elle a un an pour régulariser, en attendant le droit de vote des actions excédentaires est supprimé.

Conclusion : Les aliénations de participations réciproques sont mentionnées dans les rapports de gestion et du commissaire aux comptes.

- **Les participations d'auto-contrôle :** Il y a auto-contrôle quand une société assure son propre contrôle par l'intermédiaire d'une ou plusieurs sociétés dont elle détient le contrôle directement ou indirectement. La loi prive ces actions du droit de vote.

Les prises de participation ou de contrôle d'une société

Il existe différentes techniques de prises de contrôle d'une société comme l'achat pur et simple de droits sociaux ou la souscription à une augmentation de capital réservé ou encore la convention de portage : une personne (le porteur, en général un établissement financier) se porte acquéreur d'une participation à la demande d'un donneur d'ordre, à charge pour ce dernier de la lui racheter au terme d'une période déterminée et moyennant un prix convenu.

Les prises de contrôle d'une société cotée ou non peuvent provenir de **pactes extra-statutaires** portant sur l'acquisition, la détention ou la cession des actions ou sur l'exercice du pouvoir (conventions de vote).

Beaucoup de ces pactes peuvent être qualifiés **d'actions de concert**. Selon la LRBF et le décret du 24 février 2011, « sont considérées comme agissant de concert les personnes qui ont conclu un accord en vue d'acquérir, de céder ou d'exercer des droits de vote pour mettre en oeuvre une politique commune vis-à-vis de la société ou pour obtenir le contrôle de cette société ». Elle est présumée :

- entre une société, le PCA et ses DG ou les membres du CS ou ses gérants ;
- entre une société et les sociétés qu'elle contrôle au sens de l'article 356-1 ;
- entre des sociétés contrôlées par les mêmes personnes ;
- entre associés d'une SAS et les sociétés qu'elle contrôle.

Les règles spécifiques de prises de contrôle d'une société cotée

Les offres publiques d'achat (OPA)

Par une OPA, une société annonce publiquement aux actionnaires d'une autre qu'elle est prête, sous la surveillance des autorités boursières, à acheter leurs titres à un prix supérieur au cours ou à échanger des titres (OPE).

L'OPA est obligatoire pour tout achat de plus de 30 % du capital ou des droits de vote. L'OPA est aussi obligatoire lorsqu'un actionnaire, détenant seul ou de concert 30 % ou 1/2 des titres ou droits de vote, augmente sa participation de 1 % (**loi sur l'économie réelle encore appelée loi Florange du 29 mars 2014**) au moins en moins de 12 mois. À défaut de dépôt de l'OPA, les actions détenues au-delà du seuil sont privées du droit de vote, des dispenses peuvent être accordées en cas de dépassement minime.

La procédure normale	La procédure simplifiée
L'offre doit porter sur la totalité du capital ; le projet est présenté à l'AMF par une ou plusieurs banques agissant pour le compte de l'initiateur en indiquant ses objectifs, le nombre d'actions demandées, le prix offert et les modalités de calcul, ainsi que le délai laissé aux actionnaires pour y répondre, délai ne pouvant être inférieur à 20 jours de bourse. L'AMF se prononce sur la recevabilité (les cours sont suspendus durant 2 jours de bourse) dans un délai de 5 jours de bourse et, en cas d'accord, elle publie un avis d'autorisation. L'initiateur publie également son offre et la société visée y répond (elle informe le CE). L'AMF oblige les sociétés à déclarer les opérations effectuées sur les titres visés par l'offre. L'offre est ouverte entre 25 et 35 jours de bourse pendant lesquels les titres continuent à être cotés et toute autre personne peut faire une surenchère d'au moins 2 % du prix initial, dont les actionnaires peuvent bénéficier. Une fois le délai expiré, l'AMF totalise les réponses positives et, quand elles sont supérieures ou égales au nombre demandé par l'initiateur, l'OPA a réussi.	Le délai de réponse des actionnaires est réduit à 10 ou 15 jours de bourse (sauf en cas de OPRA : 30 jours). La procédure simplifiée s'applique aux : – achats par une société de ses propres actions (OPRA) possibles suite à une réduction de capital ou afin d'éviter la décote du cours par rapport à la valeur de l'actif net réévalué, ou pour améliorer la gestion financière de la société, ou pour augmenter le bénéfice en diminuant le nombre d'actions donnant droit à des dividendes ou encore pour les distribuer à ses salariés. Ce rachat est interdit dans les 15 jours avant la publication des comptes ou si l'émetteur a connaissance d'une information ayant une influence sur le cours de l'action ; – prises de participation de 10 % au plus des titres donnant droits de vote ; – projets d'acquisition d'un bloc de titres donnant la majorité des droits de vote ; – achats de titres par un associé détenant seul ou de concert la moitié au moins des droits de vote.

La loi de 2014 met fin au principe de neutralité des dirigeants lors d'une OPA. Dorénavant, les dirigeants des sociétés cibles peuvent prendre toute décision susceptible de faire échouer l'offre. Ainsi, ils pourront prendre toutes les mesures anti-OPA avec pour seule limite le respect de l'intérêt social. De ce fait, sont abrogées les suspensions lors des OPA des délégations faites par les assemblées antérieures autorisant la mise en œuvre de mesures anti-OPA ainsi que l'obligation de faire approuver par l'assemblée les mesures anti-OPA prises par les dirigeants. Toutefois, les statuts peuvent prévoir que les mesures anti-OPA doivent être autorisées au préalable par l'AG.

De plus, la loi Florange a créé un seuil de caducité de l'offre. Ainsi, une OPA est caduque de plein droit si l'initiateur n'a pas obtenu, à l'issue de l'offre, plus de 50 % du capital ou des droits de vote de la société visée. De ce fait, les actions de l'initiateur dépassant le seuil de 30 % dans la société sont privées du droit de vote jusqu'à ce qu'il régularise sa situation. L'auteur de l'offre ne pourra plus augmenter sa participation qu'en déposant à nouveau une offre publique.

Les défenses anti-OPA :

- fidéliser son actionnariat (distribuer un dividende majoré aux actions nominatives détenues depuis un certain temps) et contrôler les mouvements de capitaux en ayant des actions nominatives ou des actions au porteur identifiable ;
- dissocier le pouvoir du capital en émettant du capital non-votant ;
- constituer un noyau dur avec par exemple la distribution d'actions à vote double aux actionnaires principaux. Dans le but de créer un actionnariat stable, la loi Florange crée, pour les SCA et SA cotées sur un marché réglemente, un droit de vote double « automatique » pour toutes les actions nominatives entièrement libérées détenues depuis au moins 2 ans, que ces actions soient détenues par un français ou un étranger. Ce droit de vote double est maintenu en cas de transfert pour cause de succession, liquidation de communauté de biens ou de donation au conjoint ou ascendant et descendant, ainsi qu'en cas de fusion ou scission du moment que ce droit existe aussi dans la société bénéficiaire ;
- multiplier les pactes entre actionnaires. Selon le règlement de l'AMF, en cas d'OPA, les signataires des pactes d'actionnaires doivent déclarer les clauses spécifiques pouvant influencer l'appréciation de cette offre ou son issue imposée ;
- avoir pour holding de tête une société non cotée ou la transformer en SCA ;
- réaliser une augmentation de capital en cours d'OPA ;
- avoir une société partenaire qui ferait lors de l'OPA une surenchère (technique dite du cavalier blanc) ou qui lancerait une OPA sur l'initiateur (technique dite du pacman.

Les offres publiques de retrait (OPR)

Cette procédure s'applique quand un actionnaire, seul ou de concert, détenant au moins 95 % des actions ou droits de vote de la société propose d'acheter le restant. Les actionnaires ne sont pas tenus d'accepter mais le rachat forcé des actions non présentées (retrait obligatoire) est autorisé s'il figurait dans le projet.

Les minoritaires peuvent forcer les majoritaires à acquérir leurs titres dans trois cas :

- si un associé, seul ou de concert, détient au moins 95 % des droits de vote ;
- si la SA se transforme en SCA et que les majoritaires ont les 2/3 des droits de vote ;
- si les majoritaires décident de modifier fortement les statuts.

La négociation de blocs de contrôle

C'est l'opération par laquelle un actionnaire décide de céder son bloc de contrôle, c'est-à-dire des titres donnant droit au moins à 50 % des droits de vote. Le mécanisme essentiel consiste à imposer à l'acquéreur d'acheter au moins pendant 10 à 15 jours et au même cours que la cession de contrôle, toutes les actions qui lui seront offertes.

b. Le fonctionnement des groupes

Le groupe de sociétés n'a pas la personne morale ce qui permet une grande souplesse de fonctionnement. Son existence entraîne l'application de règles spécifiques.

L'obligation d'établir des comptes consolidés

Les sociétés commerciales à la tête d'un groupe doivent établir et publier des comptes consolidés. Le périmètre de consolidation comprend toutes les sociétés pour lesquelles il y a :

- **un contrôle exclusif** : détention directe ou indirecte de la majorité des droits de vote, ou en cas de désignation pendant 2 exercices successifs de la majorité des organes d'administration, de direction ou de surveillance, ou encore en cas d'exercice d'une influence dominante ;
- **un contrôle conjoint** : cas d'une société exploitée en commun par un nombre limité d'associés de sorte que les décisions relèvent de leur accord ;
- **une influence notable** lorsque la politique financière et la gestion d'une société est présumée faite par une autre société qui dispose directement ou indirectement d'au moins 20 % des droits de vote.

Par exception, cette obligation n'existe pas quand :

- la société est elle-même sous le contrôle d'une société qui établit des comptes consolidés et qui l'intègre dans ses comptes ;
- le groupe ne dépasse pas durant 2 exercices successifs 2 seuils sur 3 : total bilan 15 000 000 €, total chiffre d'affaires net : 30 000 000 € et nombre moyen de 250 salariés permanents.

Des sociétés indépendantes mais ayant de nombreuses relations entre elles

Les relations entre sociétés

Les sociétés d'un groupe ont en général de nombreux dirigeants communs ; de ce fait, la réglementation relative aux conventions s'applique fréquemment mais la notion de groupe est alors prise en compte. Ainsi, certaines conventions vont être ici présumées courantes au regard de l'objet du groupe (donc conventions libres) et ce n'est que si les conditions sont anormales qu'elles seront qualifiées de réglementées.

Les relations financières entre sociétés d'un même groupe sont facilitées. Elles se font très souvent des avances (le monopole bancaire ne s'applique pas).

Les concours financiers entre sociétés d'un groupe échappent à la qualification d'abus de biens sociaux s'ils sont « dictés par l'intérêt économique, social ou financier commun, apprécié au regard d'une politique élaborée pour l'ensemble du groupe. Ils ne doivent ni être démunis de contrepartie, ni rompre l'équilibre entre les engagements respectifs des diverses sociétés concernées, ni excéder les possibilités financières de celles qui en supportent la charge » (arrêt Rozenblum du 4 février 1985).

Au sein d'un groupe des valeurs mobilières composées peuvent être émises par la mère ou la fille et donner des droits dans la mère ou la fille.

La société mère conclut très souvent avec ses filiales des contrats de prestations moyennant des redevances. Ces opérations sont valables du moment que le montant demandé par la mère est bien proportionnel aux prestations fournies et que ces opérations n'aboutissent pas en fait à un transfert des bénéfices des filiales vers la mère.

Les conséquences à l'égard des tiers

En vertu de l'effet relatif du contrat, la société mère n'est pas tenue d'exécuter les obligations contractées par sa filiale et vice-versa.

L'intérêt des tiers est de faire supporter par la société mère les dettes des filiales insolvables. Ces extensions de passif sont contraires au principe d'indépendance mais sont exceptionnellement possibles (pour tout ou partie du passif) :

- lorsque la société mère est considérée comme le dirigeant de droit ou de fait et qu'elle a contribué par sa faute à sa ruine ;
- en cas de confusion de sociétés ou de fictivité (assimilée à une fraude) ;
- en raison d'un engagement pris par la société mère (cas des cautions, ou garantie à première demande ou lettre d'intention de la part de la mère).

c. La situation des associés et des salariés du groupe

Situation des associés des sociétés du groupe

Les associés sont informés par rapport de gestion de la situation de l'ensemble des sociétés comprises dans le périmètre de consolidation, l'évolution prévisible du groupe, les évènements importants intervenus entre l'arrêté des comptes et leur établissement, et les acquisitions ou aliénations de participation. Dans la SA et la SCA, l'AG doit délibérer et statuer sur toutes les questions relatives aux comptes consolidés.

Depuis la loi NRE, un ou plusieurs actionnaires ayant au 5 % du capital peut poser des questions par écrit au président du CA ou du directoire sur une ou plusieurs opérations de gestion de la société « ainsi que, le cas échéant, des sociétés qu'elle contrôle. Dans ce dernier cas la demande doit être appréciée au regard de l'intérêt du groupe ».

À défaut de réponse ou de réponse satisfaisante, un expert de gestion peut être nommé.

D'autre part, la jurisprudence admet qu'un expert in futurum ou qu'un administrateur judiciaire puisse avoir une mission qui s'étend à l'intérieur du groupe.

Situation des salariés du groupe

Les différentes institutions représentatives et l'accord de groupe

Le comité d'entreprise
Il doit être informé et consulté sur les modifications de l'organisation juridique de l'entreprise et sur les OPA. Le dirigeant d'une société auteur d'une OPA doit réunir son CE dans les 2 jours suivant la publication de l'offre, ou dans les 2 jours ouvrables suivant l'annonce (loi Florange), afin de lui transmettre toutes les informations sur son contenu et ses conséquences éventuelles en matière d'emploi. De plus, il doit transmettre au CE de la société cible la note d'information (visée par l'AMF) contenant les orientations en matière d'emploi. **La loi Florange** demande que lui soit précisé si cette offre a été sollicitée ou non. Le CE dorénavant pourra se faire assister d'un expert-comptable rémunéré par la société. **La loi Florange** impose que le dirigeant de la société cible réunisse le CE avant que le CA ou le CS ne rende son avis sur l'intérêt de l'OPA. Le CE devra rendre son avis dans le mois du dépôt du projet de l'offre. Dans les 8 jours à compter du dépôt du projet d'OPA (loi Florange), le CE examine cette note et entend l'auteur de l'offre sur sa politique industrielle et financière, ses plans stratégiques pour la société visée et les répercussions sur l'emploi, les sites d'activité et la localisation des centres de décision de la société cible. Si l'auteur ne se présente pas devant le CE, la société qui a déposé l'offre ne peut pas exercer

• • •

les droits de vote attachés aux titres de la société cible. Cette interdiction s'étend aux sociétés qu'elle contrôle ou qui la contrôlent. Depuis **la loi Florange**, si le CE estime ne pas avoir reçu des éléments d'information suffisants, il peut saisir le président du TGI en référé afin qu'il ordonne tant à la société cible qu'à l'auteur de l'offre de communiquer les éléments manquants. Le juge a 8 jours pour statuer sur cette demande. Enfin, toujours selon **la loi Florange**, en cas de succès de l'OPA, l'auteur doit rendre compte au CE, au cours des 6e, 12e et 24e mois suivant la clôture de l'offre, de la manière dont il aura mis en œuvre les déclarations d'intention ou engagements qu'il aura pris auprès du CE au sujet du maintien des sites d'activité et de localisation des centres de décision
Le comité de groupe
Il est composé, d'une part du chef de l'entreprise dominante (ou de son représentant), assisté de deux personnes de son choix ayant voix consultative et, d'autre part, du maximum de 30 représentants du personnel des entreprises constituant le groupe. Il reçoit les informations sur l'activité, la situation financière, les prévisions d'emploi annuelles, les perspectives économiques, les comptes et bilan consolidés et rapport du CAC correspondant. Il peut se faire assister par un expert-comptable rémunéré par l'entreprise dominante. Il se réunit au moins une fois par an sur convocation de son président, sous peine de délit d'entrave et doit être informé en cas d'OPA.
Le comité d'entreprise européen
Il doit être créé dans les groupes d'entreprises de dimension communautaire employant au moins 1 000 salariés dans les États membres de l'Union européenne et comportant au moins un établissement ou une entreprise employant 150 salariés et plus dans au moins deux de ces États. Il se réunit une fois par an sur les thèmes relatifs à la situation économique et financière, l'évolution des activités du groupe et de l'emploi, les changements organisationnels, les modifications juridiques des entreprises, les fermetures d'entités et les licenciements collectifs.
L'unité économique et sociale (UES)
Elle permet de regrouper des entreprises juridiquement distinctes, mais présentant des liens étroits entre elles, en une seule entité au niveau de laquelle la représentation du personnel sera organisée. Cette reconnaissance peut intervenir par un accord unanime de tous les partenaires sociaux ou par décision de justice (tribunal d'instance). Le juge relève la complémentarité des activités, l'identité des dirigeants, des sièges sociaux et locaux, l'utilisation de services et moyens de production communs, l'identité ou la similitude des conditions de travail et l'interchangeabilité des personnels. Quand une UES d'au moins 50 salariés est reconnue, un CE commun doit être obligatoirement mis en place. L'UES est aussi le cadre de désignation des DP ou DS.

Depuis la loi du 20 août 2008 **l'accord de groupe** (visant tout ou partie des entreprises) est subordonné à :

- à sa signature par une ou plusieurs organisations syndicales de salariés représentatives ayant recueilli dans les entreprises comprises dans le périmètre de cet accord au moins, au moins 30 % des suffrages exprimés au premier tour des dernières élections des titulaires du CE ou de la délégation unique du personnel, ou à défaut des DP, quel que soit le nombre de votants ;
- et à l'absence d'opposition, dans les 8 jours de sa notification par la partie signataire la plus diligente, d'une ou plusieurs organisations syndicales de salariés représentatives ayant recueilli dans le même périmètre la majorité des suffrages exprimés à ces mêmes élections.

La situation des salariés des entreprises d'un même groupe

- **Les licenciements économiques :** Avant de licencier, l'employeur doit tenter de reclasser chaque salarié. Lorsque l'entreprise appartient à un groupe, le reclassement

au niveau du groupe doit être envisagé parmi les « entreprises dont les activités, l'organisation ou le lieu d'exploitation permettent d'effectuer la permutation de tout ou partie du personnel ». L'obligation de reclassement doit s'étendre aux sociétés du groupe situées à l'étranger dès lors que le niveau hiérarchique du salarié et la législation applicable localement le permettent.
Lorsqu'une procédure de licenciement économique est engagée simultanément dans plusieurs entreprises d'un même groupe, si des salariés d'entreprises différentes se trouvent en concurrence sur des postes de reclassement disponibles dans l'une ou l'autre entreprise du groupe, priorité est donnée, à qualification comparable, aux salariés de l'entreprise au sein de laquelle des postes se trouvent disponibles.

- **La période de mobilité externe volontaire sécurisée :** La loi de sécurisation de l'emploi crée une période de mobilité externe volontaire sécurisée. Ainsi, dans les entreprises et groupes d'au moins 300 salariés, le salarié ayant au moins deux ans d'ancienneté, consécutifs ou non, peut, avec l'accord de l'employeur, bénéficier d'une période de mobilité volontaire sécurisée. Celle-ci lui permet d'exercer une activité dans une autre entreprise avec l'assurance de pouvoir revenir dans son entreprise d'origine. Son contrat de travail est suspendu et un avenant est conclu, précisant :
  - l'objet, la durée, la date de prise d'effet et le terme de la période ;
  - le délai dans lequel le salarié informe l'employeur de sa volonté éventuelle de ne pas réintégrer l'entreprise (assimilée à une démission) ;
  - les situations permettant d'effectuer un retour anticipé, dans un délai raisonnable.

À la fin de la période, le salarié doit retrouver son poste ou un emploi similaire d'une qualification et d'une rémunération au moins équivalentes.

Distribution d'actions gratuites, participation et intéressement

- Une société par actions peut distribuer gratuitement des actions gratuites à tout ou partie de ses salariés (ou mandataires) dans la limite de 10 % de son capital ; pour les PME non cotées (c'est-à-dire les sociétés ayant au plus 250 salariés et dont le chiffre d'affaires n'excède pas 50 millions ou dont le total bilan n'excède pas 43 millions), la limite est de 15 %. **La loi Florange** porte dorénavant ce montant à 30 % si cette distribution profite à l'ensemble des salariés de la société, mais l'écart entre le nombre d'actions distribuées à chaque salarié doit être compris dans un rapport de 1 à 5.
- Dans les groupes de sociétés, chaque société de 50 salariés doit conclure un accord de participation. Dans les groupes, la participation peut être conclue par voie d'accord collectif permettant la prise en compte des résultats du groupe.
- Dans le cadre d'un groupe il est possible de prévoir l'intéressement aux résultats consolidés au niveau du groupe et un intéressement aux performances au niveau de chaque entreprise partie à l'accord. Une entreprise peut retenir une formule de calcul « liée aux résultats de l'une ou plusieurs de ses filiales (entrant dans le périmètre des comptes consolidés) ». Ainsi, une société mère peut calculer l'intéressement de ses salariés sur les résultats de sa ou ses filiales alors qu'elle n'a pas de résultat, mais à condition qu'au moins deux tiers des salariés de ces filiales soient couverts par l'accord d'intéressement. De plus, un tel accord oblige d'engager dans les 4 mois de sa conclusion une négociation avec les filiales dépourvues d'un accord.

3 Les formes juridiques des sociétés holding

Trois types de sociétés sont souvent employés pour constituer une holding.

La société civile
Elle est fréquemment employée pour verrouiller le contrôle d'une entreprise familiale ou lorsque le but recherché est la stabilité du pouvoir. Les associés sont responsables indéfiniment et conjointement des dettes sociales, de ce fait elle a une grande souplesse de fonctionnement. La cession des parts à des associés ou tiers nécessite obligatoirement l'unanimité, ce qui assure une grande stabilité du capital. Les associés ont un droit de retrait conformément aux statuts ou sur décision du juge pour juste motif.
La société par actions simplifiée (SAS)
La SAS offre une très grande liberté contractuelle. Elle peut être constituée par au moins 2 associés (ou un seul pour la SASU). Elle n'a pas de capital minimum et tous les apports sont possibles. Un CAC est obligatoire quand elle dépasse 2 seuils sur 3 à savoir : CA de 2 millions d'euros, bilan d'un million et 20 salariés. Elle ne peut pas faire offre au public. Le président peut être une personne physique ou morale, son statut et ses pouvoirs sont fixés par les statuts. Les statuts peuvent aménager la stabilité de l'actionnariat puisque peuvent y figurer des clauses d'agrément pouvant jouer en cas de modification du contrôle ou de l'actionnariat d'une société associée, des clauses de préemption, des clauses d'inaliénabilité (pour une durée de 10 ans maximum mais renouvelable à l'unanimité), des clauses d'exclusion et les pactes d'actionnaires.
La société européenne (SE)
Elle répond aux besoins des groupes au sein de l'Union européenne. Elle est une SA au capital d'au moins 120 000 €. Elle peut être créée de quatre façons : – constitution par voie de fusion de plusieurs SA si 2 d'entre elles relèvent au moins de 2 États membres ; – constitution d'une SE holding : des SA et/ou sociétés à responsabilité limitée peuvent créer une holding si 2 d'entre elles relèvent au moins de 2 États membres ou ont depuis au moins 2 ans une filiale ou une succursale relevant du droit d'un autre État membre ; – constitution d'une SE filiale : plusieurs sociétés ou autres personnes morales de droit privé ou public peuvent constituer une SE en souscrivant des actions si 2 d'entre elles relèvent au moins de 2 États membres ou ont depuis au moins 2 ans une filiale ou une succursale relevant du droit d'un autre État membre ; – constitution par transformation : une SA peut se transformer en SE si elle a depuis au moins 2 ans une filiale relevant du droit d'un autre État membre. Les statuts choisissent entre la SA à directoire et celle à CA. Le directoire (7 membres maximum) prend ses décisions à la majorité des membres présents ou représentés dès lors que la moitié au moins de ces membres est présente ou représentée, mais les statuts peuvent prévoir un autre quorum ou une autre majorité. Le CA doit se réunir trimestriellement. L'assemblée générale répond aux règles de l'État membre. Sa convocation peut être demandée par un ou plusieurs actionnaires détenant au moins 10 % du capital social mais les statuts peuvent prévoir moins. La majorité est calculée en fonction des voix exprimées. Les restrictions à la libre négociabilité des titres sont possibles si elle ne fait pas offre au public.

Application

Les sociétés appartenant à un groupe peuvent-elles être déclarées responsables des décisions prises par l'une d'elles en matière de licenciement économique ou de reclassement ?

Corrigé

Dans son arrêt du 13 février 2010, la Cour de cassation a précisé que : « L'obligation de reclasser les salariés dont le licenciement est envisagé et d'établir un plan de sauvegarde de l'emploi répondant aux moyens du groupe n'incombe qu'à l'employeur ; il en résulte qu'une société relevant du même groupe que l'employeur n'est pas, en cette seule qualité, débitrice envers les salariés qui sont au service de ce dernier d'une obligation de reclassement et qu'elle ne répond pas, à leur égard, des conséquences d'une insuffisance des mesures de reclassement prévues dans un plan de sauvegarde de l'emploi. »

Par la généralité des termes employés, cet arrêt ressemble fort à un arrêt de principe. Ainsi, s'il est certain que le groupe doit être pris en compte dans les mesures proposées, cela ne veut pas dire que les sociétés du groupe, indépendantes les unes des autres, sont débitrices d'obligations nées dans le cadre d'une procédure de licenciements économiques.

Cependant, un arrêt important du 18 janvier 2011 est venu préciser que des sociétés peuvent se voir reconnaître responsables d'une cessation d'activité dès lors qu'elles sont reconnues « coemployeurs ». En l'espèce, une société détenait la quasi-totalité du capital d'une autre, en absorbait la quasi-totalité de la production dont elle fixait les prix. La gestion du personnel était commune mais dictée par la première, tout comme les choix stratégiques « qu'elle assurait ainsi la direction opérationnelle et la gestion administrative de sa filiale, qui ne disposait d'aucune autonomie ». Il y avait donc entre les deux sociétés « une confusion d'intérêts, d'activités et de direction [;] en conséquence, la société JFH avait la qualité de coemployeur à l'égard du personnel de la société MIC ».

La cessation de l'activité de la société MIC ne reposait sur aucune raison économique mais sur des choix stratégiques du groupe ; ainsi les licenciements étaient sans cause réelle et sérieuse et la société JHF se devait de répondre de cette décision en tant que coemployeur des salariés indûment licenciés.

14 La fiscalité des groupes

1. Les abandons de créance
2. L'imposition des produits financiers en provenance de participations détenues dans d'autres sociétés
3. L'intégration fiscale
4. Les conventions d'intégration fiscale

PRINCIPES GÉNÉRAUX

Le principe de l'entité juridique dispose qu'est imposée séparément une entité juridique distincte. Cela entraîne deux conséquences distinctes :

– imposition unique de la société et de ses succursales ;
– imposition séparée de la société mère et des filiales.

Cependant, le traitement fiscal est différent selon la forme juridique adoptée par la filiale. Lorsque la filiale est constituée sous la forme d'une société de capitaux, elle possède la personnalité fiscale au regard de l'impôt sur les sociétés dont elle est redevable. Le cas est différent lorsque la filiale est constituée sous la forme d'une société de personnes : elle est réputée fiscalement transparente au regard de l'impôt sur les sociétés et ses résultats remontent vers la société mère qui se trouve imposée à l'IS sur la quote-part qui lui revient.

Le régime des sociétés mères et filiales permet d'exonérer les dividendes des filiales. Néanmoins, les déficits des filiales soumises à l'IS ne sont pas imputables sur les bénéfices de la société mère. Certaines sociétés ont contourné cette difficulté en créant des filiales sous forme de sociétés non soumises à l'IS (SNC) afin de pouvoir faire remonter les déficits vers la société mère. L'intégration fiscale est un régime optionnel qui va permettre la compensation des résultats déficitaires. C'est la société « tête de groupe » ou « mère fiscale » qui centralise tous les résultats et qui paie l'impôt correspondant. La mère devient, seule, redevable de l'impôt global du groupe vis-à-vis de l'administration fiscale. Les filiales sont responsables du paiement de l'IS pour la part qui les concerne. Le régime d'intégration fiscale permet de neutraliser les opérations internes réalisées entre les sociétés au sein du groupe. Cette neutralité fiscale permet d'éviter une éventuelle double imposition ou double déduction. Néanmoins, cette neutralisation ne doit pas constituer un acte anormal de gestion entre les sociétés du groupe.

Par ailleurs, des abandons de créance peuvent intervenir au sein d'un groupe. Un traitement fiscal particulier leur est applicable.

1 Les abandons de créance

Les abandons de créance sont une aide ou un avantage accordé par une entreprise à une autre entreprise. Juridiquement, l'abandon de créance constitue une remise de dette qui libère le débiteur en entraînant l'extinction de la dette. Cet abandon de créance ne peut constituer une charge déductible sur le plan fiscal que si deux conditions sont remplies :

- l'abandon doit correspondre à un acte normal de gestion,
- l'abandon ne doit pas avoir pour contrepartie une augmentation de l'actif.

Les deux cas d'abandons de créance

Abandon de créance à caractère commercial	**Abandon de créance à caractère financier**
Il est justifié par certaines raisons : maintien des relations commerciales, maintien des débouchés, renom de la société, problème d'approvisionnement.	Il survient dans le cas de société « mères et filiales » et concerne des avances, ou des prêts. Il n'y a aucun lien à caractère commercial concernant l'abandon entre les sociétés.

a. L'abandon de créance à caractère commercial

L'abandon de créance est soumis à la TVA au taux normal s'il peut être considéré :

- soit comme la rémunération d'un service rendu,
- soit comme un complément de prix d'une opération taxable.

Il fait l'objet d'une facture établie par la société qui bénéficie de l'abandon. Si ces conditions n'existent pas, l'abandon de créance n'est pas soumis à la TVA.

Dans l'hypothèse où l'abandon n'est pas assujetti à la TVA, car il n'existe aucun lien direct avec un service à titre onéreux dont il serait la rémunération, il est considéré comme une subvention non passible de la TVA.

Pour l'entreprise qui en bénéficie, l'abandon est un profit imposable ; en parallèle, pour l'entreprise qui consent l'abandon, il s'agit d'une charge déductible.

b. Les abandons de créances à caractère financier

Principe :

- ces aides à caractère financier ne sont pas soumises à la TVA ;
- ces aides à caractère financier ne sont plus déductibles du résultat fiscal depuis le 4 juillet 2012.

Exception : Lorsque les aides à caractère financier sont consenties à des entreprises pour lesquelles une procédure de sauvegarde, de redressement judiciaire ou de liquidation judiciaire est ouverte ou un accord de conciliation est constaté, elles sont déductibles dans certaines limites :

Dans l'entreprise qui consent l'abandon ou société mère	Dans l'entreprise qui bénéficie de l'abandon ou filiale
Caractère déductible ou non de la charge	**Caractère imposable ou non du produit**
La charge correspondant à l'abandon est déductible dans la limite du montant de la situation nette(1) négative de sa filiale. Le solde de l'abandon correspondant à la situation nette positive après l'abandon de créance est déductible dans la limite du pourcentage de capital détenu par les autres associés ou actionnaires.	Le produit correspondant à l'abandon est imposable pour la partie déductible chez la société mère. Le surplus constitue un apport à condition que la filiale s'engage à augmenter son capital au profit de la société mère pour un montant au moins égal à la fraction non déductible chez la société mère de l'abandon de créance, avant la fin du 2e exercice suivant celui au cours duquel l'abandon de créance est intervenu. À ce titre, ce produit est non imposable.

(1) La situation nette correspond aux capitaux propres tel que le PCG les définit, c'est-à-dire : Capital + Primes d'émission, de fusion, d'apport + Écarts de réévaluation + Réserves + Report à nouveau + Subventions d'investissement + Provisions réglementées + Résultats – Frais d'établissement.

Dans le cas où des abandons sont consentis par plusieurs associés, la déduction est opérée par chaque associé :

- d'une part, à concurrence de la situation nette négative en proportion de l'effort consenti par rapport au montant total de l'aide ;
- d'autre part, à concurrence de la situation nette positive en proportion du pourcentage de participation des associés qui ne participent pas à l'opération.

2 L'imposition des produits financiers en provenance de participations détenues dans d'autres sociétés

a. Sociétés relevant de l'IS

Dans le régime de droit commun, les dividendes perçus sont imposables sans abattement. En conséquence, aucun retraitement fiscal n'est à effectuer.
Les sociétés peuvent opter pour un régime particulier : le régime fiscal des sociétés mères filiales. Les conditions d'application de ce régime sont les suivantes :

- les sociétés doivent relever de l'IS. La société mère doit être française, la société filiale peut être française ou étrangère ;
- la société mère doit détenir au moins 5 % du capital de la société filiale ;
- les titres détenus par la société mère dans la filiale doivent être détenus depuis au moins deux ans.

Pour l'application de ce régime, les dividendes perçus sont déduits du résultat imposable (dividende net), et une quote-part de frais et charges correspondant à 5 % (dividende net + crédit d'impôt étranger éventuel) doit être réintégrée de manière extra comptable. Le montant à réintégrer est plafonné au montant des charges engagées par la société participante pour gérer son portefeuille de titres de participation.

b. Sociétés non soumises à l'IS

Une société qui relève de l'IS peut détenir des parts sociales dans une société qui est soumise à l'impôt sur le revenu au niveau de chacun de ses associés. En application du principe de « transparence fiscale », la quote-part de résultat fiscal qui revient à chaque associé doit être comprise dans son résultat fiscal dès l'année de sa réalisation. En outre, il convient de tenir compte d'une éventuelle distribution du résultat réalisé par la société qui relève de l'IR.
Cette distribution est comptabilisée en produits financiers dans la société bénéficiaire. Le résultat fiscal ayant été imposé l'année précédente, il est nécessaire de déduire de manière extra comptable le revenu provenant de la détention de parts social

3 L'intégration fiscale

C'est un régime optionnel qui permet de déterminer le résultat fiscal d'un groupe géré par la société mère en fonction des modalités retenues dans la convention interne dite convention d'intégration fiscale.

a. Exercice de l'option pour l'intégration fiscale

L'option signifie qu'une société soumise à un régime de plein droit peut choisir d'opter ou de ne pas opter pour ce régime. L'option est prévue pour 5 ans. L'exercice de l'option pour le régime de l'intégration fiscale est réalisé par la société mère. La notification de l'option comprend la liste des filiales qui sont membres du groupe. L'option doit être accompagnée de l'accord formel des sociétés filiales. L'accord est adressé par la filiale au service des impôts dont elle relève. Cet accord est également déposé par la société mère. Au terme des cinq exercices couverts par l'option initiale, le groupe bénéficie d'une reconduction tacite de l'option pour une nouvelle période de 5 ans. Le renouvellement tacite concerne tout autant la société intégrante que les filiales intégrées. Un groupe qui a régulièrement opté n'est donc pas tenu de renouveler l'option au terme de son option pour continuer à bénéficier du régime de l'intégration fiscale, mais le groupe doit dénoncer l'option s'il ne désire pas continuer à relever du régime d'intégration fiscale.
En cas d'actualisation du groupe, la société mère doit joindre à sa liste des sociétés composant le groupe, la liste des sociétés qui ont cessé d'être membre du groupe. Les avantages fiscaux liés à l'intégration fiscale sur la période de 5 ans peuvent être remis en cause en cas de sortie de la filiale avant le délai de 5 ans.

b. Le périmètre d'intégration

Champ d'application

Les sociétés suivantes peuvent faire partie d'un groupe intégré :
- les sociétés soumises à l'IS dans les conditions de droit commun et qui ont donné leur accord ;

- les SA, SCA, SARL, SAS. Les sociétés civiles qui se livrent à des opérations commerciales. Les sociétés qui ont opté pour l'IS. Toute personne morale dont la totalité des résultats de l'exercice est régulièrement assujetti à l'IS (associations lucratives, sociétés qui exercent des activités de toute nature : industrielle, commerciale, artisanale, libérale, agricole).

Les sociétés doivent toujours ouvrir et clore leurs exercices sociaux aux mêmes dates et avoir des exercices d'une durée identique : 12 mois (art. 223A du CGI).
Les modifications sont possibles : une seule fois au titre d'une période couverte par la même option. Les PME bénéficiant du régime de taux réduit d'impôt sur les sociétés (taux de 15 %) sur leur résultat dans la limite de 38 120 €, peuvent faire partie d'un groupe. En outre, les sociétés doivent déposer les déclarations prévues pour le régime du réel normal. En principe, sont exclues les sociétés dont une fraction du résultat n'est pas soumise à l'IS.

Conditions pour être société mère

Les conditions suivantes doivent être respectées :

- être éligible ;
- avoir au moins une filiale intégrée ;
- ne pas être détenue à au moins 95 % directement ou indirectement par une autre société française soumise à l'IS dans les conditions de droit commun de plein droit ou option (SA, SARL, SAS, SNC qui a opté) ou selon les modalités visées aux articles 214 (société coopérative) et 217 bis du CGI (les entreprises qui bénéficient de la réfaction d'un tiers en raison de certains investissements dans les DOM) ;
- le capital de la société mère peut être détenu indirectement à 95 % par une autre société française soumise à l'IS dans les conditions de droit commun ou selon les modalités visées aux articles 214 et 217 bis du CGI lorsque cette participation indirecte est détenue par l'intermédiaire d'une ou plusieurs personnes morales non soumises à cet impôt dans les mêmes conditions.

Il peut s'agir de sociétés de personnes n'ayant pas opté pour l'impôt sur les sociétés, de sociétés étrangères ou encore de sociétés passibles de l'IS mais non soumises à cet impôt dans les conditions de droit commun. La société mère peut donc être détenue à 95 % au moins par des sociétés exonérées d'impôt sur les bénéfices pour la totalité ou pour partie de leurs résultats, des personnes morales bénéficiant de régimes d'imposition particuliers (associations, sociétés implantées dans des zones d'entreprises, entreprises nouvelles créées en Corse). Les sociétés étrangères imposables en France à l'IS peuvent avoir la qualité de société mère d'un groupe fiscal.

Conditions pour être société filiale

Les conditions suivantes doivent être respectées :

- être éligible et donner son accord ;

– être détenue à au moins 95 % par la société mère intégrante, directement ou indirectement, par l'intermédiaire de sociétés du groupe intégré ;

Les droits sont considérés comme détenus indirectement lorsqu'ils sont détenus par l'intermédiaire d'une chaîne de participation. Le pourcentage de ces droits s'apprécie en multipliant entre eux les taux de détention successifs dans la chaîne de participation. Pour cette appréciation, la société qui détient 95 % au moins du capital d'une autre société est considérée comme détenant la totalité de ce capital (100 %).

Il est admis qu'une société étrangère puisse être membre d'un groupe fiscal dès lors qu'elle possède un établissement stable soumis à l'IS en France, que la société a régulièrement donné son accord pour être membre du groupe et que les autres conditions sont remplies.

À compter des **exercices ouverts au 1er janvier 2010**, l'interposition entre une société mère et ses filiales membres du groupe d'une société située dans l'UE est possible.

■ *Détermination du seuil de 95 %*

Le seuil de 95 % requis s'entend, pour les détentions en pleine propriété, à la fois pour les droits de vote et pour les droits à dividendes. Ces deux notions peuvent être différentes notamment du fait de l'existence d'actions à dividendes prioritaires sans droit de vote. Une filiale ne peut donc être intégrée que si les deux pourcentages atteignent à la fois le seuil minimal requis. Les titres qu'une société détiendrait sur elle-même (autocontrôle) ne doivent pas être pris en considération pour le calcul des pourcentages. La détention doit être continue au cours de l'exercice, avec une exception toutefois en cas de souscription (mais non d'achat) d'actions par les salariés.

c. La détermination du résultat du groupe

L'intégration fiscale est élaborée avec un ensemble d'imprimés fiscaux utilisés en fonction de la taille du groupe fiscal.

■ *Présentation des différentes étapes de la détermination du résultat d'ensemble imposable*

- La détermination du résultat individuel de chaque société membre : chaque société, membre du groupe, la mère et les filiales, détermine son résultat propre en appliquant les règles fiscales, de droit commun, sur l'imprimé 2058 A.
- Les rectifications effectuées par la société mère concernant chacune des sociétés membres : les résultats fiscaux individuels de chaque société sont recopiés sur un état spécifique, l'état 2058 ER. Ces rectifications visent à assurer la neutralité de certaines opérations réalisées au sein du groupe qui auraient pu se traduire par une double imposition ou une double déduction.
- La détermination du résultat d'ensemble du groupe.
- Le résultat d'ensemble est égal à la somme algébrique des résultats propres rectifiés.

En cas de déficits et d'affectation des moins-values à long terme d'ensemble, un suivi est assuré sur l'état 2058 DG (DG = déficit du groupe).

L'impôt sur les sociétés dû par le groupe

L'impôt sur les sociétés dû par le groupe est calculé sur le résultat fiscal d'ensemble et payé par la société mère qui peut utiliser la totalité des crédits d'impôt détenus par les sociétés du groupe et portés sur l'état 2058 CG.

d. La détermination des résultats individuels des sociétés membres du groupe

Les sociétés intégrées complètent leurs déclarations avec des règles particulières. Les textes prévoient deux déclarations : la liasse « classique » et la liasse « bis ». La liasse « classique », liée aux règles de droit commun et aux règles particulières de l'intégration fiscale, constitue la déclaration avec laquelle les sociétés ressortent de l'intégration. La prise en compte de ces règles évite notamment de modifier la liasse en cas de sortie. La liasse « bis » est obligatoirement souscrite pour déterminer le résultat fiscal individuel comme si la société avait été imposée séparément.

e. La détermination du résultat imposable

Le principe consiste, en partant des résultats déterminés par les différentes sociétés du groupe (résultats dégagés sur la liasse « classique »), à neutraliser les opérations à caractère interne au groupe (le processus est identique aux travaux réalisés dans le cadre d'une consolidation comptable) et certains avantages particuliers.
Les principales neutralisations à effectuer sur la déclaration 2058 ER sont les suivantes :

- Diminutions :
  - des abandons de créances ou subventions directes ou indirectes imposés chez la filiale débitrice ;
  - la quote-part de frais et charges correspondant à 5 % (dividende net + crédit d'impôt étranger éventuel), dans le cadre du régime des dividendes des sociétés mères ;
  - des dividendes reçus d'une société du groupe s'ils n'ouvrent pas droit au régime des dividendes des sociétés mères ;
  - des moins-values nettes de cessions à court terme entre sociétés du groupe. De façon symétrique, les suppléments d'amortissements constatés chez le cessionnaire sont neutralisés. Cette neutralisation prend fin en cas de sortie du groupe soit de l'immobilisation, soit de l'une au moins des sociétés cédantes ou cessionnaires.
- Majorations :
  - des abandons de créances ou subventions directes ou indirectes déduits chez la société mère créancière ;

- jetons de présence déductibles distribués par les filiales ;
- des plus-values nettes de cessions à court terme entre sociétés du groupe. De façon symétrique, les suppléments d'amortissements constatés chez le cessionnaire sont neutralisés. Cette neutralisation prend fin en cas de sortie du groupe, soit de l'immobilisation, soit de l'une au moins des sociétés cédantes ou cessionnaires ;
- des dotations aux provisions (moins les reprises) pour dépréciation d'actifs immobilisés ayant fait l'objet d'une cession intragroupe (dépréciation d'actifs immobilisés) ;
- des dotations aux provisions (moins les reprises) constatées sur des créances détenues ou pour risques encourus sur d'autres sociétés du groupe. Ces dernières doivent être neutralisées pour la détermination du résultat d'ensemble dès lors qu'elles ont été déduites du résultat fiscal individuel de la société qui les a constituées. Il en est de même pour les dotations aux provisions pour dépréciation des titres de sociétés du groupe lors de la détermination de la plus ou moins-value nette à long terme d'ensemble.

Les résultats rectifiés de chaque société sont cumulés pour fournir le résultat d'ensemble avant toute décision de gestion. Le bénéfice d'ensemble comprend l'ensemble du bénéfice rectifié du groupe fiscal. C'est sur la base de ce montant diminué de l'IS du groupe que la société mère peut réaliser des distributions de dividendes.

Dans le cas d'un déficit du groupe, ce déficit pourra s'imputer sur les bénéfices du groupe dégagés ultérieurement. Cependant, en cas de sortie du groupe, le déficit d'ensemble n'est reportable que sur les bénéfices dégagés par la société mère individuellement.

La société mère, contrairement aux filiales, peut opter pour le report en arrière du déficit d'ensemble dans le cadre des dispositions de droit commun (déficit reportable en arrière sur les trois derniers exercices bénéficiaires dans la limite de la fraction non distribuée de ces bénéfices).

f. La détermination de la plus ou moins-value nette à long terme d'ensemble

Cas d'une plus-value nette à long terme d'ensemble

La société mère impose ce montant au taux réduit.

La société mère peut procéder à une compensation entre la plus-value et le déficit de l'exercice ou le déficit reportable du groupe.

Cas d'une moins-value nette à long terme d'ensemble

Elle est reportable pendant 10 ans.

En cas de sortie du groupe, la moins-value encore reportable devient la propriété du groupe.

g. Calcul de l'impôt dû par le groupe

L'IS brut du groupe se calcule sur la base du résultat et de la plus ou moins-value nette à long terme d'ensemble. Peuvent être imputés sur l'IS brut, notamment, dans l'ordre suivant :

- les crédits d'impôt attachés à des produits imposés, détenus par l'ensemble des sociétés du groupe ;
- l'imposition forfaitaire annuelle (IFA) disponible pour le groupe ;
- les créances nées d'un report en arrière du déficit détenues par la mère ;
- les crédits d'impôt recherche (cumul des crédits en variation positifs et négatifs des sociétés intégrées).

h. Paiement de l'impôt du groupe

L'organisation du régime aboutit au principe général par lequel les filiales intégrées versent leur impôt à la société mère. Les sociétés filiales sont redevables de leur impôt à la société mère en fonction des modalités retenues dans la convention interne ; généralement, les dates et modalités de versements sont identiques à celles de droit commun. La société mère, de son côté, a un triple rôle :

- celui de collecteur d'impôt auprès des filiales ;
- celui de contribuable auprès du trésor public pour le compte du groupe ;
- celui de gérant de l'économie d'impôt pouvant résulter de l'application du régime.

Toutefois, lors de l'entrée dans le régime et en cas de sortie, des règles spécifiques s'appliquent.

4 Les conventions d'intégration fiscale

Il n'existe pas de dispositions juridiques spéciales applicables aux conventions d'intégration.

Les conventions de groupe (ou d'intégration fiscale) sont-elles soumises à la procédure des conventions réglementées ? Ou peuvent-elles être considérées comme des conventions « courantes » et « normales » ? La Compagnie nationale des commissaires aux comptes remarque que, s'agissant de l'adhésion à un régime légal, les conventions d'intégration fiscale sont des conventions courantes conclues à des conditions normales dans la mesure où elles ne lèsent pas les actionnaires minoritaires des sociétés intégrées. C'est donc en fonction des clauses de chaque convention que les dirigeants des sociétés concernées décident, sous le contrôle des commissaires aux comptes, de soumettre ou non la convention d'intégration à la procédure fixée par les articles légaux. Les sociétés du groupe ont toute latitude pour concevoir leur convention comme elles l'entendent (et même de retenir des clauses de répartition différentes selon les filiales intégrées) pourvu que ces conventions n'aboutissent, ni à léser les droits des associés ou actionnaires minoritaires des filiales s'il en existe, ni à vider l'une des sociétés de tout ou partie de sa substance. Une clause de répartition de l'impôt est licite lorsqu'il n'en résulte pas, pour des filiales intégrées, des charges d'impôt supérieures à celles qu'elles auraient supportées en l'absence d'intégration.

Applications

1 La SARL Ludovic détient 15 % de la société espagnole Diez. Cette dernière lui a versé 27 000 € de dividendes (RAS de 10 %). Les frais de gestion liés à cette participation s'élèvent à 630 €. Le bénéfice comptable avant impôt est de 150 000 €.

Déterminer le résultat imposable et l'impôt sur les sociétés de la SARL Ludovic en retenant les deux hypothèses suivantes :
1. La SARL n'a pas opté pour le régime des sociétés mères filiales ;
2. La SARL a opté pour le régime des sociétés mères filiales.

Corrigé

1. La SARL n'a pas opté pour le régime des sociétés mères/filiales

Dividendes bruts : = 27 000/0.90 = 30 000 € ; RAS = 3 000 €.
En retenant la modalité « pratique » :
Résultat fiscal = 150 000 €
Impôt sur les sociétés = 150 000/3 – 3 000 × 2/3 = 48 000 €

2. La SARL a opté pour le régime des sociétés mères/filiales

Le dividende net (27 000 €) est déduit du résultat fiscal.
Une quote-part de frais et charges doit être réintégrée au résultat fiscal :
0,05 (27 000 + 3 000) = 1 500 €.
Ce montant excède les frais de gestions engagés par la société. En conséquence, la réintégration est de 630 €.
Résultat fiscal = 150 000 – 27 000 + 630 = 123 630 €
Impôt sur les sociétés =123 630/3 = 41 210 €.
Le crédit d'impôt qui correspond à la retenue à la source ne peut être déduit de l'impôt sur les sociétés.

2 La SA Mercure a consenti le 31 décembre N trois abandons de créances :
– abandon d'une créance de 100 000 € sur la SA Saturne ;
– abandon d'une créance de 850 000 € sur la SA Zeus ;
– abandon d'une créance de 320 000 € sur la SA Jupiter.
La SA Mercure détient 70 % de la SA Saturne et 55 % de la SA Zeus et n'entretient pas de relations commerciales particulières avec ces sociétés, ni avec la SA Zephir.
La SA Jupiter est une société cliente de la SA Mercure.
La SA Saturne est en redressement judiciaire.
La situation nette négative de la SA Zeus était de – 752 000, avant l'abandon et de – 40 000 pour la SA Saturne.

La SA Jupiter est une entreprise qui exporte les produits de la SA Mercure. Elle connaît aujourd'hui des difficultés financières qui risquent de mettre en cause la continuité de son exploitation. C'est pourquoi les dirigeants de la SA Mercure ont décidé de lui consentir cet abandon de créance afin de maintenir plusieurs de leurs débouchés à l'exportation.

Procéder à l'analyse fiscale des opérations.

Corrigé

1. SA Saturne

Il s'agit d'un abandon à caractère financier, la SA Saturne étant une filiale de la SA Mercure qui n'entretient pas de relations commerciales.

L'abandon de 100 000 € est déductible fiscalement à concurrence de la situation nette négative avant l'abandon et de la fraction de la situation nette positive après l'abandon, détenue par les autres actionnaires qui n'ont pas participé à l'abandon.

Soit :

• Situation nette avant l'abandon :	40 000 €
• Quote-part des autres actionnaires dans la situation nette après l'abandon : (100 000 – 40 000) × 30 % =	18 000 €
Total déductible :	58 000 €

La partie non déductible de l'abandon, 42 000 €, est considérée par l'administration fiscale comme un supplément d'apport effectué par la SA Mercure à sa filiale la SA Saturne.

2. SA Zeus

Cet abandon à caractère financier n'est pas déductible du résultat fiscal de la société Mercure puisque la société Zeus n'entre pas dans le cadre d'une procédure de sauvegarde, de redressement judiciaire, de liquidation judiciaire ou d'un accord de conciliation constaté.

3. SA Jupiter

Il s'agit d'un abandon à caractère commercial.

Pour que l'abandon soit placé dans le champ d'application de la TVA, il doit exister un lien direct entre l'abandon et le service rendu à la société bénéficiaire. Ici, il semble que ce ne soit pas le cas et donc cet abandon n'est pas soumis à la TVA. Par ailleurs, il est normalement déductible du résultat fiscal de la société Mercure.

Les autres structures de coopération entre entreprises 15

PRINCIPES GÉNÉRAUX

Les coopérations entre entreprises ne sont pas forcément réalisées entre entreprises ayant entre elles des liens financiers. En effet, les entreprises peuvent décider de coopérer entre elles en se liant par contrats pour réaliser certaines opérations ou leur coopération peut donner naissance à une structure ayant la personnalité morale ou non.

1 Le GIE et le GEIE

Les groupements d'intérêt économique permettent à des entreprises juridiquement et économiquement indépendantes de mettre en commun des moyens de production.

a. Le GIE

Le GIE est constitué par deux ou plusieurs personnes physiques ou morales (appelés membres) en vue de mettre en œuvre tous les moyens propres à faciliter ou à développer l'activité économique de ses membres et à améliorer ou à accroître les résultats de cette activité.
Un écrit, le contrat constitutif, est obligatoire et est déposé en deux exemplaires au greffe, puis il doit y avoir immatriculation au RCS et enfin publicité au BODACC (pas de JAL).
Le GIE est caractérisé par la liberté contractuelle.

- Le GIE peut avoir un caractère civil ou commercial.
- Le GIE peut se constituer avec ou sans capital. Le capital peut être variable.
- L'objet du GIE est large mais il doit être économique (pas de GIE pour les activités culturelles...) et présenter un lien avec l'activité de ses membres car il est une structure d'appoint. Le GIE ne doit pas reprendre à son compte toute l'activité de ses membres sinon il y aurait fusion de fait ou société créée de fait.

- Le GIE peut avoir ou non comme résultat des bénéfices mais son objet n'est pas d'en réaliser. En cas de bénéfices, l'AG procède à leur répartition car ils deviennent immédiatement propriété des membres du GIE.
- Le GIE ne peut se transformer qu'en SNC sans perdre la personne morale.

Les membres

Les droits	Les obligations
• **Droit de participer aux résultats positifs du GIE** : en général il s'agit de profiter des services du GIE. • **Droit à l'information**. • **Droit de retrait** dans les conditions du contrat. • **Droit de céder ses droits** à l'unanimité sauf clause contraire. • **Droits collectifs** : l'AG est obligatoirement réunie à la demande d'un quart des membres. Dans le silence du contrat, les décisions sont prises à l'unanimité et chaque membre dispose d'une voix.	• **Dans l'ordre interne** : elles sont librement fixées par le contrat et leur inexécution engage la responsabilité du fautif, voire entraîne une sanction disciplinaire comme l'amende, la suspension ou l'exclusion, à condition que cela soit prévu au contrat et que les droits de la défense aient été respectés. • **Dans l'ordre externe** : les membres du GIE sont responsables indéfiniment et solidairement des dettes de celui-ci.

Les administrateurs

Tout GIE doit avoir obligatoirement un ou plusieurs administrateurs, personnes physiques ou morales, qui engagent le GIE pour tout acte entrant dans son objet. Le contrat organise librement le nombre des administrateurs, leur statut, leurs pouvoirs.

Le contrôle

- **Le contrôle de gestion :** Il doit y avoir un ou plusieurs contrôleurs de la gestion, personnes physiques membres ou non, dont la mission est définie au contrat.
- **Le contrôle des comptes :** Les GIE sont tenus d'avoir un commissaire aux comptes s'ils émettent des obligations ou s'ils emploient plus de 100 salariés.

  Dans tous les autres cas, le contrôle des comptes doit exister mais il s'exerce dans des conditions prévues au contrat (le CAC en lui-même n'est pas obligatoire).
- Le contrôle des conventions (loi de 2001) concerne les conventions conclues :
  - directement ou par personne interposée entre le GIE et l'un de ses administrateurs ;
  - entre le GIE et une société dont un des associés indéfiniment responsable, un gérant, un administrateur, le directeur général, un directeur général délégué, un membre du directoire ou du CS, un actionnaire disposant d'une fraction des droits de vote supérieure à 10% est simultanément administrateur du GIE.

Conclusion : Les causes de dissolution sont l'arrivée du terme, la réalisation ou l'extinction de l'objet, la décision de l'assemblée, une décision judiciaire pour justes motifs, le décès d'un membre personne physique ou dissolution d'une personne morale membre, incapacité, faillite personnelle, interdiction de diriger ou de gérer d'un membre (sauf clause contraire).

b. Le GEIE

Le règlement du 25 juillet 1985, introduit en France en 1989, a instauré les GEIE. Les membres peuvent être des personnes physiques ou morales exerçant une activité lucrative dans l'Union. Il doit y avoir au moins deux membres relevant de deux États différents de l'Union et son siège social doit être dans l'Union. Le contrat est déposé en deux exemplaires au greffe et publié au RCS, BODACC et JOUE.

La gérance

Il est administré par un ou plusieurs **gérants**, personnes physiques (mais les États peuvent permettre une personne morale). Tout le reste est aussi défini par le contrat. Les gérants engagent le GEIE pour tout acte même s'il n'entre pas dans l'objet social, sauf s'il est prouvé que le tiers connaissait ce dépassement.

Les membres

Ils sont réunis en assemblée ou, si le contrat le prévoit, consultés par écrit. Le contrat fixe le nombre de voix de chaque membre (à défaut, un membre = une voix) mais aucun ne peut détenir la majorité des voix. Les conditions de majorité à défaut sont l'unanimité, qui toutefois reste obligatoire pour les décisions importantes telles que le transfert du siège, la modification de l'objet, l'admission de nouveaux membres ou l'autorisation de cession des droits ou le retrait d'un membre, etc.
Le contrat peut prévoir l'exclusion d'un membre ; sinon, celle-ci n'est possible que s'il a gravement manqué à ses obligations ou s'il cause de graves troubles et elle n'est possible que par décision de justice à la demande de la majorité des membres.
Toutes les autres règles de fonctionnement sont identiques au GIE.
Un GEIE peut être transformé en un GIE français ou en SNC sans perte de la personne morale. Toute société, association, tout GIE français peut être transformé en GEIE sans perte de la personne morale

Conclusion : La dissolution du GEIE : mêmes cas que le GIE ainsi que le cas de membres ne remplissant plus les conditions de nationalité et les autres causes prévues au contrat.

2 La société en participation

La société en participation n'a pas de personne morale (elle n'est pas immatriculée au RCS) ; elle n'existe que dans les rapports entre associés.

- Elle a un caractère civil (les règles des sociétés civiles s'appliquent) ou commercial (les règles des SNC s'appliquent).
- Absence de personnalité morale : les associés réalisent des apports, dont le gérant a simplement la jouissance. Tous les biens acquis en cours de vie sociale sont réputés indivis entre les associés.
- Elle peut être occulte ou révélée aux tiers.

- Elle a pour avantages la simplicité (rapide et sans frais), la discrétion (elle peut être occulte), la souplesse. Cependant, à cause de l'absence de personne morale, elle est d'uneefficacité limitée car, par exemple, le gérant doit présenter une solvabilité indiscutable pour attirer la confiance des tiers.

a. La gérance

La gérance est organisée librement entre associés. Si rien n'est précisé, les pouvoirs du gérant sont ceux d'un gérant de SNC lorsque la société est commerciale ou ceux d'un gérant de société civile quand l'objet est civil.

b. Les associés

Droits individuels et collectifs des associés

Droits individuels
• En théorie, chacun a le droit de gérer la société, ce qui n'est pas retenu en pratique car il est beaucoup plus simple de désigner un gérant associé ou tiers. Dans ce cas, les associés contrôlent la gestion. • Droit à une fraction des bénéfices réalisés par la société, conformément au contrat à défaut de mention la répartition est proportionnelle aux apports. • Droit de céder leurs parts dans les conditions statutaires à défaut à l'unanimité. • Droit d'information dans les conditions statutaires ; à défaut, il est le même que dans les sociétés civiles ou SNC.
Droits collectifs
Si la société doit durer longtemps, il est utile que les statuts prévoient une AG annuelle ou l'organisation des décisions par correspondance. Les statuts fixent alors la majorité (à défaut c'est l'unanimité) et le nombre de voix de chacun (dans le silence, chaque associé a une voix).

Les obligations des associés

- **Dans l'ordre interne :** ils doivent libérer leurs apports, contribuer aux pertes conformément aux statuts ou à défaut proportionnellement à leurs apports et se comporter conformément à l'*affectio societatis*.
- **Dans l'ordre externe :**

Si la société n'est pas révélée aux tiers (occulte)	Si la société est révélée aux tiers
Les tiers ne sont en rapport qu'avec le gérant qui agit alors en son nom personnel et les actes qu'il accomplit ne produisent d'effets que dans son propre patrimoine. En conséquence, ils n'ont pas d'action contre les participants puisque le gérant fait totalement écran (il agit en son nom personnel). Quand bien même les tiers connaissaient la société en participation, ils n'ont pas d'action du moment qu'aucune initiative du gérant ou des associés ne leur ont permis de croire que ces derniers répondaient de l'exécution du contrat.	Les tiers ont une action contre les associés : – quand les associés se sont immiscés dans la gestion ; – quand ils ont profité de l'opération faite par le gérant ; – quand ils ont agi en cette qualité au vu et au su des tiers : la jurisprudence décide que la révélation des noms des associés ne peut les engager si elle a été faite sans leur accord. Leur responsabilité est alors indéfinie et conjointe si la société est civile, indéfinie et solidaire si la société est commerciale.

La dissolution peut être provoquée à tout moment par un associé lorsque la société a été conclue sans limitation de durée ; sinon, on a les causes de dissolution de la SNC si elle est commerciale et celles de la société civile si elle est civile.

3 Les contrats de coopération

a. Les contrats d'intégration

Ces contrats réalisent une intégration économique, commerciale ou industrielle de plusieurs entreprises indépendantes, avec le plus souvent une entreprise en tête de réseaux.

Parmi ces contrats, on peut citer :

- les réseaux de distribution avec le contrat de concession et de franchise (voir *Fiche 7*) ;
- les accords de sous-traitance : la sous-traitance est le contrat par lequel un entrepreneur (donneur d'ordres) confie tout ou partie de la réalisation d'un ouvrage ou d'une production à une ou plusieurs entreprises. Le sous-traitant agréé a une action directe en paiement contre le maître d'ouvrage lorsque l'entrepreneur principal ne le paie pas pour son contrat d'entreprise.

b. La location-gérance

C'est le contrat par lequel le propriétaire d'un fonds de commerce, artisanal ou industriel, concède totalement ou partiellement à une personne (le locataire-gérant qui doit avoir la capacité commerciale) le droit d'exploiter le fonds à ses risques et périls moyennant une redevance. Le fonds doit avoir auparavant été exploité pendant deux ans (sauf exception).

Le contrat doit être publié au JAL afin que les créanciers du propriétaire du fonds puissent exercer leur droit à remboursement dans les 3 mois si la location-gérance met en péril leur recouvrement.

À partir de la publicité et dans les 6 mois suivants, les créanciers du locataire gérant bénéficient de la solidarité du bailleur avec le locataire gérant pour les dettes contractées par celui-ci à l'occasion de l'exploitation du fonds.

c. Les contrats innommés

■ *Le contrat de mandat d'intérêt commun*

Contrat par lequel une personne accepte d'agir au nom et pour le compte d'une autre personne qui lui en donne le pouvoir.

Dans ce type de mandat, le mandataire agit aussi bien dans l'intérêt du mandant que dans le sien. C'est le cas par exemple lorsque deux ou plusieurs entreprises décident par contrat de mettre en commun des moyens de recherche ou de distribution.

■ *Le contrat d'entreprise pilote*

Très souvent, des entreprises indépendantes se regroupent de façon temporaire en vue de l'exécution d'un travail déterminé (par exemple un projet de construction) dont elles se partagent les différentes tâches.

Elles concluent un « protocole » définissant leurs relations et désignent parmi elles un mandataire appelé « entreprise pilote » qui assume également les fonctions de coordinateur.

La prévention des difficultés 16

PRINCIPES GÉNÉRAUX

Le but de la prévention est de détecter au plus vite les difficultés et de mettre à la disposition du débiteur des instruments contractuels pour les résoudre.
La prévention est le meilleur moyen de lutter contre la défaillance ; elle n'est pas faite d'un dispositif unique mais de plusieurs mesures tendant à prévoir, détecter et éviter les difficultés.

1 Les moyens de la prévention : l'information et l'alerte

a. L'information

- Tout commerçant doit tenir une comptabilité et dresser des comptes annuels.
- Les sociétés commerciales doivent établir des annexes au bilan indiquant de nombreux éléments comme, par exemple, l'état des cautionnements, avals et garanties donnés par la société, ou encore pour les sociétés cotées l'inventaire des valeurs mobilières détenues. Certaines sociétés sont tenues d'établir des comptes consolidés.
- Les sociétés par actions, SARL et SNC détenues par des sociétés par actions et SARL sont tenues de déposer au greffe du tribunal de commerce leurs comptes annuels.
- Les sociétés commerciales, les EPIC, GIE et GEIE, et associations ayant une activité économique et au moins 300 salariés (sont pris en compte les CDI de la société et ceux des filiales détenues directement ou non à plus de 50 %) ou un CA (HT) de 18 millions d'euros doivent établir des comptes prévisionnels. Cette obligation cesse lorsque la société ne remplit plus ces conditions durant deux exercices successifs.
  Il n'existe aucune sanction à l'encontre des dirigeants n'appliquant pas ces règles, le CAC doit signaler cette irrégularité dans son rapport transmis aux dirigeants et au CE (ou aux DP).
- Différentes informations se trouvent au RCS (PV d'AG, rapports de gestion ou du CAC, comptes annuels etc) et sur certains registres spéciaux (registre des protêts, registre spécial des inscriptions de nantissements ou crédit-bail, etc.).

- Depuis le **décret du 15 octobre 2014**, les micro-entreprises peuvent demander que leurs comptes annuels, déposés au greffe du tribunal de commerce, ne soient pas rendus publics.

  Sont considérés comme des micro-entreprises, les commerçants, personnes physiques ou personnes morales, qui remplissent, au titre du dernier exercice comptable clos et sur une base annuelle, au moins deux des critères suivants :
  - un total de bilan de moins de 350 000 euros ;
  - un montant net du chiffre d'affaires de moins de 700 000 euros ;
  - ou un nombre moyen de salariés de moins de 10.

  Ne sont pas concernés par cette mesure de confidentialité :
  - les établissements de crédit et les sociétés de financement ;
  - les entreprises d'assurance et de réassurance ;
  - les personnes et entités qui font appel à la générosité publique ;
  - ainsi que les entreprises dont l'activité consiste à gérer des titres de participations et de valeurs mobilières (sont ainsi visées les holdings).

  Lors du dépôt de leurs documents comptables au RCS, les micro-entreprises doivent joindre une déclaration de confidentialité. À la réception de ce document, le greffier du tribunal de commerce insère une mention spécifique sur le BODACC afin d'informer les tiers que les comptes annuels de l'entreprise ne leurs seront pas communicables.

  Les comptes annuels accompagnés d'une déclaration de confidentialité ne peuvent être délivrés qu'aux sociétés les ayant déposés, aux autorités judiciaires et administratives, et à la Banque de France.

b. L'alerte

Par le commissaire aux comptes

Lorsque le commissaire aux comptes relève **tout fait de nature à compromettre la continuité de l'exploitation**, il **doit** déclencher la procédure d'alerte (sous peine de voir sa responsabilité engagée) sauf si les dirigeants ont engagé une procédure de conciliation ou de sauvegarde.

Dans la SA, cette procédure se déroule en quatre étapes :

- le CAC demande (par LRAR) une explication sur les faits relevés au président du CA ou du directoire qui doit y répondre dans les 15 jours. Cette étape est confidentielle ;
- à défaut de réponse ou de réponse satisfaisante, le CAC, dans les 8 jours, invite par LRAR le président à faire délibérer le CA ou CS. Une copie est transmise au président du tribunal de commerce. Le CA ou CS doit se tenir dans les 15 jours, le CAC doit être convoqué. Le président du tribunal de commerce et le CE (à défaut les DP) reçoivent une copie du PV ;
- si en dépit des mesures préconisées l'activité est toujours compromise, le CAC demande au dirigeant de convoquer une AG et il établit un rapport spécial (transmis au CE ou DP) ;

- si, à l'issue de l'AG, le CAC pense que les décisions ne permettent toujours pas la continuation de l'exploitation, il en informe le président du tribunal et joint à sa lettre (LRAR) tous les documents utiles et l'exposé de ses raisons.

Dans les autres sociétés, l'alerte a une phase de moins puisqu'il n'y a pas de CA ou de CS. Selon la **loi du 17 mai 2011**, le commissaire aux comptes peut reprendre la procédure d'alerte au point où il y avait mis un terme lorsque la continuité de l'exploitation demeure compromise. Cette reprise doit intervenir dans un délai de 6 mois à compter du déclenchement de l'alerte et l'urgence doit commander des mesures d'adoption immédiate.

L'alerte déclenchée par les associés

L'alerte dans la SA
Un ou plusieurs actionnaires représentant au moins 5 % du capital social ou une association d'actionnaires peuvent 2 fois par exercice poser des questions sur tout fait de nature à compromettre la continuité de l'exploitation. Le dirigeant saisi a un mois pour y répondre et copie est donnée au CAC. Rien n'est prévu si la réponse n'est pas satisfaisante car, dans ce cas, c'est au CAC d'entrer en action.
L'alerte dans la SARL
C'est la même procédure mais sans aucune condition de capital ; toutefois, le problème ici est qu'il n'y a pas forcément de CAC...

L'alerte déclenchée par le comité d'entreprise

Quand le CE a connaissance de **faits de nature à affecter de manière préoccupante la situation économique de l'entreprise**, il peut demander des explications aux dirigeants. À défaut de réponse ou de réponse satisfaisante, le CE établit un rapport (il peut se faire assister d'un expert) et le communique aux dirigeants et au CAC. Si le rapport le prévoit, il peut être communiqué au CA ou CS, ou à défaut aux associés.

L'alerte et le président du tribunal

Le président du tribunal de commerce ou du TGI (ordonnance du 12 mars 2014) peut convoquer à un entretien les dirigeants (qui peuvent se faire assister d'un avocat ou d'un expert) afin que soient envisagées les mesures propres à redresser la situation. La procédure est totalement confidentielle et le juge ne peut pas s'immiscer dans la gestion. À l'issue de l'entretien, plusieurs suites sont possibles :

- le juge souhaite avoir des informations complémentaires et un nouvel entretien est fixé ;
- le dirigeant demande, ou le juge propose, un mandataire ad hoc ou un règlement amiable ou une procédure collective ;
- la personne est en état de cessation des paiements et le juge lui rappelle les obligations de la déclarer et d'ouvrir une procédure, à défaut le juge et met en oeuvre la procédure.

Remarque

Pour les avocats, administrateurs ou mandataires judiciaires et officiers publics et ministériels, l'alerte est différente. Ainsi, le greffier informe le représentant de l'ordre ou de l'autorité compétente de la situation et ce dernier a un mois pour faire connaître au président du tribunal les suites données (décret du 30 juin 2014).

2 Le traitement amiable

a. Le mandataire *ad hoc*

Un débiteur exposé à des difficultés peut demander en justice la désignation d'un mandataire *ad hoc*.
Le commissaire aux comptes est informé par le greffier et par LRAR de cette nomination.
Cette procédure est ouverte à toute entreprise artisanale ou commerciale et à toute personne morale de droit privé ayant ou non une activité économique ainsi qu'à toute personne physique ayant une activité professionnelle indépendante, y compris une profession libérale. Les agriculteurs sont exclus mais ils ont une procédure spécifique.
Le débiteur expose au président du tribunal les difficultés et les mesures de redressement envisagées. Il est à remarquer que la loi n'a pas défini le degré de difficultés pour la nomination du mandataire *ad hoc*. Le président peut nommer un mandataire dont il fixe la durée de la mission. Il détermine sa mission : assistance lors d'un conflit ou d'une négociation, surveillance de l'application d'un protocole d'accord, suggestion d'une restructuration... Le mandataire fait périodiquement un rapport au tribunal qu'il doit alerter dès qu'il constate la cessation des paiements.

b. La conciliation

Cette procédure est ouverte aux entreprises éprouvant « une difficulté juridique, économique ou financière avérée ou prévisible et ne se trouvant pas en cessation des paiements depuis plus de 45 jours ».
La demande de conciliation est faite par écrit par le représentant de la personne morale, le commerçant ou l'artisan exposant les difficultés avec des documents. Le président du tribunal peut charger un expert d'établir un rapport sur la situation économique, sociale et financière. Le président désigne un conciliateur pour une durée de 4 mois (prorogeable d'1 mois à la demande du conciliateur) avec pour mission de trouver un accord avec les créanciers qui sont appelés à faire des sacrifices comme accorder des délais de paiement ou des remises de dettes.
L'ordonnance du 12 mars 2014 permet au juge de charger le conciliateur de suivre l'exécution de l'accord.

■ *Portée de l'accord et homologation éventuelle*

Le débiteur atteste qu'il n'était pas en état de cessation des paiements lors de la conclusion de l'accord ou qu'il l'était depuis moins de 45 jours et que l'accord y met fin. La décision constatant l'accord lui donne force exécutoire. Il n'y a aucune publicité sauf si le débiteur demande au juge d'homologuer l'accord.
À compter de l'accord, les créanciers parties à l'accord ne peuvent plus agir en recouvrement de leurs créances, ce qui n'est pas le cas des non-signataires qui conservent leurs droit de poursuite en cas de non-paiement à échéance. Par contre, cela ne signifie pas pour autant que ces derniers seront payés immédiatement, car le débiteur peut

obtenir du juge qu'il lui accorde des délais de paiement (dans la limite de deux ans). De plus, l'accord peut être homologué (et publié au greffe) ; pour cela :

- le débiteur ne doit pas être en cessation des paiements ou l'accord y met fin ;
- les termes de l'accord sont de nature à pérenniser l'activité de l'entreprise ;
- l'accord ne porte pas atteinte aux intérêts des créanciers non signataires.

L'ordonnance de 2008 a donné les mêmes effets à l'accord constaté et à l'accord homologué, à savoir :

- l'accord met fin à la procédure de conciliation ;
- l'accord suspend, pendant toute la durée de son exécution, toute action en justice et toute poursuite individuelle en paiement de créances comprises dans l'accord ;
- l'accord suspend les délais impartis aux créanciers parties à l'accord ;
- les cautions ou garanties autonomes peuvent bénéficier de l'accord ainsi que « les personnes coobligées ou ayant consenti une sûreté personnelle ou ayant affecté ou cédé un bien en garantie ».

■ *Inexécution de l'accord de conciliation*

L'inexécution de l'accord homologué entraîne sa résolution et, depuis l'ordonnance de 2008, le juge peut prononcer la déchéance des délais de paiement accordés.

L'ouverture d'une procédure de sauvegarde ou de redressement ou liquidation judiciaire fait suite à cette résolution et dans ce cas il existe des priorités de paiement en faveurs des signataires de l'accord.

Ainsi, les personnes qui avaient consenti dans le cadre de l'accord homologué un nouvel apport de trésorerie au débiteur sont payées en priorité pour le montant de l'apport (privilège dit de l'argent frais). Ce privilège prime sur les créances nées avant l'ouverture de la conciliation, ou sur celles de la période d'observation de la procédure de sauvegarde ou de redressement judiciaire ou sur celles nées après le jugement de liquidation judiciaire.

De plus, les personnes qui ont fourni dans l'accord homologué un nouveau bien ou service en faveur du débiteur, pour les besoins de son activité, sont payées pour le prix de ce bien ou service par privilège avant toutes les créances nées avant l'ouverture de la conciliation.

Ces dispositions visent à inciter les créanciers lors de la conciliation à faire des efforts en faveur du débiteur.

L'ordonnance du 12 mars 2014 élargit le champ du privilège de conciliation, encore appelé « privilège de l'argent frais » ou de « *new money* ». Ainsi, ce privilège est dorénavant accordé aux créanciers ayant apporté une aide (un nouvel apport de trésorerie ou la fourniture d'un nouveau bien ou service) au débiteur dans le cadre de la procédure de conciliation ayant donné lieu à un accord (et non plus seulement à l'aide accordée dans l'accord homologué).

■ *Préparation de la cession*

L'ordonnance du 12 mars 2014 permet au conciliateur de préparer la cession partielle ou totale de l'entreprise. Elle sera alors mise en œuvre lors de la procédure collective ultérieure. Cette préparation ne peut être faite qu'après avis des créanciers participant à la conciliation. Si le juge estime suffisantes les démarches faites par le conciliateur et les offres formulées, il peut, après avis du ministère public, écarter la procédure d'appel d'offres. Dans ce cas, il fixe la date de l'audience d'examen des offres mais d'autres offres pourront être remises à l'administrateur ou au liquidateur dans les 8 jours de sa désignation. Depuis **l'ordonnance du 12 mars 2014**, le juge peut autoriser, après avis du ministère public, la cession de l'entreprise au profit des dirigeants de droit ou de fait par un jugement spécialement motivé.

3 Les groupements de prévention agréés

Depuis la loi du 1er mars 1984, il est possible d'adhérer à un groupement de prévention agréé (soumis à un agrément donné par le préfet pour 3 ans et renouvelable) ; il suffit que l'activité soit exercée par une personne morale.

Leur mission est de donner une aide dans l'analyse des informations comptables que leurs adhérents leur transmettent.

En cas de difficultés relevées, ils informent le chef d'entreprise et peuvent proposer un expert : c'est donc un droit d'alerte facultatif de leur part.

Les GPA sont tenus au secret professionnel.

Les entreprises bénéficient d'un crédit d'impôt de 25 % des dépenses engagées durant les deux premières années avec 1 500 euros par an (article 244 quater D du CGI).

Depuis une loi de 2005, les groupements de prévention agréés peuvent bénéficier d'aides des collectivités locales.

La procédure de sauvegarde et la procédure de redressement judiciaire

17

PRINCIPES GÉNÉRAUX

Ces deux procédures sont ouvertes à toute personne physique commerçant, artisan ou agriculteur, ou exerçant une activité indépendante (y compris une profession libérale) et à toute personne morale de droit privé qu'elle ait ou non une activité économique (parti politique, syndicat ou association...).

La procédure de redressement judiciaire est ouverte au débiteur en cessation des paiements, c'est-à-dire « dans l'impossibilité de faire face au passif exigible avec son actif disponible ». Le passif exigible est le passif échu, la dette doit être certaine, liquide, exigible et exigée, l'actif disponible correspond aux sommes dont l'entreprise peut disposer immédiatement. La jurisprudence décide qu'il y a cessation quand le débiteur parvient à maintenir sa situation en utilisant des fonds ou moyens frauduleux ou contraires à la moralité des affaires, ou par des financements anormaux. Cette procédure s'applique aussi à ces personnes ayant cessé leur activité ou sont décédées si « tout ou partie de leur passif provient de leur activité professionnelle ».

La procédure de sauvegarde (issue de la loi du 26 juillet 2005) permet d'agir en amont de la cessation des paiements car elle **s'applique au débiteur qui « sans être en cessation des paiements, justifie de difficultés qu'il n'est pas en mesure de surmonter »** (ordonnance du 18 décembre 2008). Cette procédure fonctionne comme un redressement judiciaire mais ici le chef d'entreprise reste à la tête des affaires.

Ces deux procédures ont pour but « la poursuite de l'activité de l'entreprise, le maintien de l'emploi et l'apurement du passif ». Elles donnent lieu à une période d'observation et à un plan (les règles concernant la cession sont étudiées dans la fiche sur la liquidation judiciaire).

1 Le jugement d'ouverture et la période d'observation

a. Le jugement d'ouverture

La saisine

La procédure de sauvegarde est à l'initiative exclusive du débiteur qui saisit le tribunal de commerce (ou le TGI) en joignant des documents à l'appui de sa demande.
La procédure de redressement judiciaire est ouverte en principe sur demande du débiteur (avec documents à l'appui) car il doit demander son ouverture au plus tard dans les **45 jours** de la cessation des paiements (sous peine d'interdiction de gérer).
À défaut, un créancier peut demander cette ouverture en précisant la nature et le montant de sa créance et en indiquant les procédures et voies d'exécution engagées pour le recouvrement. Il doit prouver par motivation sérieuse la cessation des paiements.
Le procureur de la République peut saisir le juge, qui ne peut plus s'autosaisir, afin d'ouvrir la procédure pour des motifs touchant à la protection d'intérêts supérieurs.

Organes de procédure

Le juge désigne ensuite les organes de la procédure :

- le juge-commissaire qui « veille au déroulement rapide de la procédure et à la protection des intérêts en présence ». Il désigne 1 à 5 contrôleurs parmi les créanciers qui en font la demande ; en cas de pluralité, au moins un doit être titulaire de sûretés et un autre chirographaire. Quand le débiteur exerce une profession libérale, l'ordre est désigné d'office contrôleur. Leur rôle est d'assister le mandataire de justice dans ses fonctions ;
- un mandataire judiciaire représentant les créanciers ;
- un administrateur qui assiste ou surveille le débiteur dans sa gestion. L'ordonnance de 2008 permet au débiteur en procédure de sauvegarde de proposer au juge la désignation de l'administrateur de son choix. L'administrateur n'est pas obligatoire quand le CA est inférieur à 3 millions € et que l'entreprise emploie moins de 20 salariés, mais le juge peut en nommer un ;
- le représentant des salariés est désigné par le CE, ou DP ou par les salariés. Il vérifie les créances salariales et assiste ou représente les salariés ;
- le juge peut nommer un ou plusieurs experts en vue d'une mission qu'il détermine. D'autre part, pour réaliser l'inventaire du débiteur, il nomme, soit un commissaire-priseur, soit un huissier, soit un notaire, soit un courtier assermenté.

Le jugement est rendu en audience publique et est publié au JAL, RCS et au BODACC.

b. La période d'observation

Le but de cette période, de 6 mois renouvelable une fois pour 6 mois au plus à la demande motivée de l'administrateur, du débiteur, ou du ministère public (prolongation exceptionnelle de 6 mois sur demande du procureur), est d'analyser les chances de sauvegarde ou de redressement de la société et de dresser un plan. Cette procédure peut prendre fin à tout moment et une procédure de redressement ou de liquidation judiciaire est prononcée.

■ *Élaboration du bilan économique, social et environnemental*

L'administrateur prépare ce bilan en étroite collaboration avec le débiteur. Le bilan doit donner une image fidèle de l'entreprise et porter sur plusieurs aspects :

- aspect économique : le bilan dresse la situation comptable et financière du débiteur ;
- aspect social : il mentionne l'effectif de l'entreprise, le niveau des salaires, l'état de la négociation collective, le climat social ;
- aspect juridique : il fait état des litiges éventuels, de la validité des contrats en cours, du fonctionnement des organes sociaux ;
- aspect environnemental : il mentionne l'état et les risques des installations.

■ *Les comités de créanciers*

Cette mise en place s'impose lorsque le débiteur :

- a ses comptes certifiés par un CAC ou établis par un expert-comptable ;
- a un nombre de salariés supérieur à 150 et un CA supérieur à 20 millions.

L'administrateur judiciaire réunit, dans les 30 jours de l'ouverture du jugement d'ouverture, un comité composé des établissements de crédit et un comité des principaux fournisseurs de biens et services (dont les créances représentent plus de 3 % du total des créances fournisseurs).

Les comités doivent se prononcer sur les propositions de projet de plan dans les 20 à 30 jours. En cas d'adoption (à la majorité des 2/3 du montant des créances), le plan n'est pas soumis à la règle de la durée du plan applicable aux autres créanciers. En cas de refus, la procédure reprend avec les règles de droit commun.

Remarque

Le débiteur élabore le plan de sauvegarde mais, avec la réforme de **l'ordonnance du 12 mars 2014**, les membres du comité des créanciers peuvent dorénavant proposer un plan de sauvegarde concurrent de celui du dirigeant.

■ *Le plan de sauvegarde ou de redressement*

Le projet de plan de redressement est établi par l'administrateur alors que, dans la procédure de sauvegarde, il est établi par le débiteur. Ce projet donne :

- les perspectives de redressement en fonction des possibilités de l'entreprise ;
- les modalités de poursuites d'activités ;
- l'état du marché ;
- les moyens de financement possibles ;
- les modalités de règlement du passif et les éventuelles garanties ;
- le niveau de l'emploi et les perspectives d'emploi, en cas de licenciements économiques les mesures de reclassement et l'indemnisation des salariés doivent être précisées ;
- les offres d'acquisitions comparées et analysées.

Le mandataire propose, par écrit, des délais et remises de dettes aux créanciers ayant déclaré leurs créances. À défaut de réponse dans les 30 jours, leur silence vaut acceptation. Lorsqu'il existe une sérieuse possibilité pour l'entreprise d'être sauvegardée ou redressée, le juge arrête le plan qui met fin à la période d'observation. Si le redressement de l'entreprise l'exige, le juge peut subordonner l'adoption du plan à l'éviction d'un ou plusieurs dirigeants ou à la cession forcée de leurs titres, ou à l'incessibilité de leurs titres ou il peut décider que le droit de vote attaché à ce titre sera exercé par un mandataire de justice. En cas de procédure de sauvegarde, l'ordonnance de 2008 interdit de subordonner l'adoption du plan à l'éviction du dirigeant ou à la cession forcée de ses titres.

2 La poursuite de l'activité et la place des créanciers

Durant la période de sauvegarde, le débiteur garde le pouvoir de gestion et tout est fait pour que l'activité se poursuive dans de bonnes conditions.

a. La poursuite de l'activité et la préservation du patrimoine

La poursuite des contrats en cours et la place des créanciers finançant la période d'observation

L'administrateur « a la faculté d'exiger l'exécution des contrats en cours ». Le cocontractant peut mettre en demeure l'administrateur de continuer le contrat et, faute de réponse dans le mois de la demande, le contrat est résilié de plein droit (le juge-commissaire peut accorder un délai de 2 mois maximum).

Sont poursuivis de plein droit, les contrats de travail, les contrats d'assurance (mais ils peuvent être résiliés dans les 3 mois), les contrats d'édition et les contrats de bail des immeubles affectés à l'exploitation (le bailleur peut demander la résiliation pour défaut de paiement des loyers et charges échus postérieurement au jugement d'ouverture et dans ce cas il dispose d'un privilège pour l'année courante).

De plus, la loi reconnaît « aux créances régulièrement nées après le jugement d'ouverture pour les besoins du déroulement de la procédure ou de la période d'observation, ou encore en contrepartie d'une prestation fournie au débiteur pour son activité » un droit au paiement à échéance ou à défaut un privilège les rendant prioritaires sur toutes les créances assorties ou non de sûretés à l'exception de celles garanties par un superprivilège, les frais de justice et le privilège de l'argent frais.

La préservation du patrimoine de l'entreprise

L'inventaire est obligatoire. L'administrateur demande au chef d'entreprise de faire tous les actes nécessaires à la conservation des droits de l'entreprise et la préservation des capacités de production.

Afin de préserver le patrimoine, le jugement d'ouverture :

- suspend ou interdit toute action en paiement d'une somme d'argent ou en résolution pour défaut de paiement ;

- suspend ou interdit toute voie d'exécution sur les biens ;
- suspend les actions en cours. Les créances antérieures et les créances postérieures qui ne sont pas liées aux besoins du déroulement de la procédure de sauvegarde ou de redressement doivent être déclarées ;
- arrête le cours des intérêts légaux et conventionnels ainsi que les intérêts de retard. Les cautions personnes physiques et coobligés personnes physiques bénéficient de cette suspension. Cela ne s'applique pas aux intérêts résultant de contrats de prêts ou de contrats avec paiement différé d'un an au plus ;
- interdit l'inscription de privilège sauf pour le Trésor public et le vendeur de fonds de commerce.

Le jugement d'ouverture emporte de plein droit l'interdiction de payer toute créance née antérieurement au jugement d'ouverture mais la compensation entre une créance née avant le jugement et une dette est possible si elles présentent un lien de connexité (même contrat ou même opération) et que le créancier a bien respecté la procédure de déclaration de créance.

Il est interdit de payer les créances nées après le jugement d'ouverture qui ne bénéficient pas du privilège de paiement, à l'exception des créances liées aux besoins de la vie courante du débiteur. Il est toutefois possible de payer une créance antérieure afin de retirer une chose légitimement retenue ou pour obtenir les biens transférés dans un patrimoine fiduciaire ou pour lever l'option d'achat d'un crédit-bail.

Enfin, l'autorisation du juge-commissaire est nécessaire pour réaliser tout acte étranger à la gestion courante ou constituer une garantie ou compromettre ou transiger.

La loi du 12 mars 2012 permet au président du tribunal, en cas de sauvegarde, de redressement ou de liquidation, dès qu'une action en extension pour confusion de patrimoine ou en réunion de l'actif est engagée, d'ordonner toute mesure conservatoire utile à l'égard de l'entreprise cible.

L'administrateur ou le mandataire judiciaire peut demander au président de prendre toutes les mesures conservatoires à l'égard des biens du dirigeant à l'encontre duquel est engagée une action en responsabilité fondée sur une faute ayant contribué à la cessation des paiements du débiteur.

De plus, cette loi crée le droit de céder les biens sur lesquels portent les mesures conservatoires, du moment que la conservation de ces biens génère des frais ou lorsque ces biens « sont susceptibles de dépérissement ». La cession se fait sur autorisation du juge-commissaire aux prix et conditions qu'il fixe. Le prix de cession est versé à la caisse des dépôts et consignation et est insaisissable mais le juge-commissaire peut autoriser l'affectation des sommes aux besoins de la gestion des affaires du propriétaire de ces biens, si les fonds disponibles du débiteur ne suffisent pas.

b. L'appréciation du passif et la reconstitution de l'actif

■ *Les créanciers*

La déclaration de créances
À partir de la publicité du jugement, tout créancier (en dehors des salariés) dont la créance est antérieure, adresse sa déclaration de créance au mandataire judiciaire. Ceux titulaires d'une sûreté ou liés par un contrat publié au débiteur sont personnellement avertis dans les 15 jours du jugement par LRAR. **L'ordonnance du 12 mars 2014** en matière de déclaration de créances innove car, désormais, les créanciers ayant participé à la conciliation ne sont plus tenus de déclarer leurs créances. La liste de leurs créances à la date de la procédure collective est établie par le débiteur et certifiée par le commissaire aux comptes, ou à défaut par l'expert-comptable. Cette liste est ensuite déposée au greffe du tribunal. Les créances sont réputées déclarées sous réserve de leur actualisation ou d'une déclaration. Les créances nées postérieurement au jugement d'ouverture ne finançant pas la période d'observation doivent être aussi déclarées. La déclaration porte sur le principal et les accessoires. La déclaration de créances doit être faite, pour les créances antérieures, dans les 2 mois à compter de la publicité du jugement au BODACC (4 mois pour les créanciers étrangers). **L'ordonnance du 12 mars 2014** dispose que, lors de l'ouverture d'une procédure de redressement ou de liquidation judiciaire, le créancier peut ratifier la déclaration faite en son nom jusqu'à ce que le juge statue sur l'admission de la créance. Si le débiteur a porté une créance à la connaissance du mandataire judiciaire, il est présumé avoir agi pour le compte du créancier tant que celui-ci n'a pas adressé la déclaration de créance. Ainsi, si le créancier procède à sa déclaration de créance, ce sont les informations qu'il donne qui priment sur celles données par le débiteur ; par contre, si le créancier ne déclare pas sa créance, elle est considérée comme valablement déclarée pour son compte par le débiteur. Il est à remarquer que l'ordonnance sanctionne de faillite personnelle le débiteur qui déclare sciemment au nom du créancier une créance supposée. À défaut de déclaration de créances, les créances sont déclarées inopposables pendant la procédure, ce qui signifie que le créancier ne pourra retrouver ses droits que dans un seul cas : en cas de clôture de la procédure pour extinction de passif.
La vérification des créances
La vérification des créances est faite par le mandataire de justice grâce au concours du débiteur qui lui fournit une liste certifiée. Il transmet la liste au juge-commissaire avec des propositions d'admission, de rejet ou de renvoi devant la juridiction compétente. Si une créance lui paraît contestable il en informe par LRAR le créancier en lui demandant des explications dans le délai de 30 jours. **L'ordonnance du 12 mars 2014** dispose que, lorsqu'un créancier est informé par le mandataire d'une contestation de sa créance, son défaut de réponse durant 30 jours le prive de toute contestation ultérieure (autre que la contestation sur la régularité même de la déclaration de créances).
L'admission des créances
Le juge-commissaire dépose son ordonnance au greffe avec les décisions d'admission ou de rejet (l'appel est possible). Il vise le relevé des créances salariales établi par le représentant des créanciers. **L'ordonnance du 12 mars 2014** donne compétence au juge-commissaire pour statuer sur un moyen opposé à la demande d'admission ne reposant pas sur une contestation sérieuse.

Les créances salariales

Le caractère alimentaire justifie une protection spéciale et de ce fait les salariés bénéficient d'un superprivilège et d'un privilège général. C'est au débiteur de payer ces sommes mais, en cas de problème, c'est l'AGS qui se substitue au débiteur dans les limites fixées par la loi.

La vérification des créances
Les salariés n'ont pas à déclarer leurs créances et ce même s'ils ont été licenciés avant la procédure. Le mandataire de justice, assisté du représentant des salariés, a pour mission de vérifier le montant des créances et établit un relevé mentionnant la situation de chaque salarié avec son contrat, sa date d'entrée dans l'emploi, sa qualification, la date de la rupture du contrat et les sommes versées et celles à verser. Il a 10 jours à compter du jugement pour établir le relevé des créances salariales garanties par le super-privilège et 3 mois pour les autres. Il fait viser les relevés par le juge-commissaire et ils sont déposés au greffe et remis aux ASSEDIC. De plus, il est procédé à un affichage au siège social et dans les établissements. La date du jour de l'affichage fait courir le délai de forclusion de 2 mois durant lequel le salarié peut saisir les prud'hommes. Puis le représentant des salariés doit informer, par tout moyen, chaque salarié de la nature et du montant des créances admises ou rejetées et doit rappeler le délai de forclusion.

Le paiement des créances salariales	
Le superprivilège	**Le privilège général**
Il garantit le paiement, par préférence à toute autre créance privilégiée, des rémunérations (dans la limite de 2 fois le plafond de la sécurité sociale). Il porte sur les rémunérations de toute nature (salaires et indemnités sauf indemnités de licenciement ou pour rupture abusive) dues aux salariés et apprentis pour les 60 derniers jours de travail. Ces rémunérations doivent être payées immédiatement après le jugement d'ouverture et l'administrateur doit verser immédiatement un mois de salaire impayé. Le solde doit être payé dans les 10 jours du jugement d'ouverture, à défaut dès les premières rentrées d'argent ou par l'AGS.	Il porte sur la généralité des meubles et immeubles par préférence à toute autre créance privilégiée. Il couvre les salaires et accessoires pour les 6 derniers mois, les indemnités et les créances résultant de la rupture des contrats intervenant pendant la période d'observation ou dans le mois de l'arrêt du plan ou dans les 15 jours qui suivent la liquidation. Ces sommes doivent être payées avec les fonds disponibles, ou à défaut par l'AGS sur demande du représentant des salariés sur présentation des relevés de créances, avant l'expiration d'un délai de 3 mois après le jugement d'ouverture.

Les revendiquants

Les vendeurs de biens peuvent revendiquer les biens mobiliers sous certaines conditions.

Les biens
• Les biens dont la vente a été résolue avant le jugement d'ouverture. • Les marchandises en cours de transport. • Les marchandises consignées au débiteur pour être revendues pour le compte du propriétaire. • Les effets de commerce ou autres titres non payés toujours dans le portefeuille du débiteur. • Les biens meubles vendus avec clause de réserve de propriété.

•••

Les actions	
Action en revendication	**Action en restitution**
Son objet est de faire reconnaître le droit de propriété sur un bien pour en obtenir la restitution. Elle ne peut être exercée que dans le délai de 3 mois suivant la publication du jugement d'ouverture (ou de liquidation). L'administrateur, sur autorisation du juge-commissaire, peut s'opposer à la revendication en payant le prix immédiatement.	C'est une procédure pour les propriétaires de biens dont le contrat a fait l'objet d'une publicité et donc pour lesquels le droit de propriété ne fait aucun doute. La demande de restitution du bien se fait par LRAR à l'administrateur ou au débiteur (ou liquidateur). À défaut d'accord de ce dernier dans le mois de la demande, le juge statue.
Le propriétaire doit envoyer une LRAR à l'administrateur ou au débiteur (ou au liquidateur) en lui demandant de lui répondre dans le délai d'un mois et en lui donnant les mesures prises pour lui remettre son bien. En cas de contestation, le juge-commissaire statue.	Un bien qui n'aurait pas été réclamé par une telle action peut être vendu dans le mois suivant la mise en demeure au propriétaire par LRAR. Le prix de vente est consigné et après clôture de la procédure il est restitué au créancier ou à ses ayants droit.

Si le bien a été revendu sans l'accord du vendeur et malgré la clause de réserve, dans ce cas le vendeur face au sous-acquéreur se heurte à la règle « en fait de meuble possession vaut titre ». Le vendeur ne pourra revendiquer que le prix ou la partie du prix que le sous-acquéreur n'aura pas encore réglé ; donc, si ce dernier a payé l'intégralité, il ne pourra plus revendiquer.

Le cas du conjoint : Ce dernier établit la liste de ses biens personnels conformément au régime matrimonial. Si le mandataire prouve que les biens revendiqués ont été acquis avec des sommes fournies par le débiteur ; les biens sont alors réunis dans l'actif.

La reconstitution de l'actif : les nullités de la période suspecte

Cela ne joue que pour le redressement judiciaire.
La période suspecte est la période comprise entre la date de cessation des paiements et la date du jugement d'ouverture. La date de cessation des paiements ne peut pas être antérieure de plus de 18 mois à celle du jugement d'ouverture. Lorsqu'il y a eu conciliation homologuée, la date de cessation des paiements ne peut être reportée à une date antérieure à l'homologation, sauf en cas de fraude.
Afin de reconstituer l'actif du débiteur, certains actes accomplis par le débiteur durant la période suspecte sont nuls ou annulables.

Cas de nullité de plein droit	Cas de nullité facultative
• Tous les actes à titre gratuit translatifs de propriété. • Tout contrat commutatif dans lequel les obligations du débiteur excèdent notablement celles de l'autre partie. • Tout paiement de dettes non échues au jour du paiement.	• Les actes à titre gratuit faits dans les 6 mois précédant la date de cessation des paiements. • Les paiements pour dettes échues effectués après la date de cessation des paiements et les actes accomplis à titre onéreux après cette même date peuvent être annulés si les cocontractants ont eu connaissance de la cessation des paiements.

•••

Cas de nullité de plein droit	Cas de nullité facultative
• Tout paiement de dettes échues fait autrement qu'en espèces, effets de commerce, virements, bordereaux de cession de la loi de 1981 facilitant le crédit aux entreprises ou tout autre mode de paiement communément admis dans les relations d'affaires. • Tout dépôt ou consignation de sommes à défaut d'une décision de justice ayant acquis force de chose jugée. • Toute hypothèque et tout droit de nantissement constitué sur les biens du débiteur pour dettes antérieurement contractées. • Toute mesure conservatoire à moins que l'inscription ou l'acte de saisie ne soit antérieur à la date de cessation des paiements. • Les autorisations, levées ou reventes d'options de souscriptions ou d'achats d'actions. • Tout transfert de biens ou droits dans un patrimoine fiduciaire.	• Tout avis à tiers détenteur, toute saisie attribution ou toute opposition, lorsqu'il a été délivré ou pratiqué par un créancier après la date de cessation des paiements et en connaissance de celle-ci. Pour annuler de tels actes, les juges du fond ne sont pas tenus de constater l'existence d'un préjudice subi par le débiteur ou ses créanciers. *Remarque* : À la règle prévoyant que tous les paiements peuvent être déclarés nuls, une exception a été faite en faveur des lettres de change, billets à ordre ou chèques pour assurer la circulation des effets de commerce. Mais l'administrateur peut exercer une action contre le tireur de la lettre ou contre le bénéficiaire d'un chèque et le premier endosseur d'un billet s'ils connaissaient l'état de la cessation des paiements.

3 Le dénouement de la procédure

a. Le jugement arrêtant le plan

Le juge statue au vu du rapport de l'administrateur.

En cas de redressement judiciaire, le juge peut décider (d'office ou à la demande du débiteur, de l'administrateur, du mandataire de justice, d'un contrôleur et du ministère public), à tout moment durant la période d'observation, de la cessation partielle ou totale de l'activité s'il considère que le débiteur est dans l'impossibilité d'assurer lui-même le redressement.

Depuis l'ordonnance de 2008, le débiteur en procédure de sauvegarde peut demander la cession partielle de l'entreprise ou une procédure en redressement judiciaire « si l'adoption du plan de sauvegarde est manifestement impossible, et si la clôture de la procédure conduisait, de manière certaine et à bref délai, à la cessation des paiements ».

Depuis l'ordonnance du 12 mars 2014, le juge peut autoriser, après avis du ministère public, la cession de l'entreprise au profit des dirigeants de droit ou de fait par un jugement spécialement motivé.

Le juge désigne le commissaire à l'exécution du plan (l'administrateur ou mandataire judiciaire) chargé d'engager toutes les actions dans l'intérêt des créanciers.

b. Le plan

Contenu du plan
Le plan désigne les personnes chargées de l'exécuter et mentionne les engagements qu'elles ont souscrits au niveau de l'avenir de l'activité et les perspectives d'emploi, des modalités du maintien de l'entreprise, des modalités de financement et de règlement du passif et les éventuelles garanties. Le plan mentionne les modifications statutaires nécessaires à la réorganisation de l'entreprise. La durée du plan ne peut excéder 10 ans (15 pour les agriculteurs). En redressement judiciaire, si le plan nécessite une modification du capital mais que la reconstitution des capitaux propres n'a pas été votée, le juge pourra désigner un mandataire de justice qui pourra voter à la place des opposants à la reconstitution minimale imposée par les textes. Le juge prend acte des délais et remises acceptés par les créanciers, il peut d'ailleurs les réduire.
Modification du plan
Le plan peut être modifié par décision du tribunal et il ne peut s'agir que d'une modification substantielle. Le juge prend sa décision sur demande du débiteur et sur rapport du commissaire à l'exécution du plan et il statue après avis du ministère public et audition du débiteur, commissaire à l'exécution du plan, contrôleurs, représentants du CE ou DP, et toute autre personne intéressée.
Les effets du plan
Dans la procédure de sauvegarde uniquement, les personnes physiques ayant accordé un cautionnement ou une garantie autonome en faveur du débiteur peuvent se prévaloir du plan. Le juge peut rendre inaliénables certains biens, et tout acte passé en violation peut être annulé à la demande de tout intéressé dans les 3 ans à compter de la conclusion de l'acte. Les délais de paiement ne peuvent pas excéder la durée du plan. Le premier paiement ne peut intervenir au-delà du délai d'un an ; au-delà de la deuxième année, le montant de chacune des annuités prévues par le plan ne peut être inférieur à 5 % du passif admis. Les créanciers qui n'ont accepté aucun délai ou remise peuvent se voir imposer par le juge des délais de paiement uniformes. Le plan peut donner la possibilité d'obtenir un paiement dans des délais plus brefs en contrepartie d'une réduction proportionnelle au montant de la créance. Mais les créances salariales superprivilégiées et les créances de 500 € au plus (dans la limite de 5 % du passif estimé) ne peuvent faire l'objet d'aucune remise ou délai. En cas de cession partielle d'actifs, le prix est versé au débiteur.
L'exécution définitive du plan
Lorsque les engagements énoncés dans le plan ou établis par le tribunal ont été tenus, ce dernier constate l'exécution du plan et son achèvement définitif.
Résolution du plan
Si le débiteur n'exécute pas ses engagements dans les délais fixés par le plan, le juge peut décider de la résolution du plan après avis du ministère public. Depuis l'ordonnance de 2008, en cas de cessation des paiements lors du plan de sauvegarde, le juge peut décider d'ouvrir une procédure de redressement judiciaire ou une liquidation judiciaire. En cas de résolution du plan, tous les délais de paiement accordés sont supprimés. Après l'ouverture de la nouvelle procédure, les créanciers soumis au plan sont dispensés de déclarer leurs créances et leurs sûretés ; en effet, elles sont admises de plein droit, déduction faite des sommes déjà perçues.

4 Les sauvegardes accélérées

a. La sauvegarde accélérée

L'ordonnance du 12 mars 2014 institue la sauvegarde accélérée afin de promouvoir l'anticipation des difficultés en privilégiant une sortie négociée avec les créanciers. Cette procédure est réservée, sous conditions cumulatives :

- au débiteur déjà engagé dans une conciliation et ayant élaboré un plan assurant au mieux la pérennité de l'entreprise et ayant un assentiment des créanciers permettant son adoption en 3 mois maximum à compter du jugement d'ouverture ;
- au débiteur qui n'est pas en cessation des paiements ou qui était en cessation des paiements depuis moins de 45 jours avant la demande de l'ouverture de la conciliation ;
- au débiteur établissant des comptes consolidés ainsi qu'au débiteur ayant des comptes certifiés par un commissaire aux comptes ou établis par un expert-comptable et dépassant les seuils suivants : 20 salariés, 3 millions de chiffre d'affaires et 1,5 million au bilan (décret du 30 juin 2014).

Les spécificités de cette procédure sont les suivantes :

- la sauvegarde accélérée ne peut être convertie en une autre procédure collective ;
- le débiteur est tenu de dresser la liste des créanciers ayant participé à la conciliation et qui doivent faire l'objet d'une déclaration de créance. Le dépôt de la liste au greffe du tribunal vaut déclaration au nom des créanciers ;
- il est possible d'avoir une dispense d'inventaire ;
- la résiliation de plein droit ne touche pas le contrat en cours pour lequel le créancier a mis l'administrateur en demeure de se prononcer sur la poursuite. De même, l'administrateur ne peut pas demander la résiliation d'un contrat même si cela est nécessaire à la sauvegarde du débiteur ;
- les règles de revendication de meubles sont écartées ;
- à l'issue d'une période d'observation de 3 mois le juge arrête le plan de continuation ;
- la sauvegarde accélérée ne produit pas d'effets à l'égard des salariés et le juge arrêtant le plan de sauvegarde accélérée ne peut pas imposer aux créanciers des délais de paiement uniformes.

b. La sauvegarde financière accélérée (SFA)

Elle a été instaurée par la **LRBF** (loi du 22 octobre 2010) pour les entreprises de plus de 150 salariés ou dont le chiffre d'affaires est supérieur à 20 millions d'euros et faisant l'objet d'une conciliation. La procédure n'a d'effets qu'à l'égard des seuls créanciers financiers (établissements de crédit et obligataires) ; les autres créanciers sont payés à échéance, même pour une créance antérieure. Un projet de plan, accepté par les créanciers « à la majorité des deux tiers du montant des créances détenues par les membres ayant exprimé un vote », est présenté au juge qui l'arrête dans le mois (prorogeable une fois) du jugement d'ouverture. La SFA dure en principe un mois. La **loi du 9 février 2011** élargit le champ de la SFA aux holdings et dispose que sont pris en compte les accords de subordination entre créanciers obligataires avant l'ouverture de la procédure.

Applications

1 La SARL Fabrizio est l'associé unique de la SARL MVM, propriétaire d'un immeuble qui a été vendu le 25 juin 2002 à une SCI dirigée par M. Fabrizio. Le prix de vente a permis de rembourser par anticipation un prêt consenti à la SARL Fabrizio.
La SARL MVM a été mise en redressement judiciaire le 14 janvier 2003 (un plan de cession a été adopté en 2003) et la date de la cessation des paiements a été fixée au 1er juin 2002. Le commissaire à l'exécution du plan souhaite agir en justice pour nullité de la vente de l'immeuble.

Sur quel fondement le commissaire à l'exécution du plan agit-il ? Quel sera le sort de la créance de restitution du prix après annulation de la vente ?

Corrigé

La vente de l'immeuble a eu lieu durant la période suspecte. Cette vente s'est produite alors que l'acquéreur connaissait la cessation des paiements, puisque les sociétés appartiennent ou sont gérées par M. Fabrizio. La vente est nulle pour paiement d'une dette non échue et il doit y avoir réintégration de l'immeuble dans le patrimoine de la SARL MVM et restitution du prix de vente à la SCI.
La date de la naissance de la créance se situe au moment de la formation du contrat et la créance du prix de restitution est donc une créance antérieure au jugement d'ouverture. La SCI doit de ce fait la déclarer sous peine de forclusion provoquant l'inopposabilité de la créance à la procédure collective. La SCI ne sera payée qu'en fonction du prix de cession recueilli par le commissaire à l'exécution du plan et, comme elle est un créancier chirographaire, il n'est absolument pas sûr qu'elle soit payée...
Ces solutions sont issues d'un arrêt de principe de la Cour de cassation du 20 janvier 2009.

2 La société Hold, détenue à 100 % par la société Dame Luxembourg, a acquis un ensemble immobilier dans le quartier d'affaires de la Défense pour plus de 2 milliards. Cette acquisition a été financée en grande partie par un prêt hypothécaire qui a ensuite été transféré à un fonds commun de titrisation.
Suite à la faillite de Lehman Brothers, qui garantissait à Hold un taux d'intérêt fixe, le fonds de titrisation demande alors à Hold de lui fournir une autre garantie, mais aucune proposition n'a été acceptée et le fonds l'a menacée d'exigibilité anticipée.
De ce fait, Hold a demandé son placement sous sauvegarde de justice arguant que le remboursement anticipé la conduirait à la cessation des paiements. Le fonds invoque en justice que cette procédure ne peut être acceptée car Hold ne la demande que pour échapper à ses obligations contractuelles.

Qu'en pensez-vous ?

Corrigé

Il s'agit de la célèbre affaire « Cœur Défense » qui a défrayé la chronique judiciaire.
3 novembre 2008 : le tribunal de commerce de Paris en 2008 a ouvert une procédure de sauvegarde au bénéfice de Hold et de Dame Luxembourg, sa maison mère qui détient Hold à 100 %.
En 2009, deux plans de sauvegarde sont adoptés mais, suite à la demande du fonds le 25 février 2010, la cour d'appel de Paris annule l'ouverture des procédures de sauvegarde après 16 mois d'application. La cour estime que, par cette procédure, Hold ne fait que retarder l'exécution de ses engagements contractuels et que, de ce fait, le but de la procédure de sauvegarde n'est pas respecté.
La question qui se pose alors à la Cour de cassation est de savoir si une société holding, donc sans activité commerciale ou commerciale, sans salarié, peut bénéficier d'une procédure de sauvegarde en cas de difficultés financières alors que la procédure a pour but la poursuite de l'activité économique, le maintien de l'emploi et l'apurement du passif.
La Cour de cassation, le 8 mars 2011, répond par l'affirmative en précisant que :

- les difficultés financières (et non des difficultés concernant l'activité elle-même) permettant de justifier l'ouverture de la procédure, car « si la procédure de sauvegarde est destinée à faciliter la réorganisation de l'entreprise afin, notamment, de permettre la poursuite de l'activité économique, il ne résulte pas de ce texte que l'ouverture de la procédure soit elle-même subordonnée à l'existence d'une difficulté affectant cette activité » ;
- « hors le cas de fraude, l'ouverture de la procédure de sauvegarde ne peut être refusée au débiteur, au motif qu'il chercherait ainsi à échapper à ses obligations contractuelles, dès lors qu'il justifie, par ailleurs, de difficultés qu'il n'est pas en mesure de surmonter et qui sont de nature à le conduire à la cessation des paiements ».

18 La liquidation judiciaire et les sanctions à l'encontre des dirigeants spécifiques aux procédures collectives

PRINCIPES GÉNÉRAUX

La procédure de liquidation judiciaire s'applique à tout commerçant, artisan, agriculteur, toute personne physique exerçant une profession indépendante, y compris une profession libérale, et toute personne morale de droit privé. Elle s'applique aussi aux personnes ayant cessé leur activité ou décédées si « tout ou partie de leur passif provient de leur activité professionnelle ».

Elle est ouverte à tout débiteur en cessation des paiements et dont le redressement est manifestement impossible.

Son but est de mettre fin à l'activité de l'entreprise ou à réaliser le patrimoine du débiteur par une cession globale ou séparée de ses droits et de ses biens.

Elle peut intervenir dès le départ ou à tout moment durant la période d'observation ou lors du plan de sauvegarde ou de redressement. Le tribunal statue dans les mêmes conditions que pour la sauvegarde ou le redressement judiciaire. Le juge fixe la date de cessation des paiements et met en place les organes de la procédure (juge-commissaire, liquidateur qui peut être le mandataire de justice, le représentant des salariés, les contrôleurs, un commissaire-priseur ou un huissier, ou un notaire ou un courtier en marchandises assermenté) pour effectuer l'inventaire des biens et la prisée des actifs.

En dernière partie, nous nous pencherons sur les sanctions possibles quelle que soit la procédure collective (sauvegarde, redressement ou liquidation).

1 La liquidation judiciaire

a. Le liquidateur et les effets du jugement

Le liquidateur

Le liquidateur établit dans le mois de sa désignation un rapport sur la situation et exerce l'ensemble des missions de l'administrateur et du mandataire judiciaire. Il demande au débiteur de prendre les mesures conservatoires, à défaut il le fait lui-même. Il administre l'entreprise (les dirigeants continuent à exercer les droits et actions qui ne sont pas compris dans la mission du liquidateur) et procède aux licenciements sur autorisation du juge-commissaire.

Exceptionnellement, le maintien de l'activité peut être décidé mais pour 3 mois maximum, prorogeable une fois pour 3 mois à la demande du ministère public (cas où la cession totale de l'entreprise est envisageable, ou si l'intérêt public ou l'intérêt des créanciers la rend nécessaire).

■ *Les effets du jugement*

Le jugement a les mêmes effets que celui ouvrant la procédure de redressement judiciaire mais ici **il rend exigibles les créances non échues** (il y a déchéance du terme).

b. Le débiteur et les créanciers pendant la liquidation judiciaire

■ *Le débiteur*

Il est dessaisi de plein droit de l'administration de l'entreprise et de la disposition de ses biens, jusqu'à la clôture de la liquidation.

Lorsque le débiteur est une personne morale, les dirigeants sociaux restent en place sauf disposition statutaire contraire ou décision des associés. En cas de nécessité, un mandataire peut être désigné par le président du tribunal sur requête.

■ *Les créanciers*

Les créances salariales répondent aux règles précédemment étudiées.

Les créances nées postérieurement au jugement pour les besoins de la procédure (ou la période d'observation) sont payées à échéance. Cela concerne aussi celles nées postérieurement au jugement d'ouverture d'une procédure de sauvegarde ou de redressement précédant le jugement de liquidation. Cela joue encore pour celles nées posté-rieurement au jugement de liquidation concernant une prestation fournie au débiteur pour son activité.

Si ces créances ne sont pas payées à échéance, elles sont payées par privilège avant toutes les autres créances sauf les créances superprivilégiées des salariés, les frais de justice, le privilège de l'argent frais en procédure de conciliation, les créances garanties par des sûretés immobilières ou mobilières spéciales assorties d'un droit de rétention ou garanties par un nantissement du matériel d'équipement ou de l'outillage.

Cas particulier du droit de poursuite individuelle : Les créanciers titulaires d'un privilège spécial, d'un nantissement ou d'une hypothèque et le trésor public pour ses créances privilégiées peuvent exercer leur droit de poursuite individuelle s'ils ont déclaré leurs créances dans les 6 mois de la publication de jugement (un an si un plan de cession a été arrêté), et si le liquidateur n'a pas encore entrepris la liquidation des biens en question dans le délai de 3 mois à compter du jugement de liquidation.

c. La connaissance du patrimoine de l'entreprise

Les règles concernant la déclaration de créances, les nullités des actes de la période suspecte et les actions en revendication sont identiques à celles de la sauvegarde et du redressement judiciaire.

d. La réalisation de l'actif

La réalisation de l'actif sans cession

Le liquidateur procède aux opérations de liquidation en même temps qu'à la vérification des créances (ou l'achevé de la vérification si la liquidation fait suite à une autre procédure). S'il lui apparaît que le produit sera absorbé par les frais de justice et les créances privilégiées il n'a pas à vérifier les créances chirographaires.
Les sommes perçues doivent être versées sur un compte à la Caisse des dépôts et consignation.

La cession de l'entreprise et la cession des biens du débiteur

La cession de l'entreprise

Elle a pour but d'assurer le maintien d'activités susceptibles d'exploitation autonome, d'assurer le maintien de tout ou partie de l'emploi et d'apurer le passif. La cession peut être totale ou partielle. Quand le débiteur est une personne physique exerçant une activité libérale, la cession ne peut porter que sur des éléments corporels.
Lorsque le juge autorise la cession, il autorise la poursuite de l'activité et fixe le délai dans lequel les offres de reprise doivent parvenir au liquidateur (ou à l'administrateur dans les autres procédures).

Les offres
Seul un tiers peut faire une offre, ce qui exclut : le débiteur, les dirigeants de droit ou de fait, les parents ou alliés (dérogations pour les agriculteurs) jusqu'au second degré inclus directement ou indirectement des dirigeants ou débiteur, et les contrôleurs. Ces personnes d'ailleurs ne peuvent acquérir aucun bien du débiteur dans les 5 ans de la procédure. L'offre est faite par écrit et doit mentionner : l'objet de la cession (désignation des biens et contrats), les prévisions d'activité et de financement, le prix de cession et les modalités de règlement, la qualité des apporteurs de capitaux et des garants, la date de la réalisation de la cession, le niveau et les perspectives d'emploi, les garanties souscrites, les prévisions de cession d'actif au cours des 2 ans suivant la cession. Les modifications sont possibles mais uniquement dans un sens plus favorable.
Le plan de cession et la décision du tribunal
Le juge retient l'offre qui lui paraît la meilleure après avoir entendu le débiteur, le liquidateur (ou l'administrateur), les représentants du CE et les contrôleurs. Il recueille l'avis du ministère public (présence obligatoire de ce dernier aux débats quand l'entreprise réalise un chiffre d'affaires d'au moins 3 millions d'euros et emploie 250 salariés). Le juge détermine les contrats cédés. Lorsque le plan prévoit des licenciements économiques, le juge doit consulter au préalable le CE (ou DP). Lorsque la cession porte sur des biens comportant un privilège spécial, un nantissement ou une hypothèque, le tribunal affecte la quote-part du prix de cession à chacun de ces biens. Lorsque des sûretés ont été consenties pour garantir le remboursement d'un prêt destiné à permettre le financement d'un bien, alors la charge de ces sûretés est transmise au cessionnaire. La modification du plan adopté ne peut intervenir que sur des éléments substantiels et à la demande du cessionnaire mais en aucun cas elle ne peut porter sur le prix de cession.

•••

L'exécution du plan
Le cessionnaire n'est pas tenu du passif du débiteur, il est juste redevable du prix de la cession ; il ne peut pas se voir imposer d'autres charges que les engagements qu'il a souscrits. Tant que le prix n'est pas intégralement payé, il ne peut, à l'exception des stocks, aliéner ou donner en location-gérance les biens qu'il a acquis ; sinon, l'annulation de la cession est possible à la demande de tout intéressé dans les 3 ans. Mais cela peut être autorisé par le tribunal après rapport du juge-commissaire. De plus, le tribunal peut assortir le plan de cession d'une clause d'inaliénabilité pour une certaine durée (en général deux ans) sur certains biens, le cessionnaire devra donc la respecter. Le cessionnaire rend compte au commissaire à l'exécution du plan des dispositions prévues par le plan à l'issue de chaque exercice. Le juge peut d'office prononcer la résiliation du plan de cession si le cessionnaire ne respecte pas ses engagements. Dans ce cas, le prix déjà payé reste acquis et le cessionnaire peut être condamné en plus à des dommages-intérêts.

La cession des actifs du débiteur

Les actifs pris individuellement sont cédés.

Le juge-commissaire fixe le prix de vente des immeubles vendus séparément ainsi que les conditions essentielles de la vente et la publicité. Il peut procéder à une vente à l'amiable ou à une adjudication avec une mise à prix (il y a alors purge de l'hypothèque). Les biens mobiliers sont aussi vendus publiquement aux enchères ou de gré à gré sur ordonnance du juge-commissaire.

Conclusion, la clôture des opérations de liquidation. Le liquidateur procède à la reddition des comptes au débiteur et les dépose au greffe dans les trois mois de la clôture des opérations de liquidation judiciaire.

La clôture pour extinction du passif exigible
Le tribunal peut prononcer la clôture quand il n'existe plus de passif exigible ou que le liquidateur dispose des sommes nécessaires pour désintéresser les créanciers. Le jugement met fin à la procédure, rétablit le chef d'entreprise ou les dirigeants dans leurs droits, les dispense ou les relève de toutes les déchéances, interdictions et incapacités. Les créanciers reprennent tous leurs droits pour les dettes à terme.
La clôture pour insuffisance d'actif
L'insuffisance d'actif est caractérisée quand les sommes recouvrées ne permettent plus de désintéresser, même partiellement, les créanciers. Le jugement ne fait pas recouvrer aux créanciers l'exercice individuel de leurs actions contre le débiteur **sauf** si la créance résulte : – d'une condamnation pénale pour des faits étrangers à l'activité professionnelle ; – en cas de fraude fiscale au seul bénéfice du Trésor public ; – en cas de fraude aux créanciers, de faillite personnelle, d'interdiction de diriger ou de banqueroute.
La réouverture de la procédure collective pour insuffisance d'actif
Elle est limitée aux cas où : – des actifs ont été dissimulés ou en cas de fraude du débiteur ou des dirigeants ; – les fonds nécessaires aux frais des opérations ont été consignés à la caisse des dépôts et consignations. La procédure reprend au point où elle s'était arrêtée et la réalisation des actifs découverts sert au désintéressement des créanciers dont ces biens sont le seul gage exclusif.

2 La liquidation judiciaire simplifiée

Depuis l'ordonnance de 2008 la liquidation simplifiée est obligatoire lorsque l'actif du débiteur ne comprend pas de biens immobiliers, que son chiffre d'affaires est inférieur à 300 000 € et que le nombre de salariés est inférieur ou égal à 1. La liquidation simplifiée est facultative lorsque l'actif du débiteur ne comprend pas de biens immobiliers, que son chiffre d'affaires est inférieur à 750 000 € et que le nombre de salariés est inférieur ou égal à 5.

Dans ce régime et par dérogation aux règles concernant la procédure normale :

- le juge détermine les biens pouvant faire l'objet d'une vente de gré à gré (cela concerne tous les biens dans la procédure obligatoire) et le liquidateur procède à la vente dans les 3 mois de la publication du jugement. À l'issue de cette période, il est procédé à une vente aux enchères publiques des biens restants ;
- seules sont vérifiées les créances « susceptibles de venir en rang utile » et les créances salariales, le liquidateur établit un projet de répartition de ces créances.
- au plus tard dans un délai de 6 mois (lorsque la procédure est obligatoire) ou d'un an (lorsque la procédure est facultative), le tribunal prononce la clôture de la liquidation judiciaire, après avoir entendu le débiteur. Il peut, par décision motivée, proroger la procédure pour une durée ne pouvant excéder 3 mois.

3 Le rétablissement professionnel

Cette mesure est un des points phares de l'ordonnance du 12 mars 2014 qui s'est inspirée du traitement du surendettement des particuliers. Il s'agit d'écarter la mise en place d'une liquidation judiciaire car il y a très peu d'actif.

Sont concernées les personnes physiques, à l'exception de celles ayant opté pour l'EIRL, et :

- n'ayant employé aucun salarié au cours des six derniers mois ;
- n'étant pas impliquées dans une procédure prud'homale en cours ;
- n'ayant pas bénéficié d'une clôture pour insuffisance d'actif ou d'un rétablissement professionnel depuis moins de 5 ans ;
- dont l'actif ne dépasse pas 5 000 €.

Cette procédure ne peut être demandée que par le débiteur lorsqu'il demande l'ouverture d'une liquidation judiciaire, ou lorsqu'il est assigné ou poursuivi sur requête en ouverture d'une liquidation judiciaire. Le juge vérifie les conditions et, s'il décide d'accepter cette demande (en effet le juge peut lui préférer la liquidation judiciaire), désigne un juge commis et un mandataire de justice pour l'assister. Le jugement sur l'ouverture du rétablissement professionnel n'est pas publié.

La procédure dure 4 mois afin de vérifier la réalité de la situation du débiteur (il y a enquête). À tout moment, le tribunal pourra stopper la procédure de rétablissement professionnel et ouvrir la liquidation judiciaire, s'il s'avère que le débiteur n'est pas de bonne foi.

Comme il ne s'agit pas d'une procédure collective, le débiteur n'est pas dessaisi et les poursuites individuelles des créanciers ne sont pas arrêtées et ils n'ont pas à déclarer leurs créances mais le mandataire les informe de la procédure et leur demande des informations sur leurs créances. Cependant, le juge pourra, à la demande du débiteur, reporter le paiement des sommes dues dans la limite de 4 mois et ordonner, pour cette même durée, la suspension des procédures d'exécution engagées par le créancier. Toute stipulation contraire sera réputée non écrite.

À l'issue des 4 mois le juge commis renvoie l'affaire au tribunal qui décide, soit de l'ouverture d'une liquidation judiciaire, soit de la clôture de rétablissement professionnel.

La clôture de la procédure de rétablissement professionnel entraîne l'effacement des dettes :

- nées antérieurement au jugement d'ouverture ;
- figurant sur une liste établie par le juge commis ;
- portées à la connaissance du juge commis par le débiteur ;
- et qui auront fait l'objet d'une information du créancier par le mandataire judiciaire.

Ne peuvent pas être effacées les dettes alimentaires, les salaires dus, les dettes résultant d'une infraction pénale et les dettes de remboursement envers les garants.

Le juge prononce l'ouverture d'une procure de liquidation dans 4 cas :

- lorsque les conditions du rétablissement professionnel ne sont plus remplies en cours de procédure ;
- lorsque l'enquête révèle que le débiteur est susceptible d'encourir des sanctions professionnelles ou pénales propres aux procédures collectives (voir titre 4) ;
- lorsqu'un acte est sujet à une action en nullité de la période suspecte ;
- lorsque le débiteur est de mauvaise foi et qu'il a obtenu le bénéfice du rétablissement professionnel par une description incomplète de son actif ou de son passif. Dans ce cas, le juge pourra fixer la date de cessation des paiements à la date d'ouverture de la procédure de rétablissement professionnel (sans qu'elle puisse être antérieure de plus de 18 mois à la date de ce jugement).

L'ouverture de la liquidation judiciaire fait recouvrer aux créanciers leurs droits sur les créances qui avaient fait l'objet de l'effacement.

4 Les sanctions spécifiques aux procédures collectives

a. La responsabilité pour insuffisance d'actif : l'action en comblement de passif

Cette responsabilité concerne les dirigeants de droit ou de fait d'une personne morale de droit privé soumise à procédure collective, ainsi que les personnes physiques représentants permanents.

En l'absence de faute, les dirigeants peuvent être condamnés uniquement lorsqu'un plan de sauvegarde ou de redressement judiciaire a été résolu.

En cas de faute de gestion ayant contribué à l'insuffisance d'actif, le juge peut décider que les dettes de la personne morale seront en partie supportées par les dirigeants, de façon solidaire ou non. Le montant de la condamnation ne peut pas excéder le montant de l'insuffisance d'actif existant au jour du jugement d'ouverture.
Les sommes versées par les dirigeants sont réparties, après paiement des frais de justice, entre tous les créanciers (sans accorder de rang) au marc le franc.
L'inexécution de la condamnation peut provoquer la condamnation à la faillite personnelle ou à l'interdiction de diriger, gérer ou contrôler une entreprise ou une société.

b. Les sanctions personnelles

Les sanctions personnelles ne peuvent être prononcées qu'en cas de procédure de redressement ou de liquidation judiciaire.

La faillite

Les personnes visées
Les personnes physiques exerçant la profession de commerçant, d'agriculteur, d'artisan ainsi que toute personne physique exerçant une profession indépendante y compris une profession libérale. Les personnes physiques, dirigeant de droit ou de fait de personnes morales, et les représentants permanents des personnes morales.
Les faits permettant l'action
• Avoir poursuivi abusivement une exploitation déficitaire ne pouvant conduire qu'à la cessation des paiements. • Avoir détourné ou dissimulé tout ou partie de l'actif ou participé à l'augmentation frauduleuse du passif. • Avoir exercé une activité artisanale, commerciale, agricole ou une fonction de direction ou d'administration d'une personne morale à l'encontre d'une interdiction prévue par la loi. • Avoir, dans le but d'éviter ou de retarder l'ouverture d'une procédure de redressement ou liquidation judiciaire, fait des achats en vue d'une revente en dessous du cours, ou avoir employé des moyens ruineux pour se procurer des fonds. • Avoir souscrit pour le compte d'autrui sans contrepartie des engagements jugés trop importants au moment de leur signature eu égard à la situation de l'entreprise ou de la personne morale. • Avoir payé ou fait payer, après la cessation des paiements et en connaissance de cause de celle-ci, un créancier au préjudice des autres. • Avoir, en s'abstenant volontairement de coopérer avec les organes de procédure, fait obstacle à son bon déroulement. • Ne pas s'être acquitté, pour les dirigeants d'une personne morale, de leurs dettes suite à une action en comblement de passif. • Avoir fait disparaître tout ou partie des documents comptables. • Ne pas avoir tenu de comptabilité quand celle-ci était obligatoire, ou avoir tenu une comptabilité fictive ; manifestement incomplète ou irrégulière au regard des dispositions légales et réglementaires.
Les effets de la faillite personnelle
La décision emporte l'interdiction de diriger, de gérer, d'administrer ou de contrôler directement ou indirectement toute entreprise commerciale, artisanale, ou toute exploitation agricole et toute personne morale ayant une activité économique pour une durée de 15 ans maximum. Les incapacités et déchéances ne sont plus automatiques, le juge qui prononce la faillite peut prononcer l'incapacité d'exercer une fonction publique élective. L'incapacité est alors prononcée pour une durée égale à celle de la faillite personnelle.

Les interdictions professionnelles

Le tribunal peut prononcer à la place de la faillite personnelle une interdiction (générale ou limitée) de diriger, de gérer, d'administrer ou de contrôler directement ou indirectement toute entreprise commerciale, artisanale, ou toute exploitation agricole ou toute personne morale, soit une ou plusieurs de celles-ci.

Cette sanction, qui ne peut être supérieure à 15 ans, peut aussi être prononcée :

- dans le cas où le débiteur n'a pas remis au mandataire de justice la liste certifiée de ses créanciers et le montant de ses dettes, dans les 8 jours du jugement d'ouverture ;
- lorsque le débiteur n'a pas remis au mandataire, à l'administrateur ou au liquidateur, les renseignements qu'il est tenu de lui communiquer dans le mois de l'inventaire ;
- lorsque le débiteur n'a pas déclaré la cessation des paiements dans les 45 jours.

Conclusion : Le prononcé de la faillite ou d'une interdiction emporte pour les dirigeants la déchéance du droit de vote dans les assemblées générales et le juge peut aussi leur imposer de céder leurs titres.

L'intéressé peut demander au tribunal la levée des sanctions en tout ou partie.

c. La sanction pénale : la banqueroute

Pour qu'il y ait banqueroute, il faut une procédure de redressement judiciaire ou une liquidation judiciaire. Peuvent être sanctionnés de banqueroute, les commerçants, agriculteurs ou artisans, personnes exerçant une activité indépendante y compris une profession libérale, dirigeants sociaux, représentants des personnes morales, les personnes morales et leurs complices.

L'action
Le juge est saisi par le procureur de la République ou, par citation directe ou constitution de partie civile, par l'administrateur, le mandataire judiciaire, le représentant des salariés, le commissaire à l'exécution du plan et le liquidateur. La prescription de l'action est de 3 ans à compter du jugement d'ouverture.
Les cas de banqueroute
• Faire des achats en vue d'une revente au-dessous du cours ou employer des moyens ruineux pour se procurer des fonds afin d'éviter ou de retarder l'ouverture de la procédure de redressement judiciaire. • Détourner ou dissimuler tout ou partie de l'actif du débiteur. • Augmenter frauduleusement le passif. • Tenir une comptabilité fictive ou faire disparaître des documents comptables ou s'abstenir de tenir une comptabilité. • Tenir une comptabilité manifestement incomplète ou irrégulière au regard des dispositions légales.
Les sanctions
Emprisonnement de 5 ans et amende de 75 000 euros (7 ans et 100 000 € pour le dirigeant d'une entreprise prestataire d'investissements) avec comme peines complémentaires possibles : interdiction de fonction publique pendant 5 ans, exclusion des marchés publics et interdiction d'exercer l'activité à l'occasion de laquelle le délit a été commis pendant 5 ans, interdiction pendant 5 ans d'émettre des chèques et interdiction de gérer ou contrôler, privation de droits civiques, civils et de famille.

19 La transmission et la fin de l'entreprise

- **1** La transmission de l'entreprise ou de la société à titre onéreux
- **2** La transmission de l'entreprise ou de la société à titre gratuit
- **3** La cessation de l'activité de l'entreprise ou de la société
- **4** La mise en sommeil des sociétés

PRINCIPES GÉNÉRAUX

La transmission de l'entreprise à titre onéreux correspond à la vente de ses différents éléments constitutifs, et essentiellement à la vente du fonds de commerce. Pour une société, la transmission à titre onéreux correspond à la cession des droits sociaux.
En cas de décès du chef d'entreprise, l'entreprise est transmise à titre gratuit, ce sont alors les règles successorales qui s'appliquent. Il en est de même lorsque l'entrepreneur règle de son vivant la succession et la transmission de son entreprise.
Enfin, dans cette fiche, nous traiterons de la cessation d'activité de l'entreprise, c'est-à-dire de sa fermeture ainsi que de la dissolution des sociétés.

1 La transmission de l'entreprise ou de la société à titre onéreux

a. Cession de l'entreprise individuelle

Elle se fait par la transmission des éléments constituant l'exploitation, on distingue la transmission du fonds de commerce des autres éléments.

■ *La cession du fonds de commerce*

Le fonds de commerce est un bien meuble incorporel. Le contrat de vente doit, sous peine de nullité, obligatoirement mentionner : le nom du précédent vendeur, la date et le prix de l'acquisition, l'état des privilèges et des nantissements, le bail avec sa durée, le chiffre d'affaires et les bénéfices des trois dernières années d'exploitation ou depuis son acquisition. L'acquéreur bénéficie des garanties du droit commun du contrat de vente (voir *Fiche 2*), mais l'action en résolution n'est possible que si elle a été mentionnée expressément dans l'inscription du privilège.

Depuis **la loi du 22 mars 2012**, la publicité de la vente du fonds de commerce au BODACC doit être effectuée dans le même délai que celle de la publication dans un JAL, à savoir dans les 15 jours qui suivent la cession (et le délai pour déclarer la vente à l'administration fiscale a été ramené de 60 à 45 jours à compter de la publicité au JAL). Dans les 10 jours de cette publicité, les créanciers peuvent former opposition en demandant au tribunal de commerce la mise aux enchères publiques du fonds. Le créancier doit alors proposer de surenchérir du sixième du prix et, si aucune offre plus intéressante n'est faite, le créancier est alors adjudicataire du fonds.
Le vendeur bénéficie d'un privilège (inscrit sur un registre) portant sur les éléments du fonds énumérés dans l'inscription (à défaut d'énumération, sur les éléments incorporels). Il dispose ainsi d'un **droit de préférence** et d'un **droit de suite**.

■ *La cession des autres éléments*

La vente éventuelle de l'immeuble dans lequel le fonds est exploité fait l'objet d'une vente séparée et obéit à un régime juridique et fiscal différent de celle du fonds.
Les créances, les dettes et les contrats ne sont pas cédés de plein droit, sauf convention contraire (pour la cession de dettes il faut l'accord du débiteur cédé).
Par contre, certains contrats sont cédés de par la loi en même temps que le fonds : le bail, les contrats de travail, les contrats d'assurance ou encore les contrats d'édition.

■ *Régime fiscal : Imposition des bénéfices et des plus-values*

Règle d'imposition

Que l'entreprise ait été soumise à l'impôt sur le revenu ou à l'impôt sur les sociétés, la cessation de l'activité entraîne l'imposition immédiate :

- des bénéfices réalisés depuis la fin du dernier exercice clos jusqu'à la date de cession ou de cessation des bénéfices en sursis d'imposition (provisions constituées avant la cessation, plus-values dont l'imposition avait été différée) ;
- des plus-values réalisées à l'occasion de la cessation d'activité sur la vente des immobilisations.

Exonération en faveur des petites entreprises commerciales ou artisanales

Si l'activité exercée est commerciale, artisanale, libérale ou agricole, à titre professionnel, l'exploitant individuel a droit à une exonération des plus-values réalisées lors de sa cessation d'activité à condition que l'activité ait été exercée pendant au moins cinq ans. Ces plus-values sont exonérées pour :

- la totalité de leur montant lorsque les recettes annuelles sont inférieures ou égales à 250 000 € (activités de ventes) ou 90 000 € (autres activités ou titulaires de bénéfices non commerciaux) ;
- une partie de leur montant lorsque les recettes sont supérieures à 250 000 € et inférieures à 350 000 € (activités de ventes) ou supérieures à 90 000 € et inférieures à 126 000 € (autres activités et titulaires de bénéfices non commerciaux) ;

Le montant des recettes annuelles s'entend de la moyenne des recettes hors taxes réalisées au titre des exercices clos, si besoin ramenés à 12 mois, au cours des deux années civiles qui précèdent l'exercice de réalisation des plus-values.

Exonération des plus-values de cession d'une entreprise individuelle ou d'une branche complète d'activité

Le bénéfice de l'exonération est subordonné à la réunion de plusieurs conditions cumulatives : employer moins de 250 salariés, réaliser un chiffre d'affaires annuel ou avoir un total de bilan inférieur à certains seuils, le capital ou les droits de vote ne doivent pas être détenus à hauteur de 25 % ou plus par une entreprise ou par plusieurs entreprises ne remplissant pas les conditions d'effectif et de chiffre d'affaires ou de total de bilan évoquées précédemment.

De plus, en cas de cession à titre onéreux, il ne doit pas y avoir de lien de dépendance entre le cédant et l'entreprise cessionnaire. Par conséquent, le cédant ou, s'il s'agit d'une société, l'un de ses associés qui détient directement ou indirectement au moins 50 % des droits de vote ou des droits dans les bénéfices sociaux, ne doit pas être dans l'une des situations suivantes :

- détenir, directement ou indirectement, le contrôle de la société cessionnaire. Tel est le cas s'il possède plus de 50 % des droits de vote ou des droits dans les bénéfices de la société repreneuse ;
- exercer en droit ou en fait, directement ou indirectement, la direction effective de la société cessionnaire. Le respect de cette condition s'apprécie au moment de la réalisation de l'opération et au cours des trois années qui suivent, sous peine de remise en cause de l'exonération.

L'activité doit avoir été exercée pendant au moins cinq ans. Ce délai est décompté à partir du début d'activité, c'est-à-dire de la date de création ou d'acquisition du bien cédé jusqu'à la date de réalisation de la plus-value.

L'exonération concerne aussi bien les plus-values à court qu'à long termes, à l'exception des plus-values résultant de la cession des biens immobiliers bâtis ou non bâtis.

■ *Régime fiscal : les droits d'enregistrement*

Les droits applicables à la transmission d'une entreprise sont les droits dus lors de la cession d'un fonds de commerce. Le barème des droits d'enregistrement est le suivant :

Fraction de la valeur du fonds	Inférieure à 23 000 €	Comprise entre 23 000 € et 107 000 €	Comprise entre 107 000 € et 200 000 €	Supérieure à 200 000 €
État	0	2 %	0,60 %	2,60 %
Département	0	0,60 %	1,40 %	1,40 %
Commune	0	0,40 %	1 %	1 %
Total	0	3 %	3 %	5 %

b. La cession de contrôle d'une société

Il s'agit de la cession par les associés majoritaires de leurs droits sociaux ; dans les sociétés cotées, il existe des règles particulières (voir *Fiche 13*).

■ *Les principes généraux concernant la cession*

La cession est bien évidemment précédée d'une phase de négociation (voir *Fiche 1*) et en général il est fait appel à un audit financier afin de pouvoir en évaluer le prix.

Quant au contrat de vente, il est soumis aux conditions de validité des contrats (voir *Fiche 1*) ; ainsi, le consentement ne doit pas être vicié (ici le dol peut provenir de la présentation de faux documents comptables) et le prix doit être déterminé ou du moins déterminable : il peut être fait appel à un audit ou à un expert qui fixera le prix, il est aussi possible d'insérer une clause de *earn out* (ou clause d'intéressement) selon laquelle le prix est lié aux performances futures de la société.

L'acheteur bénéficie de la garantie du droit du contrat de vente, mais la garantie des vices cachés ne peut jouer que si l'acheteur démontre l'impossibilité de continuer l'activité (car le vendeur garantit l'existence des titres pas la solvabilité de la société).

Les clauses de garantie de passif ou/et d'actif sont fréquentes dans ces cessions. Par ces clauses, le cédant garantit la véracité ou l'exactitude des informations fournies pour fixer le prix de vente. Leur but est de prémunir le cessionnaire contre toute aggravation du passif ou diminution de l'actif provenant d'un évènement inconnu au jour de la cession, mais dont l'origine est antérieure, et qui se révèlerait postérieurement à la cession. De son côté, le cédant a fortement intérêt à préciser les catégories de dettes qu'il prend en charges (fiscales, sociales...) et à fixer un plafond à son engagement.

Quant à la forme de la cession on distingue :

- les cessions de droits sociaux non négociables : elles sont établies par écrit, notifiées à la société et, pour être opposables aux tiers, publiées au RCS ;
- les cessions de droits sociaux négociables : elles nécessitent un ordre de virement afin que le nouveau nom du propriétaire soit inscrit sur les registres de la société. Le transfert de propriété a lieu à la date de l'inscription des actions au compte du cessionnaire.

Les conditions d'agrément

Société civile	Les cessions de parts à un tiers nécessitent l'agrément de tous les associés. Les cessions entre associés ou à un conjoint sont, en fonction des dispositions statutaires, soit libres, soit soumises à agrément. La loi ne prévoit d'agrément pour les cessions à des ascendants ou descendants mais les statuts peuvent en prévoir un. Le projet est notifié à la société et aux associés, le silence durant 6 mois vaut acceptation. En cas de refus de l'agrément, une solution de sortie doit être proposée à l'associé.
SNC	La cession se fait sur agrément à l'unanimité des associés et, à défaut d'accord, aucune solution de sortie n'a à être proposée à l'associé qui peut donc rester prisonnier de son titre (il peut alors conclure une convention de croupier).
SARL	L'agrément à un tiers se fait à la majorité des associés représentants la moitié des parts sociales, mais les statuts peuvent prévoir une majorité plus forte sans pour autant exiger l'unanimité. Le projet doit aussi être notifié à la société et le silence pendant 3 mois vaut acceptation. En cas de refus, une solution de sortie doit être proposée à l'associé détenant ses parts depuis au moins 2 ans. La cession entre associés et la cession familiale sont en principe libres mais les statuts peuvent prévoir un agrément qui ne peut pas être plus contraignant que celui pour les cessions à des tiers.
SA	Les actions sont négociables mais les statuts peuvent prévoir un agrément (dont les conditions sont fixées par les statuts) et, en cas de refus, une solution de sortie doit être proposée à l'actionnaire.
SAS	Les actions sont en principe librement négociables mais les statuts peuvent prévoir un agrément (ainsi que toutes les conditions), voire une clause d'inaliénabilité pendant 10 ans maximum.
SCA	Il faut l'unanimité des associés mais les statuts peuvent être plus souples en prévoyant par exemple que les cessions de parts des commanditaires entre associés sont libres ou qu'elles peuvent être cédées à des tiers avec le consentement de tous les commandités et de la majorité en nombre et en capital des commanditaires.
SCS	Les actions des commandités ne sont pas librement négociables : mêmes règles que dans la SCS. Les actions des commanditaires sont librement négociables mais les statuts peuvent prévoir un agrément (mêmes règles que dans la SA).

Le régime fiscal de la cession des droits sociaux

Il convient de distinguer selon que les cessions portent sur des actions, ou sur des parts sociales.

- Les cessions d'actions, de parts de fondateurs ou de parts bénéficiaires sont soumises à un droit de 0,1 %.
  Dans les sociétés par actions cotées, le droit n'est exigible que si les cessions sont constatées par un acte. Dans les sociétés non cotées, le droit est exigible même en l'absence d'acte.
- Les cessions de parts sociales dans les sociétés dont le capital n'est pas divisé en actions (SARL, sociétés civiles…) sont soumises à un droit de 3 %, qu'elles soient ou non constatées par un acte.

L'assiette des droits est, en principe, le prix exprimé augmenté des charges qui peuvent s'ajouter au prix, ou l'estimation des parties si la valeur réelle est supérieure au prix majoré des charges. Il est appliqué sur la valeur de chaque part un abattement égal au rapport : 23 000/Nombre total de parts de la société.

Conclusion : La loi relative à l'économie sociale et solidaire du 31 juillet 2014 crée, pour les entreprises de moins de 250 salariés, un droit d'information préalable au profit des salariés en cas de cession de fonds de commerce ou d'entreprise (plus de la moitié des parts de SARL ou d'actions ou valeurs mobilières donnant accès à la majorité du capital d'une société par actions). Le but est de faciliter la transmission de l'entreprise aux salariés ; de ce fait, ils doivent être informés 2 mois avant la cession afin de pouvoir proposer une offre de rachat. Sont exclues les cessions réalisées dans le cadre d'une succession ou d'une liquidation de communauté de biens ou d'une cession au conjoint, ascendant ou descendant ou encore dans le cadre d'une conciliation ou d'une procédure collective.
La cession en projet peut être réalisée entre 2 mois et 2 ans après l'information des salariés. Si elle n'a pas eu lieu au bout de 2 ans, tout nouveau projet de cession doit être à nouveau notifié aux salariés. La cession peut intervenir avant l'expiration du délai de 2 mois dès lors que chaque salarié a fait connaître au cédant sa décision de ne pas présenter d'offre.

2 La transmission de l'entreprise ou de la société à titre gratuit

a. Succession organisée ou non

Succession inorganisée
Ordre de transmission et répartition de la succession
La loi prévoit un ordre de transmission en l'absence de conjoint : – les enfants et descendants ; – les parents, frères et sœurs, neveux et nièces ; – les grands-parents ; – les oncles, tantes et cousins. En présence d'un conjoint : – s'il y a un enfant, le conjoint reçoit, soit la totalité en usufruit, soit le 1/4 en propriété complète ; – s'il y a des parents, 1/2 pour les parents, 1/2 pour le conjoint. S'il n'y a qu'un seul parent : 1/4 pour le parent, 3/4 pour le conjoint ; – à défaut d'enfant et de parent, tout va au conjoint. Si le conjoint survivant a travaillé pendant 10 ans sans avoir reçu de salaire ou de dividendes, il bénéficie d'un droit de créances de 3 × SMIC annuel dans la limite du quart de l'actif successoral.
Situation des héritiers
Minorité des héritiers : Dans les sociétés dans lesquelles les associés ont la qualité de commerçant, le mineur peut être associé s'il a obtenu la capacité juridique à devenir commerçant, soit au moment de la décision d'émancipation (sur autorisation du juge des tutelles), soit entre l'émancipation et la majorité, sur autorisation du président du TGI. •••

•••

Le démantèlement de l'entreprise : En entreprise individuelle, il est difficile de gérer le fonds de commerce avant le partage car tout acte de disposition se prend à l'unanimité et un acte d'administration à la majorité des 2/3. En société, la gestion est bien plus simple, chaque indivisaire a la qualité d'associé ; il faut nommer un mandataire pour les représenter aux assemblées générales. L'indivision est un état provisoire et tout indivisaire peut demander le partage mais le juge peut le reporter de 2 ans. Lors du partage, il est possible que l'attribution préférentielle (de l'entreprise ou des droits sociaux) soit demandée par un bénéficiaire s'il démontre qu'il a participé effectivement à l'exploitation de l'entreprise. Le juge appréciera cette condition et le fait que la personne est apte à gérer l'entreprise.
La transmission organisée
La donation peut être faite en pleine propriété. Elle doit être constatée par un acte authentique et respecter la réserve héréditaire (quote-part des biens réservée par la loi aux héritiers). La donation peut être faite avec réserve d'usufruit, ainsi le donateur ne transfère de son vivant que la nue-propriété des biens et ce n'est qu'à son décès que la pleine propriété est acquise. Les donations sont réputées faites en avancement de la part sur la succession, c'est-à-dire qu'au décès elles sont rapportées dans la succession (sauf si elle a été faite « hors part successorale »). Il peut y avoir une donation-partage qui permet à une personne de donner de son vivant tout ou partie de ses biens et d'opérer le partage entre ses descendants sans que cela soit repris dans la succession au moment du décès.

b. Régime fiscal de la transmission à titre gratuit

■ *Droits de donation et droits de succession*

Les règles applicables en matière de succession s'appliquent pour l'essentiel aux donations.

L'assiette

- **En matière de succession**, l'assiette est constituée par l'actif reconstitué (actif existant au jour du décès plus le montant du rapport des donations effectuées) dont on déduit les dettes (le passif successoral). Ce passif se compose de toutes les dettes à la charge du défunt au jour de son décès, à l'exclusion des dettes présumées remboursées ou fictives.
- **En matière de donation**, l'assiette de l'impôt est constituée par la valeur des biens donnés, sans possibilité de déduire les dettes afférentes à ces biens. À titre exceptionnel, certaines dettes sont déductibles :
  - si elles ont été contractées par le donateur pour l'acquisition ou dans l'intérêt des biens donnés et mises à la charge des donataires dans l'acte de donation ;
  - si la donation porte sur des biens affectés à l'exploitation d'une entreprise individuelle (sous réserve que la dette n'ait pas été contractée auprès de certaines personnes telles le donataire) ou sur des biens autres mais, dans ce dernier cas, la dette doit avoir été contractée auprès d'un établissement de crédit.

  Donation en pleine propriété : les droits sont assis sur la valeur du bien au jour de la donation. Si la donation porte sur des titres cotés, il convient de prendre en considération le dernier cours en bourse connu.

Donation en démembrement de propriété : la valeur des droits démembrés est déterminée au regard d'un barème (article 669 du CGI).

Calcul des droits de mutation à titre gratuit

Ce qui est taxable, c'est la part revenant à l'héritier ou au donataire après déduction d'un abattement dont le montant varie en fonction du lien familial qu'il avait avec le défunt. Si cette part est inférieure à l'abattement, aucun droit de donation ou succession n'est dû par ce donataire ou héritier. Les conjoints survivants et les héritiers liés par un pacs au défunt sont exonérés de droits de succession.

Taux de taxation

Les barèmes varient selon le lien de parenté.

Application de la réduction des droits de mutation

Il existe plusieurs réductions pour famille nombreuse.

Règle spécifique applicable aux transmissions d'entreprise

Les transmissions de biens affectés à l'exploitation d'entreprises individuelles (en totalité ou pour une quote-part indivise) sont exonérées de droits de succession à concurrence des trois-quarts de leur valeur, si les conditions suivantes sont respectées :

- l'entreprise doit être détenue depuis plus de 2 ans, si le défunt, le donataire ou le légataire, l'avait acquise à titre onéreux ;
- les héritiers, donataires ou légataires, doivent s'engager à conserver les biens affectés à l'exploitation pendant 4 ans ;
- l'un des héritiers, donataires ou légataires, doit poursuivre l'exploitation pendant les 3 ans qui suivent la transmission et pendant l'engagement collectif de conserver les titres (il peut le faire éventuellement sous forme de société.).

Impôt sur le revenu

La transmission à titre gratuit d'entreprises bénéficie sur le plan fiscal de certaines dispositions spécifiques favorables, notamment quant à l'imposition des plus-values, la déduction des droits d'enregistrement du résultat imposable, la régularisation de la TVA et les droits d'enregistrement.

La donation peut bénéficier de l'exonération des plus-values si la valeur du fonds n'excède pas 300 000 € pour l'exonération totale et 500 000 € pour l'exonération partielle.

Si les conditions d'application de cette exonération ne sont pas réunies, les plus-values dégagées par la donation peuvent néanmoins échapper en tout ou partie à l'impôt, par application de l'article 151 septies du CGI : lorsque les recettes hors taxes de l'exploitation n'excèdent pas les limites de 250 000 € ou 90 000 € pour l'exonération totale et 350 000 € ou 126 000 € pour l'exonération partielle.

En outre, lorsque l'exploitant ne peut prétendre à une exonération totale ou une exonération partielle, les bénéficiaires de la transmission peuvent demander le report d'imposition des plus-values constatées à l'occasion de la transmission, jusqu'à la date de cession ou cessation de l'entreprise ou jusqu'à la date de cession de l'un des éléments d'actif si elle est antérieure. Ces plus-values en report seront définitivement exonérées si l'activité est poursuivie pendant au moins cinq ans par l'un des donataires après la donation.

3 La cessation de l'activité de l'entreprise ou de la société

Cette partie ne concernera que la dissolution de la société car, concernant les règles de cessation d'activité de l'entreprise, les règles sont simples. En effet, le commerçant doit demander sa radiation du RCS ou du registre des métiers. La cessation de son activité entraîne l'exigibilité immédiate de tous les impôts liés à son activité professionnelle.

a. Les causes et les effets de la dissolution des sociétés

Les causes de dissolution

Les causes de dissolution de plein droit
• L'arrivée du terme quand les associés n'ont pas décidé (un an auparavant au moins) de proroger le terme. • La réalisation de l'objet : l'opération pour laquelle la société a été créée est définitivement finie ou l'extinction de l'objet (l'activité de la société est devenue impossible). • L'annulation de la société. Dans ce dernier cas, le juge n'a aucun pouvoir d'appréciation et la dissolution s'opère à la date de l'événement.
La dissolution volontaire
Les associés décident, à la majorité requise pour la modification des statuts, de la dissolution de la société.
La dissolution judiciaire
• La réunion des droits sociaux en une seule main quand il n'y a pas eu de régularisation. Si l'associé unique, personne morale, décide de procéder à une transmission universelle du patrimoine, les associés disposent d'un droit d'opposition dans les **60 jours** de la publicité légale. • La dissolution pour justes motifs pour inexécution par un associé de ses obligations ou pour mésentente entre associés entrainant une paralysie de la société ou l'existence de faits compromettant gravement les intérêts sociaux. Par un **arrêt du 16 septembre 2014**, la Cour de cassation a opéré un revirement de jurisprudence en accordant à l'associé à l'origine de la mésentente le droit de demander la dissolution. • La dissolution peut être la sanction d'une infraction pénale. Elle est prononcée par le juge pénal mais la dissolution reste de la compétence du tribunal de commerce ou du TGI.
Les causes propres aux différentes sociétés
• Les clauses statutaires. • Les causes propres aux SNC : si les statuts n'en décident pas autrement, le décès d'un associé, la révocation du gérant associé statutaire, la liquidation judiciaire ou l'interdiction de l'exercice d'une profession commerciale ou d'une incapacité à l'encontre d'un associé. • Les causes propres aux SCS : décès d'un commandité, la liquidation judiciaire ou l'interdiction de l'exercice d'une profession commerciale ou d'une incapacité à l'encontre d'un commandité. • Les causes propres aux SARL : nombre d'associés supérieur à 100 sans régularisation dans l'année et lorsque le montant des capitaux propres est inférieur à la moitié du capital social. • Les causes propres aux SA : nombre d'associés inférieur à 7, lorsque le capital social est inférieur à 37 000 € et lorsque le montant des capitaux propres est inférieur à la moitié du capital social.

•••

- Les causes propres aux SAS : lorsque le montant des capitaux propres est inférieur à la moitié du capital.
- Les causes propres aux SCA : lorsque le capital social est inférieur à 37 000 € et lorsque le montant des capitaux propres est inférieur à la moitié du capital social. Les causes de la SCS s'appliquent quand elles touchent les commandités.

Les effets de la dissolution

La dissolution doit être publiée au RCS et mentionnée sur les papiers commerciaux. La personne morale continue pour les besoins de la liquidation jusqu'à la publicité légale de la clôture mais sa capacité de jouissance est limitée. Lorsque la personne morale a disparu, la jurisprudence admet que « la personne morale d'une société subsiste aussi longtemps que les droits et obligations à caractère social ne sont pas liquidés ». Dans ce cas, un mandataire *ad hoc* doit être demandé en justice.

b. La liquidation des sociétés

La liquidation est l'ensemble des opérations consécutives à la dissolution poursuivant trois objectifs : le recouvrement des créances et l'apurement du passif social, la reprise des apports des associés et le partage d'un éventuel boni de liquidation. La liquidation n'est pas obligatoire en cas de réunion des droits sociaux aux mains d'un associé personne morale qui peut alors opter pour la transmission universelle du patrimoine.

Le rôle du liquidateur
Sa désignation (obligatoire et publiée) entraîne la cessation des fonctions des organes de gestion. La durée de son mandat (3 ans) est renouvelable pour juste motif. Il dresse l'inventaire, recouvre les sommes dues, réalise l'actif, désintéresse les créanciers sociaux et règle le passif social. Il informe les associés. Il a interdiction de réaliser l'actif au profit de lui-même, de ses ascendants, descendants et salariés. Quand la réalisation a lieu au profit d'une personne ayant eu dans la société la qualité d'associé en nom, de commandité, de dirigeant, membre du CS, CAC ou contrôleur, il doit avoir l'accord de tous les associés ou à défaut du juge. Le liquidateur doit convoquer une AG dans les 6 mois de sa nomination pour présenter un rapport sur la situation de la société et faire statuer sur les comptes pour la période allant du début de l'exercice jusqu'au jour de la dissolution. À chaque exercice, il doit convoquer une AG annuelle et à la fin l'AG de clôture.
Le partage
Le partage est l'opération relative à la récupération de leurs apports par les associés. Il est souvent concomitant à la clôture. Si des apports en nature restent toujours dans la société, les apporteurs en nature les reprennent (sinon ils récupèrent la valeur). Si le bien a bénéficié d'une plus-value, elle est répartie entre les associés. S'il reste un boni de liquidation, il est réparti en fonction des statuts ou de la proportion dans le capital. L'attribution préférentielle d'un bien à un associé est possible (elle peut être légale), à charge pour celui-ci de verser une soulte.

La clôture de la liquidation est publiée et la société est radiée dans les 8 jours de la notification au RCS. Un avis est publié au BODACC.

c. Le régime fiscal de la dissolution des sociétés

Les droits d'enregistrement

L'acte constatant la dissolution est assujetti à un droit fixe de 375 € ou 500 € selon que le capital de la société est inférieur ou non à 225 000 €.
L'acte de partage donne, en principe, ouverture à un droit proportionnel de 2,50 %. Toutefois, les droits de mutation à titre onéreux sont applicables aux soultes. Ils s'appliquent également, dans les sociétés non soumises à l'impôt sur les sociétés, lorsqu'un bien apporté en nature est attribué à une personne autre que l'apporteur. Il en est de même, dans les sociétés soumises à l'IS, mais seulement en ce qui concerne les biens (les fonds de commerce, clientèle, droit à un bail ou une promesse de bail, et sous certaines conditions, immeubles ou droits immobiliers) qui ont bénéficié, lors de leur apport, du régime fiscal de faveur.

Imposition des bénéfices

La dissolution d'une société est, au regard des impôts directs, assimilée à une cessation d'entreprise. Que la société relève du régime des sociétés de personnes ou de l'impôt sur les sociétés, sa dissolution entraîne l'imposition immédiate des bénéfices et des plus-values non encore taxés.
L'imposition des bénéfices et revenus varie selon que la société était, ou non, passible de l'impôt sur les sociétés.

Sociétés imposées à l'impôt sur le revenu

Les bénéfices et les sommes en sursis d'imposition sont imposés entre les mains des associés au prorata de leurs droits.
Les plus-values nettes à long terme sont taxées au taux de 16 % (auxquels s'ajoutent les prélèvements sociaux).

Sociétés imposées à l'impôt sur les sociétés

Les bénéfices du dernier exercice ainsi que les sommes en sursis d'imposition sont taxés au taux de base de 33, 1/3 % (ou au taux réduit de 15 % pour les plus-values nette à long terme) auquel s'ajoute éventuellement la contribution sociale de 3,3 %.

L'imposition des associés des sociétés soumises à l'IS

Lors de la dissolution d'une société, les associés peuvent reprendre en franchise d'impôt le montant des apports réels, ou assimilés, qu'ils avaient faits à la société.
En revanche, ce qui excède le montant de ces apports sont en principe taxables en tant que revenu distribué : c'est le boni de liquidation.
Ce dernier est imposable entre les mains des associés et s'obtient donc par différence entre le montant de l'actif net et le montant des apports réels ou assimilés. Attention cependant, l'imposition est limitée à la différence entre les sommes réparties au titre du boni et le prix (ou la valeur) d'acquisition des droits sociaux pour ceux qui ont acquis

leurs droits sociaux en cours, pour un prix supérieur au montant des apports lorsqu'il y a eu par exemple des augmentations de capital). Le bénéficiaire, personne physique, est imposable sur ce boni de liquidation comme une distribution de dividende (avec une réfaction de 40 %) ou option pour le prélèvement forfaitaire.

4 La mise en sommeil des sociétés

La mise en sommeil n'est pas cause de dissolution de la société du moment où il n'y a ni réalisation ni extinction de l'objet social.
Cette opération permet de cesser l'activité pour une période de deux ans.
Cette décision est de la compétence du dirigeant, mais en pratique il est souvent recommandé de faire valider cette décision par les associés.
Une inscription modificative au RCS doit être faite.
L'administration interne de la société ne doit pas subir de modifications : ainsi l'AG annuelle est maintenue, l'établissement, le contrôle et l'approbation des comptes doivent avoir lieu. De plus la société doit continuer à payer ses charges.
D'un point de vue fiscal, la société est dispensée de payer l'impôt forfaitaire annuel mais elle reste tenue de souscrire chaque année une déclaration de résultats portant la mention « néant ». La société sort du champ d'application de la TVA.
La mise en sommeil prend fin par une nouvelle inscription modificative au RCS faisant état de la reprise d'activité, ou de la cession ou de la dissolution de la société.
À défaut, au terme d'un délai de deux ans à compter de la mention au RCS de la cessation d'activité, le greffier adressera par LRAR une demande de régularisation sa situation et, à défaut de réponse dans les 3 mois, il procèdera à la radiation d'office de la société au RCS (décret du 31 juillet 2012).
Si la radiation est prononcée, le représentant légal dispose d'un délai de 6 mois pour saisir le juge commis à la surveillance des registres afin de contester cette décision.

Application

La SARL Meublodéco développe deux activités complémentaires : une activité industrielle de production de meubles de style et une activité prestataire de services basée sur diverses études et devis pour la décoration intérieure. Elle a été constituée, il y a une vingtaine d'années, par M. Blanco et M. Spagnol qui détiennent chacun 200 parts sociales. M. Blanco et son associé décident le 31/12/N de dissoudre et de liquider leur société.
Ils procèdent à la vente de leur stock et, à la fin de leurs opérations commerciales, un bilan provisoire est établi qui peut être résumé ainsi :

Actif	Montants	Passif	Montants
Construction	246 000	Capital	40 000
		Réserves	300 000
Disponibilités	128 000	Résultat	34 000
	374 000		374 000

La construction représente un immeuble à usage commercial acquis par la société quelques mois après la création de la société. À la dissolution, il est attribué à M. Blanco.

1. **Préciser le régime fiscal du boni de liquidation.**
2. **Calculer la part de chaque associé dans l'actif net.**
3. **Préciser la soulte à payer par M. Blanco à M. Spagnol.**
4. **Déterminer les droits d'enregistrement.**
5. **Indiquer quels seraient les droits d'enregistrement à régler si l'immeuble avait été apporté par M. Blanco à la constitution.**
6. **Quel serait le montant des droits d'enregistrement si la dissolution intervenait sans transmission de biens à des associés ou à d'autres personnes ?**

Corrigé

1. Régime fiscal du boni de liquidation

Le boni de liquidation se définit pour les associés comme la différence entre les sommes prélevées et le montant des apports, soit 374 000 € – 40 000 € = 344 000 € et 344 000/2 = 177 000 € pour chaque associé.
Il est assimilé à une distribution de dividendes et imposé sur le revenu comme telle.

2. Part de chaque associé dans l'actif net

Chaque associé est titulaire de la moitié des parts ; la part de chacun dans l'actif net est donc de : 374 000 €/2 = 187 000 €

3. Soulte à payer par M. Blanco à M. Spagnol

M. Blanco reçoit avec l'immeuble 246 000 €, soit 246 000 – 187 000 = 59 000 € de plus que sa part. M. Blanco versera cette somme à son associé.

4. Droits d'enregistrement

Les droits dus sont les suivants :
- Droit de partage sur l'actif net hors soulte : Il est dû par les associés sur leur part respective :

M. Blanco : 246 000 – 59 000 = 187 000 × 2,5 % = 4 675 €
M. Spagnol : 128 000 × 2,5 % = 3 200 €

- Droit de mutation dû par M. Blanco sur la soulte qu'il reçoit : 59 000 × 5 % (immeuble) = 2 950 €.

5. Droits d'enregistrement à régler si l'immeuble avait été apporté par M. Blanco à la constitution

Lorsqu'un bien est attribué à l'apporteur initial, aucun droit de mutation ou de partage n'est dû. Dans le cas d'un immeuble, seule la taxe de publicité foncière est due.

6. Droits d'enregistrement si la dissolution intervenait sans transmission de biens à des associés ou à d'autres personnes

Lorsqu'elles ne portent aucune transmission de biens entre les associés ou une autre personne, les dissolutions de société sont enregistrées moyennant le paiement d'un droit fixe de 375 € ou 500 € selon que le capital social est inférieur ou non à 225 000 €.

20 Les associations et autres organismes à but non lucratif

PRINCIPES GÉNÉRAUX

La loi du 1er juillet 1901 est le socle du droit des associations. Différentes lois ont permis la création d'associations spécifiques telles que les congrégations ou encore les fondations.
Nous analyserons successivement les associations puis les fondations et, enfin, les derniers nés issus de la loi de modernisation de l'économie (LME) de 2008, les fonds de dotation.
Tous ces organismes ont en principe (il existe des exceptions pour les associations) un but non lucratif, c'est-à-dire que leur activité est exercée à titre bénévole et désintéressée.

1 Les associations

L'association est une convention par laquelle deux ou plusieurs personnes mettent en commun, d'une façon permanente, leurs connaissances ou leur activité dans un but autre que de partager des bénéfices (loi de 1901).

a. La constitution des associations

Les conditions de fond

L'association doit répondre aux conditions de validité de tout contrat (voir *Fiche 1*). Il faut au moins deux membres qui apportent leur connaissance ou entraide.
En principe, l'objet est non lucratif mais l'activité peut s'accompagner d'actes de commerce qui seront considérés comme civils par accessoire. Exceptionnellement, l'activité peut être lucrative mais les bénéfices doivent être réinvestis dans l'association. Un commissaire aux comptes doit être nommé en cas de dépassement de deux seuils sur trois et en cas de subvention d'au moins 150 000 €. Celles qui ont au moins 2 ans d'existence (et inscrites au RCS) peuvent émettre des obligations et des titres participatifs.

Les conditions de forme

Les principaux types d'associations sont :

- l'association non déclarée : pas de formalisme et de capacité juridique ;
- l'association déclarée : le contrat d'association est déposé à la préfecture ou sous-préfecture. Il doit alors mentionner l'objet, la durée, les membres et les conditions d'adhésion, l'organisation et le fonctionnement, les pouvoirs des administrateurs et des assemblées et conditions de modifications des statuts. L'insertion au JO doit se faire dans le délai d'un mois à dater de la déclaration, c'est à compter de cette publication qu'elle acquiert la personnalité juridique ;
- l'association déclarée d'utilité publique : son audience doit être nationale et le nombre de membres important. Pour se faire déclarer d'utilité publique par décret en Conseil d'État, elle doit accomplir une période probatoire de fonctionnement d'au moins trois ans sauf si ses ressources prévisibles lui permettent d'assurer l'équilibre financier. Elle a la pleine capacité juridique.

En général, les statuts reprennent les fondamentaux et sont figés et il existe à côté un règlement intérieur précisant les statuts, ce qui permet d'éviter les modifications statutaires et de modifier plus simplement le règlement intérieur.

La personnalité juridique de l'association déclarée

Une association déclarée peut acquérir, posséder et administrer le local destiné à l'administration et à la réunion de ses membres ainsi que les immeubles strictement nécessaires à l'accomplissement du but associatif.

Ses ressources proviennent des cotisations et des apports éventuels des membres, mais aussi des donations ou legs (notaire obligatoire) pour celles reconnues d'utilité publique, ou des collectes ou manifestations (bals, lotos...) ou du mécénat (ou parrainage) ou encore de subventions.

Par principe, les dirigeants ne sont pas personnellement responsables du passif social.

b. Le fonctionnement

Le principe régissant le fonctionnement de l'association est la liberté statutaire.

La direction

Il doit y avoir au moins un dirigeant, personne physique ou morale, qui n'est pas personnellement responsable du passif. Les statuts fixent librement les pouvoirs des dirigeants. Ils peuvent être élus, cooptés, membres ou non. En cas de pluralité les statuts fixent librement le fonctionnement.

Sont contrôlées *a posteriori* les conventions conclues avec une association subventionnée par l'État.

Sont concernées :

- les conventions passées directement ou par personne interposée avec l'un de ses administrateurs ou l'une des personnes assurant un rôle de mandataire social ;

– les conventions passées entre cette personne morale et une société dont un associé indéfiniment responsable, un gérant, un administrateur, un DG, un membre du directoire ou du CS, un actionnaire ayant plus de 10 % des droits de vote est simultanément administrateur ou assure un rôle de mandataire social de ladite personne morale.

■ *Les membres*

Les droits et obligations des membres
Droit aux prestations fournies par l'association, de reprendre ses biens apportés après la liquidation si l'AG l'autorise. Obligation de payer la cotisation, de respecter les statuts et le règlement intérieur. Les membres d'une association ne sont pas tenus des engagements de celle-ci envers les tiers.
L'assemblée générale
Elle est compétente pour tous les actes dépassant l'administration courante, la nomination et la révocation des dirigeants, les modifications statutaires et la dissolution. En principe, il n'existe pas de quorum et chaque membre dispose d'une voix.

■ *Les causes de dissolution et la liquidation*

Les causes de dissolution sont : l'arrivée du terme, la réalisation ou l'extinction de l'objet, la décision des membres pour justes motifs ou toute cause statutaire, dissolution sanction pour cause ou objet illicite ou de déclaration irrégulière.
L'AG désigne le liquidateur, à défaut c'est le TGI. La reprise de l'apport n'est pas de droit, c'est l'AG qui l'autorise. Le boni de liquidation est dévolu selon les statuts ou l'AG, à un ou plusieurs bénéficiaires qui ne peuvent pas être membres de l'association. Les bénéficiaires sont en principe une autre association ou une autre personne morale de droit privé qui doivent avoir la capacité de recevoir les libéralités.

2 La fiscalité des associations

Les associations régies par la loi du 1er juillet 1901 sont exonérées des impôts commerciaux (IS, TVA et contribution économique territoriale), si leur gestion est désintéressée et si leurs activités non lucratives sont prépondérantes.

a. Caractère intéressé ou désintéressé de la gestion

Les conditions d'une gestion désintéressée sont au nombre de trois et se cumulent :
- administration ou gestion bénévole par des personnes qui n'ont aucun lien direct ou indirect dans les résultats d'exploitation ;
- aucune distribution directe ou indirecte de bénéfices par l'association ;
- aucune attribution des parts de l'actif de l'association à des membres.

Ces conditions sont appréciées selon les critères suivants :

Rémunérations versées aux dirigeants

Il peut s'agir des dirigeants de droit ou de fait à qui sont versés des salaires, des sommes d'argent, des honoraires, des cadeaux, des remboursements non justifiés, des avantages en nature...

Deux régimes exclusifs l'un de l'autre existent :

- 1er régime : pour que le caractère de la gestion soit considéré comme désintéressé, la rémunération brute mensuelle versée par l'association au dirigeant doit être inférieure à 75 % du SMIC ;
- 2e régime : limite en fonction des ressources de l'organisme. Les associations importantes peuvent rémunérer un nombre limité de dirigeants de droit ; ce nombre de dirigeants pouvant être rémunérés dépend des ressources annuelles de l'organisme (hors subventions de personnes publiques) :
  - un dirigeant si ces ressources annuelles excédent 200 000 € ;
  - deux dirigeants si ces ressources annuelles excédent 500 000 € ;
  - trois dirigeants si ces ressources annuelles excédent 1 000 000 €.

Le montant des rémunérations versées à chaque dirigeant ne peut excéder trois fois le plafond de la sécurité sociale. La transparence financière doit être garantie : possibilités de rémunérer les dirigeants prévue par les statuts, nomination d'un commissaire aux comptes... Le fonctionnement démocratique de l'association doit être garanti.

Ces conditions se cumulent et, si l'une de ces conditions n'est pas respectée, l'association est soumise aux impôts commerciaux.

Rémunérations versées aux salariés

Ces rémunérations doivent correspondre à un travail effectif et ne pas être excessives pour qu'elles ne remettent pas en cause le caractère désintéressé de la gestion de l'association et donc ne pas soumettre celle-ci aux impôts commerciaux.

Avantages procurés

Le but exclusif de l'association ne doit pas être de fournir des débouchés à une entreprise commerciale où le dirigeant de l'association a des intérêts.

Prélèvements effectués

Si l'association distribue à un membre, un fondateur, un dirigeant, un salarié, une partie de ses ressources sous forme d'avantages attribués sans justification, de rémunérations de comptes courants, de prélèvements en nature, de prêts à taux préférentiels, sa gestion est considérée non désintéressée.

Parts d'actif attribuées

Aucun partage d'actif ne peut être réalisé lors de la dissolution de l'association ; cet actif revient à un autre organisme à but lucratif. Sinon, le caractère de la gestion est considéré comme non désintéressé.

Situation au regard de la concurrence

Si, lors d'une demande spécifique, le public peut s'adresser soit à une entreprise lucrative, soit à l'association concernée, la situation est concurrentielle et l'analyse des conditions d'exercice de l'activité permet de contrôler si l'association est soumise aux impôts commerciaux.

b. Conditions d'exercice de l'activité

L'analyse des conditions d'exercice de l'activité de l'association, même si cette activité est concurrentielle, permet de savoir s'il y a exonération des impôts commerciaux. Il est appliqué la règle des « 4 P » :

Le produit

L'utilité sociale de l'activité : l'association doit satisfaire un besoin qui n'est pas pris en compte par le marché ou de façon peu satisfaisante.

Le public

L'association doit s'adresser à un public justifiant l'octroi d'avantages particuliers.

Le prix

Le prix pratiqué doit être nettement inférieur à celui de services similaires proposés par le secteur lucratif, cette condition peut éventuellement être remplie si l'association pratique des tarifs modulés en fonction de la situation des clients.

La publicité

Le caractère commercial des méthodes utilisées, notamment la publicité, est un indice de lucrativité ; cependant, l'administration admet que les associations procèdent à des opérations de communication pour faire appel à la générosité publique par exemple, ou fassent de l'information sur ses prestations sans toutefois que celle-ci s'apparente à de la publicité commerciale destinée à capter un public analogue à celui des entreprises du secteur concurrentiel.
L'association peut faire des opérations de communication pour récolter des fonds du public, elle peut également dégager des excédents financiers mais ceux-ci doivent être réinvestis ou mis en réserve.

Conclusion : Selon l'article 206-1 bis du CGI, les associations sans but lucratif qui exercent des activités lucratives accessoires peuvent être exonérées des impôts commerciaux pour l'ensemble de leurs activités si trois conditions sont réunies :

- la gestion de l'organisme doit être désintéressée ;
- les activités non lucratives mesurées par les recettes, les effectifs et les moyens attribués doivent rester prépondérants ;
- les recettes annuelles d'exploitation provenant des activités [redacted] lucratives ne doivent pas excéder 60 000 € HT.

Une association dont l'activité principale est non lucrative peut réaliser des opérations de nature lucrative, soit dans un secteur distinct de l'association, soit dans des filiales.

3 Les fondations et fonds de dotation

a. Les fondations

« La fondation est l'acte par lequel une ou plusieurs personnes physiques ou morales décident l'affectation irrévocable de biens, droits ou ressources à la réalisation d'une œuvre d'intérêt général et à but non lucratif » (loi de 1987). L'intérêt général ne peut pas être économique.

La fondation abritée
Elle n'a pas la personnalité morale. Une personne, le fondateur, consent, dans un but donné, une libéralité au gratifié qui doit être une personne morale capable de recevoir à titre gratuit. La gestion de la dotation est faite par le gratifié qui doit respecter la volonté du fondateur, mais il peut obtenir une révision judiciaire lorsque l'exécution est devenue pour lui extrêmement difficile ou dommageable.
La fondation reconnue d'utilité publique
Elle est une personne morale créée spécialement pour recevoir et gérer une dotation afin d'accomplir une œuvre d'intérêt général. Elle est reconnue d'utilité publique par décret en Conseil d'État. Elle a la capacité juridique de recevoir des dons et des legs. L'administration est confiée, soit à un CA, soit à un directoire et un CS. Elle est soumise à une tutelle administrative et des représentants de l'État siègent au CA ou au CS. Elle doit communiquer ses comptes annuels, son budget prévisionnel et le rapport du CAC au ministre de l'Intérieur. Sa dissolution peut être volontaire (mais il faut l'accord du gouvernement) ou être la conséquence du retrait de la reconnaissance d'utilité publique. Cette dissolution entraîne la dévolution des biens à un ou plusieurs établissements publics ou reconnus d'utilité publique, ou associations déclarées ayant pour but l'assistance, la bienfaisance ou la recherche scientifique ou médicale.
La fondation d'entreprise
Elle a la capacité juridique à compter de la publication au JO de l'autorisation administrative. Elle est le cadre dans lequel l'entreprise exerce et valorise son action de mécénat. Elle est créée pour une durée déterminée qui ne peut être inférieure à 5 ans (ce qui correspond à la durée minimale d'un plan d'actions auquel l'entreprise doit consacrer un minimum de 150 000 €). Depuis 2003, elle peut recevoir les dons des fondateurs et des salariés de l'entreprise fondatrice ou du groupe auquel elle appartient. Elle est tenue d'établir des comptes annuels et doit nommer un commissaire aux comptes.

b. Les fonds de dotation

Le fonds de dotation est « une personne morale de droit privé à but non lucratif qui reçoit et gère, en les capitalisant, des biens et droits de toute nature qui lui sont apportés à titre gratuit et irrévocable et utilise les revenus de la capitalisation en vue de la réalisation d'une œuvre ou d'une mission d'intérêt général ou les redistribue pour assister une personne morale à but non lucratif dans l'accomplissement de ses œuvres et de ses missions d'intérêt général » (art. 140, LME). La déclaration de constitution est faite à la préfecture et publiée au JO.

Sa gestion doit être désintéressée. Il peut recevoir et gérer des biens et droits de toute nature qui lui sont apportés à titre gratuit et irrévocable. Pour faire appel à la générosité publique, il doit avoir l'accord du préfet. Il ne peut pas recevoir de subventions publiques (sauf sur autorisation ministérielle).

La liberté statutaire y est plus grande que dans les associations ou fondations.

Le CA définit la politique d'investissement du fonds, établit les comptes annuels (publiés au JO) et un rapport d'activité (déposé à la préfecture).

Un comité doit être constitué quand le montant de la dotation dépasse un million d'euros. Il veille à la bonne application de la politique d'investissement menée par le CA et lui propose des études et des expertises.

Contrôle du commissaire aux comptes
Un CAC est obligatoire lorsque le montant des ressources dépasse 10 000 €. Il dispose d'un droit d'alerte en cas de faits de nature à compromettre la continuité de l'activité du fonds. Il en informe le président qui, dans les 15 jours, doit convoquer le conseil. Lorsque le conseil s'est réuni et a constaté que l'activité du fonds n'est pas compromise ou a pris les mesures nécessaires à son rétablissement, le commissaire aux comptes en informe le préfet et précise qu'il n'y a pas lieu de poursuivre la procédure d'alerte.
Contrôle du préfet
En cas de dysfonctionnements, le préfet peut mettre en demeure le fonds d'y remédier dans un délai raisonnable ; à défaut, il peut prononcer la suspension pour 6 mois au plus du fonds. En cas de dysfonctionnements graves ou lorsque la mission d'intérêt général n'est plus assurée, il peut saisir l'autorité judiciaire aux fins de sa dissolution.

Le boni de liquidation est transmis à un fonds de dotation dont l'objet est similaire ou comparable ou d'une fondation reconnue d'utilité publique.

Application

L'association « Les Vœux musicaux » (AVM), située à Paris, est une association loi 1901 créée en 1987 par des musiciens professionnels.

Association agréée par le ministère de la Jeunesse et des Sports, elle se donne pour objectif de rendre accessible la musique accessible au plus grand nombre à travers des actions d'initiation, de pratique musicale et artistique.

Véritable centre de ressources à l'animation et à la formation, l'ACEM mène en permanence des actions avec des partenaires institutionnels ou particuliers :

- activités et animations en entreprise ;
- activités en milieu scolaire (classes culturelles, interventions, spectacles) ;
- ateliers musicaux pour adultes (jazz vocal, ensemble vocal, guitare…) ;
- vacances musicales familiales (possibilité pour les familles de pratiquer la musique dans un moment privilégié de vacances).

L'association est dirigée par un bureau de trois membres : M. Pascal Louvier, président ; M. Jean Spil, secrétaire général ; Mlle Gilberte Voiron, trésorière.

Le seul salarié de l'association est un assistant qui s'occupe de la gestion administrative et comptable, des relations avec l'expert-comptable, M. Julien Land, ainsi que de la vente des œuvres artistiques.

Deux bénévoles l'aident ponctuellement dans cette tâche.

Les ressources de l'association proviennent :
- des cotisations (montant de l'adhésion annuelle : 30 € pour les membres actifs et 80 € pour les membres bienfaiteurs) ;
- de l'organisation annuelle de deux concerts (recettes annuelles : 3 500 €) ;
- de la vente d'enregistrements musicaux (chiffre d'affaires annuel : 2 450 €) ;
- de subventions diverses obtenues de collectivités publiques. Le conseil régional d'Île-de-France verse notamment une subvention annuelle de 5 000 € le 15 mars de chaque année. S'il existe un excédent, celui-ci vient alors en déduction de la subvention de l'année suivante ;
- de dons et de legs.

1. Analyser le régime fiscal des activités de l'association sans but lucratif « Les Vœux musicaux ».

2. Les dirigeants de l'association se demandent si cette dernière peut bénéficier de la législation fiscale sur le mécénat, afin de permettre aux donateurs, sur présentation des reçus qui seraient délivrés, d'obtenir d'éventuelles réductions d'impôts. Préciser le régime en la matière. La procédure de rescrit fiscal a-t-elle un intérêt dans ce cas ?

Corrigé

1. Analyse du régime fiscal des activités de l'association

En ce qui concerne la gestion désintéressée de l'association, il convient, tout d'abord, de s'assurer que les dirigeants ne perçoivent pas une rémunération qui excède les limites fixées par l'administration fiscale.

Dans le cas de l'association « Les Vœux musicaux », aucun dirigeant n'est rémunéré. La gestion est donc bien désintéressée.

L'absence de concurrence avec le secteur commercial peut cependant poser un problème en ce qui concerne la vente des enregistrements musicaux. Les critères liés au produit, au public et au prix indiquent le caractère lucratif de cette activité.

Cependant, l'association peut bénéficier de la franchise accordée aux activités lucratives accessoires pour les impôts commerciaux :
- la gestion de l'association est désintéressée ;
- les activités non lucratives sont prépondérantes : les moyens attribués à l'activité non lucrative sont largement plus importants que ceux attribués à la vente des enregistrements musicaux ;
- les recettes annuelles d'exploitation provenant des activités lucratives n'excèdent pas 60 000 € HT.

En conséquence, l'association sera exonérée des impôts commerciaux : IS, TVA et contribution économique territoriale (CET).

2. Bénéfice de la législation fiscale sur le mécénat et procédure de rescrit fiscal

L'organisme bénéficiaire du mécénat doit être un organisme d'intérêt général. Cette condition est remplie si : l'activité est non lucrative ; la gestion est désintéressée ; l'activité ne profite pas à un nombre restreint de personnes.

L'association n'étant pas soumise aux impôts commerciaux, il est permis de penser que l'administration considérera l'activité comme non lucrative. L'association peut solliciter une habilitation à recevoir des dons ouvrant droit à avantage fiscal et à en délivrer reçu aux donateurs en utilisant la procédure du rescrit fiscal. Cette procédure permet d'interroger l'administration fiscale et celle-ci est regardée comme ayant donné un accord tacite lorsqu'elle n'a pas donné de réponse dans un délai de six mois.

Il convient de préciser que, dans le cas où un organisme a délivré à tort des reçus, il encourt une amende égale à 25 % du montant des dons.

Cependant, le contribuable de bonne foi ne voit pas sa réduction d'impôt remise en cause.

72449 - (I) - (2,4) - OSB 80° - LAS - JME
Imprimerie CHIRAT - 42540 Saint-Just-la-Pendue
Dépôt légal : avril 2015 - N° 201503.0196
Imprimé en France